देश भीतर देश

देश भीतर देश

प्रदीप सौरभ

वाणी प्रकाशन

वाणी प्रकाशन

4695, 21-ए, दरियागंज, नयी दिल्ली 110 002

शाखा

अशोक राजपथ, पटना 800 004

फ़ोन: +91 11 23273167 फ़ैक्स: +91 11 23275710

www.vaniprakashan.in
vaniprakashan@gmail.com

DESH BHEETAR DESH
by Pradeep Sourabh

ISBN : 978-93-5000-954-3
Novel

प्रथम संस्करण 2012
द्वितीय संस्करण : 2013

मूल्य : ₹ 250

आर. टेक ऑफ़सेट, दिल्ली-110095 में मुद्रित

वाणी प्रकाशन का लोगो मक़बूल फ़िदा हुसेन की कूची से

एक

वह है। था। रहेगा। उसकी जिन्दगी के तीन चेहरे ही मैं देख पाया। वैसे लगता है कि उसके हर चेहरे पर कई-कई मुखौटे मौजूद हैं। उसकी जीवन यात्रा तो पचास साल पहले शुरू हुई थी। मैंने उसे उसकी युवावस्था में देखा था। लगभग तीन दशकों की उसकी यात्रा का मैं साक्षी रहा हूँ। इस दौरान उसने मुखौटे पर मुखौटे चढ़ाये। सवाल है कि आखिर एक इनसान के चेहरे पर कितने मुखौटे होते हैं। और इनसान इन्हें लगाने के लिए क्यों मजबूर हो जाता है।

नयी दिल्ली रेलवे स्टेशन। प्लेटफॉर्म नम्बर सात पर खास तरह के यात्री थे। अपनी शक्ल सूरत और वेशभूषा के चलते वे सबका ध्यान खींच रहे थे। इसी प्लेटफॉर्म पर गुवाहाटी की ओर जाने वाली ब्रह्मपुत्र एक्सप्रेस खड़ी थी। यात्री अपनी बोली-भाषा में बतिया रहे थे। आसपास खड़े यात्रियों को उनकी बातचीत समझ नहीं आ रही थी। कुछ चुहलबाज उन्हें चिंकी बता रहे थे। कुछ नेपाली। कुछ बर्मी। तो कुछ मंगोलियन। अपनी अज्ञानता के साथ आसपास खड़े ये यात्री उनकी पहचान तय करने में लगे थे।

सिगनल का इन्तजार था।

स्टेशन की चिल्ल-पों जारी थी। धक्का-मुक्की। बच्चों को सँभालते लोग। दुपट्टा गिराती-सँभालती लड़कियाँ। चाय-समोसे बेचते वेंडर्स। ताली-चाभी और गुटका से लेकर न जाने क्या-क्या। किताबों के स्टाल पर सन्नाटा। वैसे भी इस देश के लोग

पढ़ने के बजाय समोसा और चाकलेट खाना और खिलाना ज्यादा पसन्द करते हैं।

इसी बीच लाउडस्पीकर से आवाज गूँजी—'गुवाहाटी की ओर जाने वाली ब्रह्मपुत्र एक्सप्रेस अपने नियत समय से एक घंटे बाद जाएगी।'

इस घोषणा के साथ सभी यात्रियों की नजरें हथेली में बँधी उनकी घड़ियों पर झुक गयीं। आसपास एक बेचैनी ने आकार ले लिया। इस ट्रेन में सफर करने वाले ऐसे कई लोग थे जिन्हें अपने घर पहुँचने के लिए थका देने वाली ट्रेन यात्रा के बाद भी दो-तीन दिन बस का सफर तय करना था। ट्रेन सही समय पर चले इस पर किसी का बस नहीं था।

एसी थ्री टायर के बाहर खड़ा एक यात्री भी इस घोषणा से बेचैन हो उठा था। वह गुवाहाटी नहीं जाना चाहता था। लेकिन नौकरी का दबाव ऐसा था कि उसे जाना पड़ रहा था। ट्रेन देर से चलने की घोषणा ने उसे अन्य यात्रियों की तुलना में ज्यादा बेचैन कर दिया था। इस यात्री की शिनाख्त रिजर्वेशन चार्ट के अनुसार विनय थी। वैसे वह रहने वाला तो इलाहाबाद का था। उसने इलाहाबाद के मोतीलाल नेहरू इंजीनियरिंग कॉलेज से इंजीनियरिंग की पढ़ाई की थी। बीते कुछ समय से वह आईएएस की कोचिंग के चलते दिल्ली में रह रहा था। इस बार कम्पटीशन में बैठने का उसका अन्तिम मौका था। इसी बीच बिल्ली के भाग से छींका टूटा और उसे इम्पोर्ट-एक्सपोर्ट और कंस्ट्रक्शन का काम करने वाली एक बड़ी कम्पनी में नौकरी मिल गयी थी।

पढ़ाई का खर्चा वह उठाने की स्थिति में नहीं था। इसीलिए उसने इस नौकरी को कुबूल कर लिया था। नौकरी पक्की करने के लिए उसे दो साल की ट्रेनिंग अनिवार्य रूप से गुवाहाटी में करनी थी। गुवाहाटी से वह बिल्कुल वाकिफ नहीं था। उसे डर था कि वह अपनी बात वहाँ लोगों को कैसे समझायेगा। उसके मन में असम की राजधानी गुवाहाटी को लेकर तरह-तरह की छिछली जानकारियाँ थीं। उसकी इन जानकारियों का स्रोत दिल्ली के प्रगति मैदान में लगने वाले मेलों में उत्तर-पूर्व के राज्यों के स्टाल थे जिनमें पेड़ों में घर दर्शाए जाते हैं। अर्धनग्न लोगों के हाथ में धनुष-बाण। घरों के बाहर लटके नरमुंड। गहनों से लदी किन्तु कुरूप बना दी गयीं स्त्रियाँ। आदि-आदि विचित्रताओं को मॉडल के जरिये दर्शाया जाता है।

इसके अलावा असम के बारे में अखबारों के जरिये वह यह भी जानता था कि मानसून पहले वहीं सक्रिय होता है। ब्रह्मपुत्र नदी की बाढ़ हजारों लोगों को अपने आगोश में ले लेती है। बाढ़ के बाद मलेरिया का तांडव। और इस सबके अलावा आये दिन उल्फा (यूनाइटेड लिबरेशन फ्रंट आफ असम) के भूमिगत विद्रोहियों द्वारा

किये जाने वाले धमाके, फिरौती और न जाने क्या-क्या।

किसी तरह एक घंटा पूरा हुआ और ट्रेन रेंगने लगी थी। कितने दिन और कितनी रात ट्रेन रेंगेगी, उसके पहुँचने के घोषित समय के बाद भी, किसी को यकीन नहीं होता था। गुवाहाटी की ओर जाने वाली इस ट्रेन में लोग तभी सफर करते थे, जब राजधानी एक्सप्रेस में उन्हें टिकट नहीं मिलता था। इस ट्रेन का नाम बेशक रेलवे ने ब्रह्मपुत्र एक्सप्रेस रखा था लेकिन उत्तर-पूर्व के जनमानस में इसका नाम खचाड़ा एक्सप्रेस था। धीरे-धीरे ट्रेन नयी दिल्ली रेलवे स्टेशन को छोड़ती हुई रफ्तार पकड़ रही थी...

तीन वर्ष बाद।

गुवाहाटी रेलवे स्टेशन। प्लेटफॉर्म नम्बर एक पर खड़ी राजधानी एक्सप्रेस। सिगनल का इन्तजार। यात्रियों से ज्यादा बीएसएफ और सीआरपीएफ के जवान। जगह-जगह चेकिंग। हर सामान को खोल-खोल कर देखते सुरक्षाकर्मी। और दिनों की अपेक्षा इन दिनों स्टेशन पर चेकिंग कुछ ज्यादा थी। देश के अन्य रेलवे स्टेशनों वाली रौनक यहाँ नहीं थी। वेंडर्स गायब थे। कोई चिल्ल-पों नहीं थी। लड़कियों के दुपट्टे न गिर रहे थे और न ही सँभल रहे थे। धक्का-मुक्की से शायद यात्रियों ने तौबा कर रखी थी। सबके सब कतारबद्ध। भद्रजन की तरह। व्हीलर का बुक स्टाल भी बन्द था।

यात्रा करने वाले यात्रियों में इस सन्नाटे को लेकर कोई फुसफुसाहट नहीं थी। सबको पता था कि दो दिन पहले ही गुवाहाटी स्टेशन पर राजधानी एक्सप्रेस को उल्फा के भूमिगत विद्रोहियों ने उड़ाने की नाकाम कोशिश की थी। ट्रेन में सीआरपी की पूरी कम्पनी के मूवमेंट की खबर थी भूमिगत विद्रोहियों के पास। धमाका करने में तो वे कामयाब हो गये थे। लेकिन बम सही जगह और सही समय पर न फटने की वजह से पटरी के अलावा ट्रेन को कोई नुकसान नहीं पहुँचा था। धमाका होने से पहले ट्रेन स्टेशन से निकल चुकी थी और पान बाजार क्रॉसिंग को पार कर रही थी। पान बाजार और स्टेशन के बीच की दूरी मात्र एक फर्लांग होगी। धमाके की आवाज सुनते ही सीआरपीएफ कम्पनी ने ट्रेन से उतर कर स्टेशन पर मोर्चा सँभाल लिया था। कुछ देर की अफरा-तफरी के बाद सीआरपीएफ कम्पनी के बिना ट्रेन दिल्ली के लिए रवाना हो गयी थी।

वैसे इन धमाकों से असमवासियों को अब ज्यादा फर्क नहीं पड़ता है। थोड़ी देर के बाद ही जिन्दगी पटरी पर आ जाती है। बाजारों में रौनक लौट आती है। इस

मामले में कश्मीर और असम में बहुत समानता है। वहाँ भी गोलीबारी और धमाकों के बाद जिन्दगी इतनी जल्दी ही पटरी पर दौड़ने लगती है। दोनों ही राज्यों के लोगों ने इन घटनाओं को नियति मान लिया है या फिर उसे अपनी जिन्दगी की जरूरी कार्रवाई के साथ जोड़ लिया है। लेकिन कश्मीर और असम में और कई अन्तर हैं। कश्मीर में जेहादी सक्रिय हैं। वे सीमा पार से आकर कश्मीर पर कब्जा करना चाहते हैं। लेकिन यहाँ स्थानीय लोग ही अपने संसाधनों की लूट के खिलाफ दिल्ली से मोर्चा ले रहे हैं। उल्फा में अधिकांश युवा और युवतियाँ हैं। 'सादिन असम' इनकी माँग है। सादिन असम बोले तो आजाद असम। स्वतन्त्र असम। इससे कम कुछ नहीं।

सिगनल हरा हो गया था। गार्ड साहब हरी झंडी दिखा रहे थे। ट्रेन के आगे एक पायलेट इंजन भी चल रहा था। पटरी में बम लगे होने की जाँच करता हुआ। ट्रेन स्पीड पकड़ चुकी थी। ब्रह्मपुत्र नदी के पुल पर थी। लोहे के पुल की गड़गड़ाहट से ट्रेन थर्रा रही थी। ट्रेन में बैठा विनय अजीब असमंजस में था। उसे दिल्ली वापसी की खुशी थी, लेकिन वह अवसाद से भरा हुआ था। वह दो दुनिया के बीच में पिस रहा था। एक देश में दो दुनिया एक देश में दो देश। देश भीतर देश। पूरी तरह से अलग-अलग। वैसे तो इस देश में कई दुनियाएँ थीं। वो सबसे वाकिफ था। गरीब की दुनिया। अमीर की दुनिया। कारपोरेट की दुनिया। मीडिया की दुनिया। फिल्मी दुनिया। और भी ऐसी न जाने कितनी दुनियाएँ। लेकिन चिकेन नेक के पार की दुनिया ने उसे हिला दिया था। देश भीतर देश। एक दूसरा देश...

चिकेन नेक इंडिया के नक्शे के उस भाग को कहते हैं जिससे दिल्ली और उत्तर-पूर्व के राज्य जुड़ते हैं। इस पतले से हिस्से को पार करके ही ये नयी दुनिया मिलती है। भूमि का बहुत छोटा टुकड़ा है जो देश को सेवेन सिस्टर्स स्टेट्स से जोड़ता है। कुछ किलोमीटर का। जिसे कुछ घंटों में ही आर-पार किया जा सकता है। और देश समाप्त। एक तरफ भूटान और नेपाल तो दूसरी तरफ बांग्लादेश। वैसे पूर्वोत्तर राज्यों की सीमाएँ चीन और म्यामार से भी जुड़ती हैं। सीमा को लेकर, खासकर चीन से तनातनी आम बात है यहाँ। बांग्लादेशियों के लिए ये देश स्वर्ग से कोई कम नहीं है। कोई भी बांग्लादेशी यहाँ आ कर बस सकता है। बिना पासपोर्ट और वीजा के। बांग्लादेशी घुसपैठियों ने इन राज्यों के सबसे बड़े राज्य असम में तो खासी पैठ बना ली है। मामला इतना बिगड़ गया है कि अब असम में ये सरकार बनवाने और बिगड़वाने में अहम भूमिका रखते हैं। इस पर फिर कभी चर्चा।

विनय को एक देश में दो देश दिखते थे। देश भीतर देश। उसकी आँखें खराब नहीं थीं। उसे पूरा दिखता था। किसी भी तरह का दृष्टिदोष उसे नहीं था। पर, उसे एक देश में दो देश दिखते थे। असम आने से पहले उसे ऐसा दृष्टिभ्रम कभी नहीं हुआ था। अब उसे अपने एक शरीर की दो आँखों की तरह एक ही देश में दो देश दिखने लगे थे। हर आँख का अपना एक देश...

दो

लगभग डेढ़ दशक बाद।

लोकल, पैसेंजर, ईएमयू, डीएमयू, मेल, सुपर फास्ट बुलेट ट्रेनों की तरह हिचकोले मारती चलती रही जिन्दगी। दुर्घटनाएँ भी हुईं और कई बार समय पर ब्रेक भी लगा। लेकिन ट्रेनें तो ट्रेनें होती हैं। वो बिना मोह के सब कुछ पीछे छोड़ती चलती हैं। वे सिर्फ चलती हैं बस। चलना ही उनका धर्म और कर्म है...

...विनय नौकरी की अपनी लम्बी यात्रा में अधेड़ हो चुका था। असम से लौटे हुए भी उसे पन्द्रह साल तो हो ही चुके होंगे। चालीस से पैंतालिस साल के बीच को अधेड़ कहना शायद गुनाह नहीं होगा। वैसे इस उम्र के लोग अपने को युवा ही कहते हैं। आमतौर पर ऐसे लोग अपनी मर्दानगी को इस जुमले के जरिये भी सुनाते हैं—नाटी ऐट फॉटी। विनय फॉटी प्लस था।

देखने में वह ठीकठाक ही था। टिच-विच हो कर निकले तो उस पर किसी की निगाहें रुक सकती थीं। वह दिल्ली की एक इम्पोर्ट-एक्सपोर्ट और कंस्ट्रक्शन के काम से जुड़ी एक कम्पनी में सीनियर मैनेजर हो चुका था। कम्प्यूटर सेवी था वो। फेसबुक, रेडिफबाल और याहू मैसेन्जर पर मौका लगते ही वह अपने दोस्तो से चैटिंग शुरू कर देता था। खाली समय में उसका यह प्रिय शगल था। फेसबुक में उसके हजारों दोस्त थे। पूरे पाँच हजार। उसके बाद फेसबुक में दोस्त बनाने पर प्रतिबन्ध था, वरना यह संख्या और बढ़ सकती थी। उसके फेसबुकिया दोस्तों में लड़कियों और अधेड़

औरतों की संख्या कुछ ज्यादा ही थी। विनय कविताएँ भी लिखता था। इसी के चलते औरतें बहुत जल्दी ही उसकी दोस्त बन जाती थीं। कवि होने के कारण वह बेहद संजीदा और प्यार भरी बातें करता था उनसे। फेसबुकिया दोस्ती कई बार फोनबाजी में बदल जाती थी। मामला बढ़ा तो मुलाकातें भी होती थीं। लेकिन उसकी तलाश फिर भी पूरी नहीं होती थी...

विनय की कम्पनी में शुरुआती ट्रेनिंग गुवाहाटी में हुई। उन दिनों वह युवा ही था। जब पहली बार वह दिल्ली से गुवाहाटी के लिए निकला था, तो दोस्तों ने उसे बधाइयाँ दी थीं—'जा बेटा अब ऐश कर। असम में तो पग-पग पर बेहतरीन माल मुफ्त में मिलता है। चिकना-चिकना।'

एक दोस्त ने ये कथा भी सुनाई थी—'गुवाहाटी का असली नाम कामरूप है। वहाँ कामरूपाएँ रहती हैं। पुरानी कहावत है कि पूर्वोत्तर में जो एक बार गया तो कामरूपाएँ उन्हें अपने जादू से वहीं बाँध लेती थीं। हमेशा-हमेशा के लिए।'

इसी के साथ उसकी नसीहत भी थी—'बेटा, सँभल के रहना इन कामरूपाओं से। एक बार फँसा तो फिर दिल्ली दूर लगने लगेगी।'

उनमें से एक और वाचाल दोस्त ने तो यहाँ तक कह दिया था—'बच्चा, चिंकी माल एकदम चिकना होता है। ऊपर से नीचे तक। वहाँ रिश्तों की स्वछन्दता के चलते एड्स भी खूब है। देश में सबसे ज्यादा एड्स से मरने वालों की तादाद वहीं है। सावधानी हटी और दुर्घटना घटी।'

ब्रह्मपुत्र एक्सप्रेस में जब वह यात्रा कर रहा था तो उसे एक ही देश दिखता था। उसकी दोनों आँखें एक ही देश देखती थीं—'इंडिया'। राजधानी एक्सप्रेस से वापसी के समय में उसे दो देश दिख रहे थे। देश भीतर देश। तीन साल में उसकी सोच में फर्क आ गया था। अधेड़ होने तक भी दो देश देखने की उसकी बीमारी में कोई बदलाव नहीं आया था। देश भीतर देश की बीमारी जस की तस बनी हुई थी। कह सकते हैं कि वह बढ़ी ही थी। इस बीमारी से वह जूझता। फेसबुक पर जा कर अपनी वाल पर दो देशों के सवाल को वह अपने अन्दाज में अपने दोस्तों से बार-बार पूछता। उसे माकूल जवाब नहीं मिलता। वह अपनी फेसबुकिया जवान और अधेड़ गर्ल फ्रेंड्स से भी यही सवाल करता। जवाब कहीं से नहीं आता। वे उसे साइबर प्रेम-मोहब्बत में फँसा लेतीं। लच्छेदार बातें करतीं। चैट बाक्स में विभिन्न मुखौटों की आकृतियाँ बना कर अपने मनोभावों को व्यक्त करतीं। लेकिन उसके देश भीतर

देश के सवाल का जवाब कोई नहीं देता। सब उसके इस सवाल पर बस हँस देती थीं।

उस दिन उसने अपनी एक खास फेसबुकिया गर्ल फ्रेंड से एक देश में दो देश के सवाल को पूछा था। वह काफी परेशान था उस दिन। असम में छूट गया अपना सब कुछ उसे बहुत याद आ रहा था। वह उन पलों को याद कर बार-बार दुखी हो रहा था। लेकिन उसकी फेसबुकिया फ्रेंड ने उसके सवाल में कोई विशेष रुचि नहीं दिखाई थी। उसकी वह अधेड़ फेसबुकिया प्रेमिका अपने में बहुत व्यस्त और अशान्त रहने वाली एक महिला थी। पता नहीं उसे प्रेमिका कहना चाहिए या नहीं, लेकिन उनकी बातों से लगता था कि वे आपस में एक-दूसरे के साथ प्रेम जैसा कुछ कर रहे हैं।

प्रेमिका के प्रोफाइल में तमाम सूचनाओं के साथ उसकी बनारसी साड़ी पहने एक खूबसूरत तस्वीर थी। देदीप्यमान चेहरा। बड़ी-बड़ी कटीली आँखें। माथे पर बड़ी टिकली। होठों पर सुर्ख लाल लिपस्टिक। फोटो में हाथ नहीं दिख रहे थे। कल्पना की जा सकती है कि हाथों में साड़ी के रंग की मैचिंग की ढेर सारी चूड़ियाँ जरूर होंगी। उसकी बातचीत से विनय को लगता था कि वह निजत्व की तलाश में है। शायद उसके जीवन में प्यार की कमी थी। भोपाल की रहने वाली बबिता मालवीय एक बेटे और एक बेटी की माँ थी। बेटी की शादी हो चुकी थी। बेटा पुणे में किसी कम्पनी में काम करता था। पति देख और सुन कम पाता था। वह चुपचाप रहना ही पसन्द करता था। बबिता की शादी भी जल्दी ही हो गयी थी। जिम्मेदारियों के बीच ही उसकी जिन्दगी अब तक चली थी। वैसे उसकी शादी एक प्रतिष्ठित राजनीतिक परिवार में हुई थी। उसके जेठ मध्यप्रदेश में भाजपा सरकार में मन्त्री थे। मालवीय परिवार एक ही छत के नीचे रहता था। लेकिन चूल्हा-चौका सबका अलग-अलग था। जायदाद को लेकर भाइयों में घमासान था। इसी के चलते बबिता को घर चलाने के लिए अपना ब्यूटी पार्लर चलाना पड़ता था। जब उसने भोपाल में पार्लर खोला था, तो भी परिवार में खूब घमासान हुआ था। मालवीय परिवार की इज्जत-आबरू का सवाल मन्त्री जी ने उठाया था। लेकिन जायदाद से कुछ भी देने को लेकर वे राजी नहीं हुए थे। उनके कई बेटे थे। सारे दबंग। मन्त्री के बेटे हों और दबंग न हों, ये तो हो नहीं सकता न। लेकिन बबिता ने किसी की परवाह न करते हुए अपना पार्लर चलाया। अब भी शानदार चल रहा है। शहर का पहला पार्लर होने के चलते उसकी साख भी है। तिस पर मालकिन मालवीय परिवार की बहू हो तो कहने ही क्या। तमाम व्यस्तताओं और पचड़ों के चलते उसे कभी अपने लिए

समय नहीं मिला था। फेसबुक ने उसे नया जीवन दिया था। चुगली चर्चा करने वाली महिलाओं के ग्रुप की भी वह सक्रिय सदस्य थी। वह फेसबुक में हमेशा अपने प्रेम को तलाशती थी। उसकी इसी खोज का परिणाम था उसकी विनय से दोस्ती। दोनों के बीच लम्बी बातचीत का सिलसिला इस पंक्ति के बाद शुरू हुआ था—'आज आप मुझे देखते ही आफ लाइन हो गये...'

इस पर मैसेज बाक्स में विनय ने जवाब लिखा था—'ऐसा नहीं है कविता जी। आपको देख कर ऐसा करने की किसकी हिम्मत होगी। जब मैं आनलाइन था तो मैंने आपको याद किया था। किस्मत साथ नहीं देती है मेरी कि मुझे छोटी-सी खुशी भी मिल सके। आपकी तबीयत कैसी है अब। रियाज कैसा चल रहा है। आपको गाना तो गाना ही पड़ेगा।'

इस तरह दोनों के बीच संवाद का सिलसिला शुरू हुआ था। बातचीत में रियाज का दबाव विनय की तरफ से कुछ ज्यादा ही था। शायद उसने बबिता की ये कमजोरी पकड़ ली थी कि वह गाना चाहती है और समय न होने के कारण वह गा नहीं पा रही है। बबिता ने ही उसे बताया था कि बचपन से वह गाती आ रही है और उसे गाना बहुत अच्छा लगता है। बस इसी के बाद से वह बबिता से गाने की जिद करने लगा था।

मैसेज पर मैसेज...सिलसिला फिर थमा ही नहीं...और दोनों के बीच 'जी और वी' जैसी सभी औपचारिकताएँ खत्म हो चुकी थीं...

बबिता का मैसेज—'अरे आप कब से निराशावादी बातें करने लगे??? आप तो दूसरों को हौसला देते हैं...मैं बहुत व्यस्त हूँ...बेटा आया हुआ है और पार्लर में भी एक लड़की छुट्टी पर चली गयी है...और फिर सीजन भी शुरू हो गया है...'

'तो इसका मतलब ये हुआ कि आप रियाज नहीं करेंगी और गाएँगी भी नहीं। शायद मुझे ऐसा ही सोचना चाहिए न।'

'फिर वही निराशावादी एटीट्यूड...करूँगी...लेकिन इस महीने के बाद...और हाँ मेरा फोन नम्बर 09810822998...आप गायब हैं इन दिनों फेसबुक से??? सब ठीक है न...स्वास्थ्य???'

'मैं निराशावादी नहीं हूँ। आप मेरे अन्दर निराशा भर रही हैं। वैसे आपको गाना तो पड़ेगा ही। और मैं आपसे गवा कर ही मानूँगा।'

दोनों के बीच में कुछ दिनों मैसेजेस का सिलसिला थम गया था। आनलाइन

भी वे नहीं मिले। तब विनय ने व्यंग्य करते हुए फेसबुक पर एक मैसेज बबिता को भेजा—'आप तो अब सन्देशों का जवाब भी नहीं दे रही हैं। लड़की जब औरत बन जाती है तो अठखेलियाँ धरी रह जाती हैं। और औरत जब माँ बन जाती है तो पुत्र और पुत्रों को समर्पित हो जाती है। और छूट जाते हैं पीछे-आगे के सारे रिश्ते-नाते। आपके नेट पर न आने पर एक काव्यमयी टिप्पणी है यह मेरी। वैसे मेरा नम्बर 09810834668 है। आप कब खाली होती हैं? रियाज तो थोड़ा बहुत शुरू कर दीजिए न अब तो। इतना आपसे कोई आग्रह नहीं करेगा।'

फोन नम्बर के आदान-प्रदान के बाद दोनों के बीच बातचीत का सिलसिला भी शुरू हो गया था। एक दिन लम्बी बातचीत में विनय ने बबिता के अंतस को छू लिया। वह अन्दर से बाहर तक हिल गयी थी। वह बीच चौराहे पर अपने को खड़ा महसूस कर रही थी। कोई फैसला करने में लाचार। उसके दिल के सारे जंग खाये तार झनझना रहे थे। उस रात दोनों के बीच देर रात तक बात हुई थी। वह इतनी बेचैन थी कि कुछ सोच नहीं पा रही थी। पार्लर जाने से पहले उसने विनय को एक लम्बा मैसेज दिया—'विनय जी, कल की बात करके मुझे ऐसा लगा कि आप प्रेम की तलाश में हैं...आपने जो भी कहा उसमें कोई असहमति वाली बात नहीं है...प्रेम की तलाश सभी को होती है...लेकिन मैंने तो आपकी तरफ मित्रता का हाथ इस नजरिये से नहीं बढ़ाया था...मुझे आप सहज रूप से अच्छे लगे और बावजूद सारी असहमतियों के मुझे लगा कि हम अच्छे मित्र बन सकते हैं...मुझे आपसे बात करना अच्छा लगता है...और जहाँ तक प्रेम का सम्बन्ध है तो लव ऐट फर्स्ट साइट वाला मामला मेरे साथ कभी नहीं रहा...ये तो एक यात्रा है। और हो सकता है कि उसकी परिणति प्रेम हो...हो सकता है कि न भी हो...ये समय ही तय करेगा...अभी हम अच्छे मित्र नहीं बन सकते क्या???'

इस लम्बे मैसेज के बाद विनय को थोड़ा असहज लगा था। उसे विश्वास था कि बबिता मेच्योर है और इतनी आसानी से अपने प्रेम को प्रकट नहीं करेगी। जाँचेगी। परखेगी। फिर भी उसने उसे एक व्यंग्यात्मक मैसेज भेजा—'जी की औपचारिकता क्यों ??? प्रेम की तलाश करना कोई गुनाह तो नहीं न। हमारे बीच शायद रुचियों की असमानताएँ हैं। असहमति वाला कोई बिन्दु नहीं दिखता है मुझे। वैसे भी लव एट फर्स्ट साइट जैसी चीज फिल्मों में होती है, जिन्दगी में नहीं। जान-पहचान के बाद मित्रता होती है। मित्रता जब प्रगाढ़ होती है तो वह प्रेम में तब्दील हो जाती है। मुझे भी आपसे बातें करना अच्छा लगा। वैसे हमें प्रेम की यात्रा

में निकले काफी दिन हो गये हैं। लम्बे संवादों के बाद मैंने आपमें उसे तलाश किया। दिल के दरवाजे इतने तंग मत कीजिए। जीवन के इस उत्तरार्ध को अपनी मर्जी से जी लीजिए। समय पर हम कितनी चीजें छोड़े! सब कुछ तो समय ही हमारी चीजें तय करता है। थोड़ा निजी वक्त अपने लिए और मेरे लिए निकाल लीजिए। ये आग्रह है। मैं हारी हुई यात्रा में चलने के लिए तैयार नहीं हूँ। वैसे आप ताउम्र मित्र रहेंगी। लेकिन मैं मित्रता की सीमा के पार आपको देखता हूँ। और अगर मेरा प्रेम निवेदन आपको खराब लगा तो मैं क्षमा प्रार्थी हूँ। उम्मीद है कि इस भूल के लिए मुझे माफ कर देंगी आप। रियाज जरूर शुरू कीजिए। आमीन!'

इस लम्बे मैसेज ने बबिता की बेचैनी बढ़ा दी थी। उसे कहीं न कहीं ये अहसास जरूर हुआ था कि वह विनय के नजदीक रहना चाहती है, तो उसे उसके प्रेम को स्वीकारना ही पड़ेगा। उसे अपनी न में भी हाँ का प्रदर्शन करना ही होगा। वरना इस रिश्ते का जल्दी ही अन्त हो जाएगा। और ऐसा वह नहीं चाहती थी। वह अपने अकेलेपन को साइबर स्पेस में विनय के साथ बाँटना चाहती थी। पर, कदम फूँक-फूँक कर रखना चाहती थी। इसीलिए उसने अपने अगले मैसेज में प्रेम को पूरी तरह अस्वीकार नहीं किया–'प्रेम गुनाह है ऐसा तो मैंने कहा नहीं...ये तो बहुत ही स्वाभाविक और मूलभूत माँग है...और आपको भी प्रेम करने का अधिकार है और जीवन जी लेना चाहिए...'मैं हारी हुई यात्रा में चलने को तैयार नहीं मतलब' यदि मैं आपसे कहूँ कि मैं अभी वक्त चाहती हूँ तो ये आपकी हारी हुई बाजी होगी? चलिये, फिर तो आपको मेरी मित्रता ही स्वीकारनी पड़ेगी...और आपका प्रेम निवेदन मुझे बुरा क्यों लगेगा भला??? आप कोई गलत काम तो कर नहीं रहे हैं...आप मेरे साथ यात्रा पर नहीं चलना चाहते हैं, न सही...लेकिन आपकी मैं हितैषी हूँ और रहूँगी...खुश रहिये...स्वस्थ रहिये...मनमाफिक साथी पाइये...सुखी होइये...मैं आपको एसएमएस या खत लिखूँ???'

असल में बबिता समय माँग रही थी और विनय हड़बड़ी में था। वैसे वह अपनी फेसबुकिया महिला दोस्तों से इसी तरह की हड़बड़ी में रहता है। चट मँगनी पट ब्याह जैसा। लेकिन उसे लगा कि बबिता के बारे में उसे धैर्य से काम लेना पड़ेगा। इसी बात को ध्यान रखते हुए उसने जवाब दिया–

'इतने आशीषों का हमला। मैं इन्हें बर्दाश्त नहीं कर पाऊँगा। दूसरों के लिए भी इन्हें रख लीजिए। मैंने आपसे कोई बाजी नहीं लगाई है। और प्रेम में तो कोई शर्त होती ही नहीं है। मैंने अपने मन में आयी बात आपसे शेयर की थी। आप कह रही हैं कि मैं जीवन जी लूँ, लेकिन आप समय माँग रही हैं। मेरे जीते जी आप अपना

विचार जरूर बता दीजिएगा। रही यात्रा की बात। अब जब जिस रास्ते में निकल गया हूँ, उससे वापस नहीं लौटूँगा। यात्रा तो आपके साथ ही करनी है। देखता हूँ कि कितने दिन इस यात्रा में आप चुप्पी साधे रहेंगी। मैं कयामत तक इन्तजार करूँगा। आपको भी यात्रा के किसी पड़ाव में दया आ ही जाएगी मेरे ऊपर। ये अच्छी बात है कि प्रेम को आप गुनाह का दर्जा नहीं देती हैं। इसे खूबसूरत एहसास मानती हैं। और बाँटने के बारे में भी सोचती हैं मेरे साथ। यही मेरे लिए बहुत बड़ी बात है। इस अहसास को भी मैं प्रेम मानता हूँ। और हाँ, आप मेरी हितैषी नहीं सह-यात्री हैं, इसे जरूर ध्यान रखिएगा। रही एसएमएस, खतो-किताबत और फोन की बात तो वो आपका अधिकार है। मैं तंगदिल नहीं हूँ। मैंने अपने दिल के सारे दरवाजे खोल रखे हैं आपके लिए। ये दीगर बात है कि आपने अभी नहीं खोले। अब सब कुछ आप पर है। मेरे पास यदि कुछ है तो इन्तजार। सिर्फ इन्तजार और इन्तजार।'

इस दौरान बबिता की बेटी अपनी ससुराल से भोपाल आ गयी थी। वह गर्भवती थी। मुम्बई में वह अपने पति के साथ अकेले रहती थी। ऐसे में उसके पति ने जिद कर उसे बच्चा पैदा करने के लिए मायके भेज दिया था। बेटी के आने के बाद से बबिता और व्यस्त हो गयी थी। दोनों के बीच खतो-किताबत का सिलसिला थम-सा गया था। गाहे-बगाहे बबिता छोटा-सा मैसेज भेज दिया करती थी और चुप हो जाती थी। बबिता विनय को छोड़ना नहीं चाहती थी। लेकिन समय उसके सामने बड़ी चुनौती के रूप में खड़ा था। इन्तजार करने की बात कहने के कई दिनों तक बबिता का कोई मैसेज नहीं आया तो विनय उसे लेकर कुछ निराश हुआ। उसने सोचा कि चलो इस कहानी का एकाउंट बन्द कर देते हैं। बबिता को अनफ्रेंड की सूची में डाल देते हैं। इसी बीच उसका दो पंक्तियों का मैसेज उसके फेसबुक मेल बाक्स में चमका—'नमस्कार...आज भी बहुत थकी हूँ...बस यूँ ही बेमन से फेसबुक पर आ गयी...कुछ देखदाख कर सो जाऊँगी...बस इसी तरह आ रही हूँ फेसबुक पर इन दिनों...'

'बेमन कोई काम मत करिये...जब दिल करे तब फेसबुक पर आइये... आखिर ये यात्रा बहुत कठिन और थका देने वाली तो है ही। फिर भी देखते हैं। वैसे आपने मेरे किसी सवाल का जवाब देने में रुचि नहीं दिखाई। उसके लिए भी आपका आभार।'

'अब ये कटाक्षपूर्ण भाषा किस लिए???...आभार क्यों??? ...दरअसल इतनी जल्दी में मैसेज लिखा था...आजकल इत्मीनान में नहीं हूँ...बहुत मेहमान, काम... और बस क्या कहूँ...इसलिए पिछला आपका सन्देशा सोचे बिना ही ये पंक्तियाँ

लिख दी थीं...तो अब बुरा मत मानिये...ओके...'

'मैं आपसे बुरा कभी मान ही नहीं सकता। मैं तो आत्मसमर्पण कर चुका हूँ आपके सामने। यात्रा में आपके साथ चल रहा हूँ। आपने मौन साध रखा है और मैं उस मौन को गुनगुना रहा हूँ। कटाक्ष तो मैं कभी कर ही नहीं सकता। मेरी विनम्रता आपको कटाक्ष लगी उसके लिए क्षमा प्रार्थी हूँ। आप व्यस्त हैं तो कोई बात नहीं... जिन्दगी में कभी तो आपको फुर्सत मिलेगी। मैं इन्तजार करता रहूँगा...'

विनय का इन्तजार बबिता के साथ बढ़ता ही गया। पूरी तरह दोनों का रिश्ता टूटा नहीं था। अब दोनों तरफ से मैसेज जरूर आते थे लेकिन उनमें विस्तार नहीं होता था। आत्मीय पंक्तियाँ उनमें जरूर होती थीं। इसीलिए अपनी आदत के अनुसार विनय बबिता को अनफ्रेंड की लिस्ट में नहीं डाल रहा था। वैसे भी वह बबिता मालवीय हो या मिली गुप्ता, मिष्ठी बनर्जी, कोकिला पात्रा, रितु कौर, गार्गी बधवार या फिर सोनिया दहिया... वह सबसे इतनी ही आत्मीयता से पेश आता था। वह इन अधेड़ औरतों को किन्हीं विशेष मनःस्थितियों में मिल्की डेका कह कर भी सम्बोधित करता था। उनके टोकने पर ही उसे होश आता था। वह इन अधेड़ औरतों में शायद कुछ तलाशता था। वह कुछ तलाशता था कि नहीं यह भी कह पाना पूरी तरह से मुमकिन नहीं था। उसकी हरकत को देख कर उसे ठर्की भी कहा जा सकता था। लेडी किलर कहना भी शायद अनुपयुक्त न हो। उसकी ऐसी ही हरकतों के कारण उसे उसके ऑफिस के लोग साइकिक कहने लगे थे। वो क्या था, शायद उससे बेहतर उसे कोई नहीं जानता था...

...ब्रह्मपुत्र एक्सप्रेस रुकते-रुकाते चल रही थी। रह-रह कर विनय को भूख लग रही थी। उसे बार-बार भूख लगने का सबब समझ नहीं आ रहा था। वह अपने साथ मुखर्जी नगर के अपने क्वार्टर के पास वाले हलवाई से काफी पूड़ी और आलू की सब्जी बनवाकर लाया था। सफर दो दिन से अधिक का था। उसके जेहन में असम को लेकर जो तस्वीर थी वह काफी डरावनी थी। उसे डर था कि रास्ते में उसे खाना मिलेगा कि नहीं...या फिर उसे भूख से जूझना पड़ेगा। चिकेन नेक के बाद यानी न्यू जलपाईगुड़ी के बाद का रास्ता बेहद कठिन उसे बताया गया था। बोडो इलाके से ट्रेन गुजरती थी। उन दिनों बोडो लैंड में कई भूमिगत संगठन सक्रिय थे। हिन्दी भाषियों और नेपालियों की बस्ती की बस्ती जलाई जा रही थी—अलग बोडो लैंड की माँग को लेकर। कई बार मालगाड़ियाँ बम धमाकों से उड़ाई जा चुकी थीं। ड्राइवरों

और गार्डों को भी अगवा कर सरकार से फिरौती माँगी जाती थी। यही सब गड़बड़-सड़बड़ उसके मन में चल रहा था। उसने कई किताबें चलने से पहले छानी थीं कि कुछ इलाके का पुख्ता ज्ञान हो जाए। लेकिन उन किताबों में बारूद की गन्ध के अलावा उसे उनमें कुछ सुँघाई नहीं देता था। सादीन असम, इंडिपेंडेंट बोडो लैंड, आजाद कार्बीलांग इन्हीं सवालों से भरी थीं वे किताबें। या फिर पर्यटन का लेखा-जोखा वाली किताबें थीं, जिनमें असम को एक शान्त और घुमक्कड़ी के लिए बेहतर जगह बताया गया था।

नगा विद्रोहियों, कुकी विद्रोहियों, खासी विद्रोहियों, मिजो विद्रोहियों और ऐसे ही अन्य भूमिगत विद्रोहियों की जानकारी उसे बिल्कुल नहीं थी। पूर्वोत्तर के सातों राज्य दिल्ली के खिलाफ मोर्चा खोले हुए थे। नगा विद्रोही तो, आजादी से पहले देश में जब साइमन कमीशन आया था तब से, अलग नगा देश की माँग करते आये हैं। दुनिया की सबसे पुरानी मिलिटेंसी नगा मिलिटेंसी मानी जाती है। नगा विद्रोहियों के लिट्टे विद्रोहियों से भी रिश्ते रहे हैं। पूरे पूर्वोत्तर के राज्यों में नगा विद्रोहियों से खतरनाक कोई नहीं माना जाता है। यह सच है जब नगा विद्रोही किसी को घेरने के लिए एंबुस लगाते हैं, तो उससे कोई बच ही नहीं पाता है। वे गोलियाँ भी बर्बाद नहीं करते हैं। उनके बीच में चलन है—एक आदमी एक गोली। वे जबर्दस्त निशानेबाज हैं। उम्दा किस्म के शिकारी। आसमान पर उड़ती चिड़िया का पत्थर मार कर शिकार कर लेते हैं। बड़े से बड़े कोबरा को वे लकड़ी की डंडी से बेबस कर अधमरा कर पकड़ लेते हैं।

चार कोस में पानी बदले आठ कोस में बानी की तर्ज पर कह सकते हैं कि पूर्वोत्तर के राज्यों में पानी-बानी तो बदलता ही है, साथ में चार कोस में विद्रोही संगठन और आठ कोस में जनजातियाँ बदल जाती हैं। कुल मिलाकर पूर्वोत्तर के राज्यों को लेकर विनय एक बड़ा अज्ञानी था। असम के बारे में भी उसका अर्जित किताबी ज्ञान अजूबे से भरा था।

कानपुर के बाद पूरी खा कर वह जब अपनी सीट पर लेटा तो उसे झपकी-सी आ गयी। वह एक सपने से गुजरने लगा। वह देख रहा था कि दिल्ली में तो मारामारी है, लेकिन असम शान्त और मस्त जगह है। चारों तरफ गजब की हरियाली है। लड़कियाँ सुन्दर हैं। चारों तरफ पहाड़ हैं। पहाड़ों के बीच से ब्रह्मपुत्र नदी हाहाकार करती बहती है। उसने गुवाहाटी में ब्रह्मपुत्र नदी के किनारे एक पेड़ में बने घर को किराये पर ले लिया है। अपनी अज्ञानता के कारण उसे ये नहीं मालूम था कि पेड़ों के ऊपर घर कार्बीलांग में कार्बी लोग बनाते हैं। ऐसा वे हाथियों के हमले से बचने

के लिए करते हैं। और ये भी नहीं है कि हर कार्बी पेड़ पर बने मकान में ही रहता है। वे पहाड़ की ऊँची चोटियों और समतल जगहों पर भी रहते हैं। खैर, ये सपना था उसका। उसमें यथार्थ खोजना गलत होगा।

वह पेड़ पर बने घर में मौज से रह रहा है। रोज 'लाहे-लाहे' (धीरे-धीरे) वह ट्रेनिंग के लिए ऑफिस जाता है और घर लौट आता है। कभी मौज-मस्ती का मन आता है, तो माजोली द्वीप पर नाव चलाते हुए चला जाता है। माजोली द्वीप ब्रह्मपुत्र नदी के बीचोबीच गुवाहाटी से थोड़ी दूरी पर है। दुनिया के धरोहरों की संयुक्त राष्ट्र संघ की सूची में ये नदी द्वीप भी शामिल है। लेकिन नदी के कटाव के चलते दिन प्रतिदिन यह सिकुड़ता जा रहा है और अगली शताब्दी तक हो सकता है कि इसका अस्तित्व ही न खत्म हो जाए। हिन्दू और प्रैक्टिसिंग हिन्दू होने के नाते वह नीलांचल पर्वत पर विराजमान कामाख्या देवी के दर्शन को भी हर शुक्रवार जाता है। धीरे-धीरे वह असमिया भी सीख रहा है। असमियाभाषियों से यह कह कर कि 'मोए अखमिया भाल न जानूँ', आनन्द उठाता है। कभी-कभी जब वह रोमांटिक मूड में होता है तो कविताएँ भी लिखता है। ऐसी ही एक कविता जब वह सपने में लिख रहा था—

मैंने उससे कहा
गुलाब
उसने मुझसे कहा
तुम्हारी माँ की अब तबीयत कैसी है।
मैंने उससे कहा
वसन्त
उसने मुझसे कहा
तुम्हारी आँखें बहुत पीली हो गयी हैं।
मैंने उससे फिर-फिर कहना चाहा प्यार
उसने मुझसे कहा...

कविता के पूरे होने से पहले ही उसका सपना टूट गया। वह हड़बड़ा कर उठ बैठा। उसे अपने सपने पर विश्वास नहीं हो रहा था। लेकिन वह रोमांचित था इस सपने से। उसे लग रहा था कि एक ऐसी जगह अब वह रहेगा जहाँ चारों तरफ शान्ति-ही-शान्ति होगी। वह कविताएँ लिखेगा। किसी कामरूपा से प्रेम करेगा। सच्चा प्रेम। उसकी आत्मा के अन्दर उतर कर। उसकी असम को लेकर अज्ञानता ने ही उसके अन्दर ऐसे विचार भर दिए थे। इसीलिए उसका यह सपना सिर्फ सपना

नहीं था। गुवाहाटी पहुँचने से पहले उसके अवचेतन में ये बातें पहले से बैठ गयी थीं, जो सपने के दौरान चित्रमय होकर उसके सामने आ रही थीं। जागते हुए वह कई दिनों से ऐसे ही मकान की परिकल्पना गुवाहाटी में कर रहा था। दिल्ली की भागदौड़ से छुटकारा। एक रूमानी कवि की इमेज। और न जाने क्या-क्या। उसकी कल्पना के पर निकल आये थे। वह ठोस धरातल पर कुछ सोच नहीं पा रहा था। उसे लग रहा था कि वह एक ऐसी दुनिया में जा रहा है जो दिल्ली और देश के और हिस्सों से एकदम जुदा है।

यह तो विनय की बात थी। वैसे चिकेन नेक के इस पार के लोग पूर्वोत्तर के राज्यों के बारे में ऐसी ही दूर की कौड़ी जैसा ही सोचते हैं। वह न तो वहाँ के बारे में जानने की कोशिश करते हैं और न ही उन्हें अपना बनाने की। अपना बनाने की बात तो दूर की है उनमें उन्हें जानने की भी कोशिश नहीं है। वह चाहे असम का हो या नगालैंड, मिजोरम, मणिपुर, मेघालय, अरुणाचल या त्रिपुरा का, शेष भारत के लोग इन्हें चीनी समझते हैं। बुनियाद में ही विदेशी होने की बू, तो उनसे कोई जुड़े कैसे। चीनी कह कर वे बार-बार उनकी जड़ों में मट्ठा डालने का काम करते हैं। अपमानित करते हैं। विनय ऐसा सोच रहा था तो किसी को ताज्जुब नहीं होना चाहिए। कहावत है हिन्दुस्तान भेड़ियाधसान। विनय भी इसी भेड़ियाधसानी का एक छोटा मोहरा था। इसलिए उसे उसकी अज्ञानता के लिए हम यहाँ माफ ही करते हैं...

राजधानी एक्सप्रेस के जिस एसी सेकेंड के ए 1 कोच में विनय था, उसमें एक मारवाड़ी परिवार अपना बोरा-बिस्तरा गोल कर देश जा रहा था। असम में रहने वाले मारवाड़ी आमतौर पर राजस्थान को ही अपना देश मानते हैं। विनय के ठीक सामने वाली बर्थ पर यह परिवार बैठा हुआ था। दहशतजदा। चुपचाप। बातचीत की कोई गुंजाइश नहीं थी। विनय भी गहरी सोच में था। उसे वापस जाने की खुशी थी, लेकिन उतना ही उसे दुख भी था। वह जाना भी चाहता था यहाँ से और नहीं भी जाना चाहता था। त्रिशंकु जैसी स्थिति थी उसकी। उसे एक बार लगा कि ब्रह्मपुत्र नदी के पुल से वह कूद जाए। लेकिन वह ऐसा नहीं कर सका। वैसे भी असम में कहावत है कि जो एक बार ब्रह्मपुत्र पार करता है उसे कम-से-कम सात बार इसे पार करना पड़ता है। पूरे सात बार। वह इसी टोटके को सोच कर लौट रहा था कि अभी जाता हूँ पर फिर लौट आऊँगा। सात बार तो आना ही पड़ेगा, तब सब ठीक हो जाएगा।

विनय के सामने वाली बर्थ पर बैठा मारवाड़ी परिवार राजस्थान के सांगानेर का

रहने वाला था। इसी के चलते इन्हें सांगानेरिया पुकारा जाता था। सांगानेरिया परिवार गुवाहाटी में अपने बुरे दिनों में राजस्थान से पलायन कर आया था। उसके रिश्तेदारों ने उसे गुवाहाटी में मदद का आश्वासन दिया था। रिश्तेदारों के कर्ज से उसने गुवाहाटी के सबसे चकमक मार्केट फैंसी बाजार में एक बिल्डिंग की तीसरी मंजिल पर एक मारवाड़ी बासा (भोजनालय) खोला था। इसमें शाकाहारी थाली बीस रुपये में मिलती थी। दोनों वक्त। आमतौर पर पूर्वोत्तर में शाकाहारी लोग नहीं मिलते हैं। गुवाहाटी में भी अधिकांश शाकाहारी हिन्दी भाषी ही थे। थोड़े दिनों में ही सांगानेरिया का बासा चल निकला था। बासा कामधेनु सिद्ध हुआ। देखते ही देखते सांगानेरिया ने रिश्तेदारों का कर्ज उतार दिया। कई और बासे उसने खोल लिये। एक बड़ा रेस्तराँ कुबेर होटल के नाम से भी खोलने में उसने देर नहीं की। जल्द ही, जहाँ फैंसी बाजार खत्म होता है और जेल रोड शुरू होता है, वहीं पर उसने एक बड़ा घर ले लिया। यहाँ कई मारवाड़ी परिवार रहते हैं। फैंसी बाजार और जेल रोड से केदार रोड तक हिन्दी भाषी लोगों की ज्यादा बसाहट है। सांगानेरिया परिवार का सब कुछ मस्त-मस्त हो गया था।

सांगानेरिया परिवार में पाँच प्राणी थे। मियाँ-बीवी के अलावा दो जवान बेटियाँ और एक छोटा बेटा। दिन अच्छे कट रहे थे। वैसे आमतौर पर इस इलाके में रहने वाले लोग उल्फा की भूमिगत सरकार को बिना चू-चपड़ किये टैक्स देते थे। सांगानेरिया भी देता था। लेकिन जिस तरह से सांगानेरिया की तरक्की हुई थी, वह उल्फा के वसूली करने वाले दस्ते की आँखों में चुभ रही थी। उल्फा ने एक दिन सांगानेरिया से पचास लाख की माँग की। सांगानेरिया ने नाक-मुँह सिकोड़ा। नतीजतन उसे भुगत लेने की धमकी दे दी गयी। और फिर क्या, बस एक दिन सांगानेरिया का बेटा स्कूल से आया ही नहीं वापस। घर में कोहराम मच गया। उड़ते-उड़ते खबर मारवाड़ी समाज में फैल गयी। समाज के कुछ मुखिया सांगानेरिया के घर पहुँचे। सांगानेरिया परिवार और मारवाड़ी समाज के मुखियाओं में पुलिस को लड़के के अपहरण की सूचना देने के सवाल पर जबर्दस्त बहस हुई।

बुजुर्ग दीपक खंडेलवाल का कहना था—'यदि उल्फा ने पचास लाख माँगे हैं तो देने ही पड़ेंगे। फिरौती न देने पर प्रमोद तिवारी का बेटा आज तक वापस नहीं आया।'

युवा व्यवसायी दिविक ढोलकिया की राय थी—'हमें इस अपहरण की सूचना पुलिस को दे देनी चाहिए। आखिर हम कब तक उल्फा से डर के रहेंगे। कमाएँ हम लूट वो ले जाएँ।'

ऐसे ही तमाम तर्क-वितर्क सांगानेरिया के घर में मारवाड़ी पंचायत कर रही थी। पुलिस को सूचना देने के सवाल पर अधिकांश लोग असहमत थे। पुलिस को सूचना न देने को लेकर सबसे ठोस तर्क विपिन अग्रवाल का था—'असम पुलिस तो उल्फा का ही सरकारी संस्करण है। वे अंडरग्राउंड हैं और ये ओवरग्राउंड। उल्फा को तो असम गण परिषद (अगप) सरकार का भी समर्थन मिला हुआ है। उल्फा के बड़े नेता अगप सरकार के मंत्रियों के साथ खुल्लम-खुल्ला घूमते हैं। ऐसे में पुलिस हमारी मदद क्या करेगी। यदि बच्चे को बचाना है तो सांगानेरिया को फिरौती की रकम चुका देनी चाहिए। बच्चा बच जाएगा तो पैसा तो फिर कमा लिया जाएगा, लेकिन बच्चा नहीं रहा तो वह दोबारा नहीं मिलेगा।'

विपिन की बात में दम था। इसीलिए बहस करने वाले लगभग सभी चुप हो गये। अन्त में फिरौती की रकम देने का फैसला सांगानेरिया ने कर लिया। उल्फा से उसने पैसों के इन्तजाम के लिए थोड़ा वक्त माँगा। इस बीच फोन पर बच्चे के जिन्दा होने के सबूत के तौर पर सांगानेरिया की उल्फा कैडरों ने उससे बात कराई। सांगानेरिया ने औने-पौने कुबेर होटल बेच दिया और अपने मकान का भी सौदा कर लिया। किसी तरह उसने पचास लाख का इन्तजाम किया। इसके बाद फिरौती की रकम दे कर उसने बच्चे को छुड़ाया था। बच्चे के वापस आने के बाद उसने गुवाहाटी छोड़ने का फैसला कर लिया और राजधानी एक्सप्रेस में वापसी करते हुए उसका मन अवसाद भरी खुशी से भरा हुआ था। अवसाद अपने बस कर उजड़ जाने का था और खुशी इस बात की थी कि वह अपने परिवार के साथ सकुशल देश लौट रहा था।

तीन

असल में तीन साल के असम प्रवास के दौरान विनय को देश भीतर देश की बीमारी लगी थी। वह इसी बीमारी के साथ दिल्ली लौट रहा था। उसके सामने एक देश पीछे छूट रहा था। उसे दुख था कि एक देश में दो देश क्यों हैं। दिल्ली सरकार इन्हें अपना क्यों नहीं मानती है। भौगोलिक रूप से भूमि के टुकड़ों को जोड़ने से देश नहीं बनता है। हरियाणा के एक शहर की छोटी-सी बाढ़ के लिए डेढ़ सौ करोड़ की राहत। वह भी तुरत-फुरत। ब्रह्मपुत्र की बाढ़ से हर साल हजारों मरते हैं, उसके लिए ठन-ठन गोपाल। ऐसे ही न जाने कितने सवाल उसके जेहन में गूँज रहे थे। वह उनसे भागने की कोशिश कर रहा था लेकिन वह उनसे भाग नहीं पा रहा था। किसी भी सवाल का जवाब उसे नहीं मिल रहा था। सवालों के नश्तर उसे चुभ रहे थे। हर नश्तर इतना गहरा चुभता था कि वह मन-ही-मन चीख उठता था। सवाल-दर-सवाल पर जवाब कोई नहीं...

विनय जीवन के उत्तरार्ध में अपने निर्मित अँधेरों में डूबता जा रहा था। चारों तरफ उसने भय की लम्बी-लम्बी दैत्याकार आकृतियाँ गढ़ ली थीं। वह उनसे भयभीत हो उठता। उसे दोस्त और दुश्मन में कोई फर्क नहीं महसूस होता था। हर आदमी उसे हत्यारा नजर आता था। उसे लगता था कि सामने वाला उसकी हत्या की साजिश कर रहा है। वह लोगों से काफी दूरी से बात करता। उसे यह अहसास होता कि सामने वाला हथियार से उस पर हमला कर देगा। वैसे वह देखने में पूरी तरह स्वस्थ था। अगर उसे बीमारी कोई थी तो दो देश दिखने की। देश के भीतर देश देखने की। उसने अपने को एक अजनबी भय के दुर्ग में बन्द कर लिया था। जहाँ वह था और

उसका भय। स्वस्थ दिखने के बाद भी अपनी हरकतों के चलते वह ऑफिस में एक असामान्य प्राणी की तरह दिखता था। सीनियर मैनेजर के ओहदे पर होने के बाद भी उसका आचरण सीनियर मैनेजर जैसा नहीं था। वह बात-बात पर चीख पड़ता था। डाँटना-फटकारना उसकी आदत का हिस्सा बन गये थे। परफेक्शनिस्ट होने के कारण उसका काम एकदम टिच रहता था। हालाँकि कई बार उसके समकक्षों ने उसके आचरण को लेकर कम्पनी के एमडी से शिकायत की थी। बावजूद इसके उसका काम हर स्तर पर दुरुस्त होने के चलते उसे कभी भी किसी प्रकार का कोई नोटिस नहीं मिला था।

गुवाहाटी में भी उसके काम और लगन को लेकर सब तारीफ करते थे। गुवाहाटी ऑफिस में वह अकेला हिन्दी भाषी था। वैसे एक बिहारी काल ब्वाय भी काम करता था। गुवाहाटी ऑफिस में काम करने वाले अधिकांश लोग असम के थे। शुरुआत में उसे संवाद में थोड़ी दिक्कत जरूर हुई थी। लेकिन बाद में वह सबसे घुलमिल गया था।

गुवाहाटी ऑफिस में मिल्की डेका ने उसकी काफी मदद की। मिल्की ऑफिस की हर बाधा से उसे बचा लेती थी। मिल्की विनय के काम से बहुत प्रभावित थी। सब लाहे-लाहे काम करते लेकिन विनय को हर वक्त काम पर जुटा देख उसे अच्छा लगता था।

मिल्की के भी बड़े सपने थे। वह जल्दी तरक्की कर कुछ बनना चाहती थी। उसने असम के एक घटिया इंजीनियरिंग कॉलेज से बीई किया था। बन्द और आन्दोलनों के कारण उसे कॉलेज में कुछ नहीं मिला था। एग्जाम के समय भी उल्फा ने असमिया छात्रों के लिए नकल का विशेष इन्तजाम करा दिया था। इसी इन्तजाम ने उसे डिग्री तो दिला दी थी लेकिन इंजीनियरिंग का उसे ई नहीं पता था। नौकरी उसे इसलिए मिल गयी थी कि वह असमिया थी।

असम में बाहर की कम्पनी वालों पर ये दबाव रहता है कि वह अधिक-से-अधिक असमिया लोगों को काम पर रखें। विपरीत इसके बाहर की कम्पनियों की ये सोच रहती है कि असमिया लोगों को नौकरी देने से उल्फा के कोप से बचा जा सकता है। कम्पनी पर उल्फा के दबाव डालने पर वहाँ काम करने वाले असमिया उसका विरोध करेंगे। कई बार ऐसा हुआ भी है। वैसे असमिया युवाओं को नौकरी देने वालों को कम्पनियों को टैक्स के रूप में ज्यादा कुछ नहीं देना पड़ता है। आखिर असम के बेरोजगार युवकों का जो सवाल था।

हम मिल्की की बात कर रहे थे। मिल्की बहुत सुन्दर थी। यूँ भी अहोम राजवंश

से ताल्लुक रखने वाले लोग सुन्दर होते हैं। श्वेतवर्णा थी वह। आँखें हिरनी की तरह चंचल और बड़ी। मिल्की के लम्बे बाल थे। कमर के नीचे तक। बालों की लट जब उसके चेहरे पर गिरती थी तो कहर ढाती थीं। हँसने पर उसके गालों में गहरे गड्ढे उभर आते थे। सुन्दरता के साथ सौम्यता भी थी उसमें। पूरी शालीन। आभिजात्य से भरपूर। आमतौर पर वह मेखला चादर (असमिया पारम्परिक ड्रेस) ही पहनती थी। सिल्क नगरी सुआलकुची की निर्मित सिल्क की। बादामी सिल्क की मेखला चादर उस पर खूब फबती थी। माथे पर काले रंग की बिंदिया जिस दिन वह लगाती थी तो पूरा ऑफिस उसे किसी न किसी बहाने से देखता जरूर था। वैसे इस ऑफिस में दो लड़कियाँ और थीं—प्रेणति बरुआ और सोनम खान। ये दोनों भी ठीकठाक थीं। लेकिन मिल्की का सौन्दर्य, सौम्यता और उसकी मीठी आवाज सबको पसन्द थी। अन्तर्मुखी होने के कारण मिल्की ज्यादा घुली-मिली नहीं थी ऑफिस में। वह अपना टिफिन भी अकेले खाती थी। जब सब टिफिन खा लेते उसके बाद वह टिफिन खाती। जब सब लोग खा रहे होते वह काम करने में व्यस्त रहती। जब सब खा लेते तो वह चुपचाप अपने टेबिल पर टिफिन खोल कर खा लेती, ताकि दूसरों के साथ खाने से वह बच जाये।

मिल्की में सीखने की लगन थी। वह जल्दी-से-जल्दी काम सीख कर बड़े ओहदे में पहुँचना चाहती थी। तरक्कीपसन्द थी वह। उसे 'लाहे-लाहे' की असमिया संस्कृति रास नहीं आती थी। ये बात दीगर है कि वह असमिया संस्कृति और साहित्य को जी जान से चाहती थी। वार्षिक लेखक सम्मेलन में वह कभी जाना नहीं भूलती थी। पुस्तकें खरीदती थी। उसे कथा साहित्य बहुत अच्छा लगता था। उसकी अपनी छोटी-सी निजी लायब्रेरी में असम के सभी बड़े लेखकों के कहानी-संग्रह मौजूद थे।

वैसे भी असमिया लोग बहुत उत्सवधर्मी होते हैं। किसी भी मौके को वह उत्सव में तब्दील करने में माहिर हैं। वसन्त के समय बिहू त्योहार के वक्त पूरा असम उत्सवमयी हो जाता है। पूरी तरह छुट्टी। चारों तरफ बिहू (असमिया पारम्परिक नृत्य) ही बिहू। युवा अपने-अपने मोहल्लों में त्योहार शुरू होने से पहले इसका अभ्यास करते हैं पारम्परिक वेशभूषा में। मिल्की भी बहुत अच्छी बिहू डांसर थी। कई बार बिहू डांस प्रतियोगिता में वह पुरस्कृत हो चुकी थी। उसे एक बार दिल्ली की संगीत नाटक अकादमी से भी बिहू डांस परफार्म करने का न्यौता मिला था। लेकिन वह नहीं गयी थी। वजह तो उसने किसी क़ो नहीं बताई थी। राज्य के सांस्कृतिक मन्त्री के तमाम प्रयासों के बाद भी उसने इसके लिए हाँ नहीं भरी थी।

विनय के दिल्ली ऑफिस में भी एक लड़की थी। मिल्की डेका की ही तरह सुन्दर। लम्बे बालों वाली। नाम था उसका पूजा कौर। पूजा की लम्बाई मिल्की से ज्यादा थी। पक्की जट सिख थी। विनय को पूजा को पीछे से देख कर हमेशा मिल्की का भ्रम हो जाता था। खासकर उस दिन जिस दिन पूजा अपने लम्बे बालों को खुला रखती थी। वह उसको देख कर अक्सर मिल्की के पास पहुँच जाता था। एक दिन विनय शायद अपने में नहीं था। भय के दुर्ग में रहते हुए बीती रात उसे बहुत पीड़ा हुई थी। अपनी देश भीतर देश की मनोवैज्ञानिक बीमारी को लेकर। वह रात भर करवटें बदलता रहा था। कभी इस करवट तो कभी उस करवट। तिस पर बिजली भी गुल थी। गर्मी में हर करवट पर उसका शरीर पसीने से भीग जाता था। इन्हीं करवटों की अदला-बदली के बीच उसे जमहुवाई में तेजपुर के चाय बागान दिखते थे। काजीरंगा के जंगलों में एक सींग वाले गैंडे नजर आते थे। जतिंगा पक्षी विहार में प्रवासी पक्षियों का कलरव सुनाई पड़ता था। माइबांग में बहने वाली माहुर नदी के किनारे दिमासा कचारी जनजाति के उजड़े राजवंश के भग्नावशेष अपनी गाथा का बखान करते हुए सुनाई देते थे। इन सबके बीच उसे मिल्की की तस्वीर भी धुँधली-धुँधली दिखती थी।

उस दिन ऐसी ही मनोदशा के बीच विनय ऑफिस में था। एक गहरी नींद उसकी आँखों में तैर रही थी। लेकिन आँखें उसकी जाग रही थीं। आम दिनों की तरह वह पूरी तरह से असहज था। उस दिन पूजा भी खुले बालों को लेकर ऑफिस आयी थी। पूजा अपने क्यूबिकल चेम्बर में खड़े हो कर किसी से मोबाइल पर बात कर रही थी। पूजा का पिछवाड़ा विनय की आँखों के ठीक सामने था। बीच-बीच में ऊपर चल रहे पंखे की हवा से उसके बाल हवा में लहरा जाते थे। उसको इस मुद्रा में देखकर विनय को न जाने क्या हुआ कि वह पूजा के क्यूबिकल चेम्बर के नजदीक जा पहुँचा। उसने पूजा के कन्धों को जोर से दबाते हुए पूछा–'तुम यहाँ कैसे? तुमने तो...'

विनय के हाथ को अपने कन्धों में महसूसते ही पूजा हड़बड़ा गयी। उसे लगा कि किसी अदृश्य हाथ ने उसे दबोच लिया है। वह घबराहट से मुक्त होती कि उसकी नजर विनय पर पड़ गयी। पूजा को कुछ समझ नहीं आ रहा था कि यह सब क्या हुआ। वह विनय को एक संजीदा व्यक्ति समझती थी। उसने एक आध बार उससे अपने ब्वाय फ्रेंड्स को खत में लिखने के लिए कविता के टुकड़े भी माँगे थे। ऑफिस में सब जानते थे कि विनय कविताएँ लिखता है। जानते भी क्यों न। उसकी कविताएँ महत्त्वपूर्ण पत्रिकाओं में छपती जो थीं। पूजा अपने को सँभालती हुई उससे

बोली—'सर, ये क्या कर रहे हैं आप?'

विनय पूजा के इस सवाल को सुन नहीं सका या उसकी ऐसी मनोदशा थी कि उसे कुछ सुनाई नहीं पड़ रहा था। विनय ने दोबारा उसकी ओर हाथ बढ़ाया तो पूजा ने हाथ को बीच में ही रोक लिया—'सर, होश में आइये। आप ये क्या...'

इस अधूरे वाक्य ने विनय को होश में ला दिया था। वह कुछ समझ नहीं पा रहा था कि उसके साथ क्या हुआ। उसने सँभलते हुए सिर्फ सॉरी कहा। ऑफिस में हुए इस तमाशे की खबर सरेआम हो गयी। विनय और पूजा को लेकर लोग चटखारे मारने लगे। लेकिन पूजा ने इस घटना की शिकायत एमडी से नहीं की। ये बात दीगर है कि विनय से लाग-डाट रखने वालों ने पूजा को बहुत उकसाया। पूजा की शिकायत न करने की वजह सिर्फ इतनी थी कि वह विनय की इज्जत करती थी और उसे एक गम्भीर व्यक्ति मानती थी। उसने उस घटना को विनय की मानसिक स्थिति खराब होने से जोड़ते हुए छोड़ दिया था। अगर पूजा ने विनय की शिकायत की होती तो शायद कम्पनी उसे नौकरी से हटा देती, क्योंकि उसके व्यवहार को लेकर पहले भी कई शिकायतें आ चुकी थीं। लेकिन अपनी हिलती-डुलती मानसिकता के बावजूद उससे काम में कभी चूक नहीं होती थी। हाल में ही उसके प्रेज़ेंटेशन के चलते कम्पनी को दक्षिण अफ्रीका में एक बड़ा ठेका मिला था। काम का वह स्टार था।

विनय पूजा के साथ अपने व्यवहार को लेकर हतप्रभ था। उसे समझ नहीं आ रहा था कि आखिर उसने ऐसा कैसे कर दिया। अन्दर से उसे शर्मिन्दगी भी महसूस हो रही थी। इस शर्मिन्दगी के कारण उसके गाल लाल हो गये थे। नींद से भरी आँखें पथरा गयी थीं। वह रोना चाहता था, लेकिन उसकी आँखों का दरिया सूख चुका था। वह गुस्से में अपने बाल नोचने लगा। उसे कुछ नहीं सूझ रहा था कि वह आखिर क्या करे और क्या न करे।

उसका चेम्बर क्यूबिकल नहीं था। चारों तरफ से काले शीशे लगे थे। वह तो सबको देख सकता था लेकिन उसे कोई नहीं देख सकता था। इसलिए इस घटना के बाद उसने जो आचरण अपने चेम्बर में किया उसे कोई नहीं देख पाया। वरना बात का और बतंगड़ बन जाता। उसे कुछ नहीं सूझा तो उसने कम्प्यूटर में फेसबुक खोल ली। लागआन होते ही वह अपनी सहेलियों को तलाशने लगा। वह उनसे आज की घटना की शेयर करना चाहता था। असल में वह अपनी इस हरकत के बारे में उनसे जानना चाहता था कि आखिर उससे ऐसा कैसे हुआ। वह अपनी फेसबुकिया सहेलियों से हर तरह की बात कर लेता था। उसकी सभी सहेलियाँ उसके उस

सवाल से—देश भीतर देश से—तो इस तरह परिचित थीं, जैसे उस सवाल से उन्होंने सात फेरे ले कर साथ जीने मरने की कसम खायी हो।

बबिता मालवीय, मिली गुप्ता, मिष्ठी बनर्जी, कोकिला पात्रा, रितु कौर, गार्गी बधवार और सोनिया दहिया में उसे कोई आनलाइन नहीं दिखी। उसे अपने ऊपर एक बार फिर चिढ़ हुई। उसने सोचा कि वह अपने सवाल को इनके मैसेज बाक्स में डाल देगा और जब वे आनलाइन होंगी तो वे उसका कोई-न-कोई उचित कारण बताएँगी ही। वैसे इन सबके मोबाइल नम्बर भी उसके पास थे। लेकिन इस बात पर उसका ध्यान गया ही नहीं। उसने मैसेज टाइप करना शुरू ही किया था कि उसे फेसबुक के दाहिने हिस्से में कुछ सेक्सी और फड़कती तस्वीरें दिखीं। लगभग अंग प्रदर्शन करती हुई। मैसेज लिखना बीच में छोड़कर ही वह तस्वीरों के नीचे की इबारत पढ़ने लगा। एक तस्वीर के नीचे लिखा था—'वांटेड ओल्ड मैन।'

दूसरे पर लिखा था—'मीट सिंगल वोमेन हू आर लाइक यू। आर यू इंट्रेस्टेड? फाइंड सिंगल्स इन योर एरिया टू नाइट।'

एक अन्य खूबसूरत तस्वीर के नीचे लिखा था—'मीट सिंगल गर्ल्स आन क्यूपिड।'

ऐसे ही कई विज्ञापन वहाँ मौजूद थे।

विनय ने मैसेज बीच में ही लिखना छोड़ दिया और मार्क जुकरबर्ग से भिड़ गया। जुकरबर्ग फेसबुक के संस्थापक हैं। उसने फेसबुक की मेन वाल पर एक टिप्पणी दर्ज की जिसमें जुकरबर्ग की इन विज्ञापनों के लिए आलोचना की गयी थी—'मित्रो, पैसा कमाने की होड़ में मार्क जुकरबर्ग फेसबुक को ग्लोबल चकलाघर बनाने में जुटे हैं। वेश्यालयों के बाहर भी ऐसे बोर्ड दुनिया में कहीं नहीं हैं, जिन देशों में मैं गया वहाँ तो नहीं ही दिखे। दर्जनों अश्लील तस्वीरों के साथ ये विज्ञापन फेसबुक में हैं। इन्हें हटाने के लिए अभियान चलाना ही चाहिए।'

इस टिप्पणी को दर्ज कर विनय ने अपनी उँगलियों को विराम दिया ही था कि अचानक चैटिंग लिस्ट में उसे सोनिया दहिया की तस्वीर दिखी। सोनिया बिंदास लड़की थी। होटल मैनेजमेंट का कोर्स किया था। पढ़ाई के दौरान ही उसका एक ब्वाय फ्रेंड बन गया था। ब्वाय फ्रेंड तमिलनाडु का रहने वाला था। दोनों में थोड़े दिन इलू-इलू चला और बाद में दोनों ने शादी कर ली थी। रोहतक हरियाणा की राजनीतिक राजधानी कहा जाता है और जाट लैंड का वह मुख्य केन्द्र है। आनर किलिंग और बच्चियों को जनमने से पहले मारने में वह काफी अव्वल है। सोनिया रोहतक की ही रहने वाली थी। आनर किलिंग के डर से तमिल लड़के से शादी करने

के कारण वह रोहतक शादी के बाद नहीं आयी थी। दादा ने उसको जान से मारने की धमकी दे रखी थी। उसके दादा फौज से मेजर रिटायर हुए थे। सीमा पार दुश्मनों से दो-दो हाथ करने वाले मेजर दहिया अब अपने ही घर में युद्ध की तैयारी किये बैठे थे।

दादा की धमकी के कारण सोनिया रोहतक तो आयी नहीं। उल्टे उसने देश ही छोड़ दिया था। वो और उसका पति इंडोनेशिया में जा कर बस गये थे। इंडोनेशिया के एक बड़े पाँच सितारा होटल में दोनों काम करते थे। दोनों के दिन अच्छे कट रहे थे। अचानक सोनिया के ब्वाय फ्रेंड के जीवन में होटल में ही काम करने वाली एक इंडोनेशियन लड़की आ गयी। नतीजा ये हुआ कि दोनों में खटपट रहने लगी। धीरे-धीरे रिश्ता टूटने की नौबत आ गयी। सोनिया ने रिश्ता बचाने की काफी कोशिश की लेकिन वह बचा नहीं पायी और दोनों के बीच तलाक हो गया।

तलाक के बाद कुछ साल तो सोनिया इंडोनेशिया में रही, लेकिन बाद में वह दिल्ली आ गयी और एक होटल के फ्रंट ऑफिस में काम करने लगी। इस बीच उसके दादा का देहान्त हो गया। और उसका रात के अँधेरे में धीरे-धीरे रोहतक आना जाना शुरू हो गया। चोरी छिपे अपनी माँ से मिलती और दिल्ली लौट जाती। चोरी छिपे इसलिए कि पंचायती लोग उसके परिवार का हुक्का-पानी न बन्द करें। पंचायत उससे रिश्ता तोड़ने का फरमान सुना चुकी थी पहले। इसके अलावा भी उसके मन में पंचायत को लेकर और भी कई डर थे।

सोनिया को फेसबुक पर देखते ही विनय ने हैलो की औपचारिकता पूरी की। उधर से जवाब में भी हैलो आया। और बातचीत का सिलसिला शुरू हो गया...'कैसे हो विनय?'

'मैं ठीक नहीं हूँ।'

'क्या हो गया, जो इतनी उखड़ी हुई बातें कर रहे हो।'

इसके बाद विनय ने अपनी रामकथा सुनानी शुरू की। पूजा की घटना को वह विस्तार से सोनिया को बता कर अपने आचरण के बारे में सवाल पूछना चाहता था, लेकिन सोनिया ने उसे बीच में ही रोकते हुए अपनी रामकथा सुनानी शुरू कर दी—'यार, आज मेरा भी मन कुछ ठीक नहीं है। बीती रात रोहतक गयी थी...'

'तो क्या हुआ?' —विनय ने सोनिया की बात बीच में काटते हुए पूछा। हालाँकि वह अपनी बात को आगे बढ़ाना चाहता था। लेकिन उससे अनचाहे ये पंक्ति टाइप हो गयी।

सोनिया अपनी कहानी सुनाने लगी—'क्या बताएँ यार। कल झारखंड से खरीदी

गयी एक लड़की को हमारे पड़ोस में दो भाइयों की आपसी लड़ाई में मार डाला गया...'

'क्यों?' —सोनिया अपनी बात आगे बढ़ाती कि उससे पहले ही विनय ने एक बार फिर बात काटते हुए सवाल किया।

'असल में लड़की के साथ सोने को लेकर दोनों भाइयों में घमासान हो गया था। बड़े भाई ने दलाल के माध्यम से बीस हजार में लड़की खरीदी थी। वह उसके साथ पति की तरह रह रहा था। भाई की भी उम्र पैंतीस पार हो गयी थी। उसकी शादी भी नहीं हो रही थी। बड़े भाई ने भी शादी के लिए चालीस साल की उम्र तक इन्तजार किया था। लेकिन शादी उसकी भी नहीं हुई थी। अन्त में हरियाणा में सक्रिय दलालों के माध्यम से उसने झारखंड की एक लड़की खरीद कर उसके साथ रहने लगा था...'

'हरियाणा में क्या लड़कियों का इतना अकाल हो गया है कि शादी के लिए लड़कियों की खरीद-फरोख्त करनी पड़ती है?' —अपनी हड़बड़ाहट की आदत के चलते विनय ने फिर सोनिया की बात काट कर अपना सवाल दाग दिया।

'यही समझ लो विनय, हमारे यहाँ लड़कों की लालसा में लड़कियाँ गर्भ में ही दफन कर दी जाती हैं। मेरी बुआ बताती है कि मैं भी बड़ी मुश्किल से इस धरती पर आ सकी थी। मेरी माँ बड़ी बहन के जन्म के बाद कई बार अल्ट्रासाउंड से शिशु के लिंग की पहचान करवा कर गर्भ में ही मेरी अजन्मी बहनों को मार चुकी थी। ऐसा उन्होंने चार बार किया था और पाँचवीं बार दादी के दबाव के बाद ही मुझे इस धरती में आने की इजाजत दी थी। मेरे जन्म के बाद भी उन्होंने कई बार गर्भपात कराया। एक बार जब उन्हें इत्मीनान हो गया कि गर्भ में लड़का ही है तो उन्होंने मेरे छोटे भाई को जन्म दिया था। हरियाणा में यह बीमारी आम है। इसी के चलते लड़कों की तुलना में यहाँ लड़कियाँ धीरे-धीरे सिमट रही हैं। लड़कियों की कमी के कारण ही अनेक लोग पूरी जिन्दगी कुँवारे ही रह जाते हैं।'

'इस कहानी को तो तुम छोड़ो। यह तो पूरी दुनिया को पता है। भाइयों वाली कहानी में ऐसा क्या हो गया था कि लड़की को जान गँवानी पड़ी?' विनय ने दो भाइयों की कहानी में अपनी उत्सुकता जाहिर करते हुए यह सवाल किया। अब तक उसे सोनिया की कहानी में शायद मजा आने लगा था। वह पूजा की घटना को शायद भूल चुका था।

'उसमें कहानी जैसा कुछ नहीं है। झारखंड, बंगाल और बिहार से बहुत सारी लड़कियों के दलाल उन्हें यहाँ कुँवारों को बेचते हैं। वे इन जगहों से आने वाली गरीब

लड़कियों को शादी का झाँसा देकर यहाँ लाते हैं। ऐसी ही एक लड़की थी वह। नाम था उसका फुलवा। उसने फौगाहट बन्धुओं के घर को सँभाल लिया था। फौगाहट बन्धुओं के घर में कोई औरत नहीं थी। एक बहन थी तो उसकी शादी उनकी माँ के जीते जी ही हो गयी थी। फुलवा ने घर को रहने लायक बना दिया था। बड़े फौगाहट को वह पति मानती थी। बेशक उनकी शादी नहीं हुई थी। दलालों ने घर के भीतर ही दुर्गा देवी की तस्वीर के सामने फुलवा की माँग बड़े फौगाहट से भरवा दी थी, ताकि फुलवा के घर वालों को इत्मीनान हो सके।

फुलवा आदिवासी लड़की थी। गठीला बदन था उसका। नाक-नक्श तीखे थे। ढेर सारा तेल बाल में डाल कर कस कर चोटी करती थी और आमतौर पर वह लाल फीते से अपने बाल बाँधती थी। माँग में मुट्ठी भर सिन्दूर भरती थी और मोटी टिकली लगाती थी। शुरुआत में तो पड़ोस की औरतों ने उसका बायकाट जैसा कर रखा था। बाद में उसके अच्छे स्वभाव के कारण सब बोलने-चालने लगी थीं। वह नेक स्वभाव की थी...

फुलवा के इतने लम्बे सौन्दर्य वर्णन से विनय भनभना उठा। वह फेसबुक पर चीख तो सकता नहीं था, वरना वह चीख कर सोनिया को चुप करा देता। अन्ततः नाराजगी जताते हुए उसने उसे टोकते हुए कहा—'तुम सीधे-सीधे हत्या के कारण को क्यों नहीं बताती हो?'

'कूल विनय, कूल। इतना इसमें उत्तेजित होने की क्या जरूरत है।' —विनय को कूल करते हुए वह बोली—'असल में छोटे फौगाहट को बड़े फौगाहट का फुलवा के इस तरह साथ रहना अच्छा नहीं लगता था। वह चाहता था कि जायदाद की तरह फुलवा पर भी उसका बराबर का हक हो। लेकिन बड़े फौगाहट से उसे कहने की हिम्मत नहीं पड़ती थी। वह फुलवा को अपने तरह से आकर्षित करने की कोशिश करता रहता था। उस पर हर तरह से डोरे डालता। कभी उसके खाने के लिए वह फल लाता तो कभी चाट पकौड़े। लेकिन फुलवा का दिल पसीजता ही नहीं था। वह तो बड़े फौगाहट को अपना पति मान चुकी थी। उसके दिल में छोटे फौगाहट के लिए अपने देवर के अलावा कोई भाव ही नहीं पैदा होता था। एक मिनट विनय, काल है...'

चैट बाक्स में इसी के साथ अक्षर उभरने बन्द हो गये। विनय को आगे की कहानी जानने की और उत्सुकता बढ़ गयी। उसने सोचा कि चलो काल कर लेते हैं, लेकिन इसी बीच चैट बाक्स में अक्षर फिर उभरना शुरू हो गये— '...एक दिन बड़े फौगाहट की गैर मौजूदगी में छोटे फौगाहट की नीयत खराब हो गयी। फुलवा

अपने कमरे में शीशे के सामने अपनी चोटी गूँथ रही थी। वह देखने में बहुत कामुक लग रही थी। बस आव देखा न ताव छोटे फौगाहट ने उसे पीछे से पकड़ कर अपनी बाँहों में भर लिया। मदान्ध हो कर वह उसे चूमने लगा। फुलवा छोटे फौगाहट की इस हरकत से एकदम घबरा गयी थी। उसने प्रतिरोध किया। छोटे फौगाहट ने उसे बिस्तर पर पटक दिया और उसकी साड़ी को ऊपर करने लगा। तब तक फुलवा पूरे होशो-हवास में आ चुकी थी। आदिवासी होने के कारण वह शहरी लड़कियों की तरह छुईमुई तो थी नहीं। उसने एक लात छोटे फौगाहट के सीने में जड़ दी और फटाफट खड़ी हो कर अपने को सँभालने लगी। लेकिन छोटे फौगाहट पर वासना का इस कदर भूत सवार था कि उसने फिर उसे पकड़ने की कोशिश की। लेकिन वह अपने को बचाने में कामयाब हो गयी। वह कमरे से बाहर आ गयी और डाँगरों के पास रखा हँसुआ उसने उठा लिया। छोटा फौगाहट फिर भी नहीं डरा। उसने उसे पकड़ने की फिर कोशिश की। लेकिन वह हाथ नहीं आयी। उसने आखिर में फुलवा के हाथ से हँसुआ छीन लिया और उससे चिपटने की कोशिश करने लगा। फुलवा ने उसे फिर धक्का दिया। इस बार वह डाँगरों को बाँधने वाली खूँटी से टकरा गया। उसके सिर पर चोट आयी और खून बहने लगा। खून देख कर छोटा फौगाहट आपे से बाहर हो गया। उसने हँसुए से फुलवा की छाती पर वार कर दिया और वह खूनमखून हो गयी। छोटा फौगाहट डर कर वहाँ से भाग गया और फुलवा वहीं तड़पती पड़ी रही और अन्त में वह अपनी जिन्दगी से जूझ नहीं पायी और मर गयी। छोटा फौगाहट अब तक...'

विनय ने एक बार फिर बीच में ही सोनिया को रोकते हुए कहा—'ये तो बहुत जुल्म है...'

वह आगे कुछ लिखना चाहता था चैट बाक्स में कि सोनिया अचानक आफ लाइन हो गयी। विनय ने सोचा कि शायद लाइट चली गयी होगी जिससे इंटरनेट कनेक्शन कट गया हो। दिल्ली के आसपास के इलाकों में बिजली जाना कोई नयी बात नहीं है। आपूर्ति से ज्यादा माँग है। वैसे देश की राजधानी दिल्ली में भी बिजली का स्वास्थ्य कुछ ठीक नहीं है...

विनय की फेसबुक के संस्थापक जुकरबर्ग के खिलाफ की गयी टिप्पणी ने रंग दिखाना शुरू कर दिया था। सैकड़ों लोगों ने लाइक का बटन दबा कर उस टिप्पणी को पसन्द किया था। दर्जनों टिप्पणी पर अपना विरोध दर्ज करा रहे थे। कुछ टिप्पणियाँ इस प्रकार थीं—

शम्स तमन्ना ने लिखा—'सर, मार्क को लगता है कि जो दिखता है वही बिकता है। फॉर्मूला हिट है इसीलिए वो इस पर अमल कर रहे हैं।' शम्स के कमेंट पर विनय की टिप्पणी थी—'वैसे मार्क ने फेसबुक का आइडिया भी चुराया है। वे इसके जन्म से ही नैतिक नहीं रहे शायद। लेकिन हमें फिर भी प्रयास तो करना ही होगा इसे हटाने के लिए।'

लाल रत्नाकर ने लिखा—'विनय जी, आपके अभियान में शरीक होने में कोई हर्ज तो नहीं पर...आप क्या कर लेंगे जब...'

विनय ने रत्नाकर की टिप्पणी का जवाब देते हुए लिखा—'रत्नाकर जी, मैं तो कुछ नहीं कर पाऊँगा लेकिन एक आवाज तो उठाई ही जा सकती है। शायद कोई सुन ले। वैसे एक पत्थर दिल से उछालने में एतराज नहीं होना चाहिए।'

मृत्युंजय ने लिखा—'विनय जी एक सवाल उठा रहे हैं जो कि बेहद वाजिब है। फेसबुक आप-हम जैसे लोगों के नाते ही चलता है और हमको इसमें अश्लीलता बेचने के खिलाफ बोलना ही चाहिए। क्या हम गुमाश्ते भर हैं किसी पराई जमीन पर। माने हम फेसबुक इस्तेमाल करें तो इस शर्त पर कि इसके खिलाफ मुँह सी लेंगे?'

कृष्ण कुमार का इस बारे में कहना था—'कहा जाता है इसे सोशल नेटवर्किंग साइट। वाकई इसकी आड़ में जो हो रहा है...वो कहीं से भी सामाजिक नहीं है...सही और सार्थक पहल है...बधाई विनय जी!!!'

विमलेश त्रिपाठी का कहना था—'विनय जी का यह सवाल वाजिब है, इस तरह के विज्ञापनों का प्रतिरोध होना चाहिए और इस अभियान में अधिक-से-अधिक लोगों को शामिल होना चाहिए। इस तरह के विज्ञापन उस जगह तो नहीं होना चाहिए जो सोशल नेटवर्क होने का दावा करता है। विनय जी को हमारा समर्थन है...'

शशिकान्त ने पूरे मामले को वैचारिक ताना-बाना पहनाते हुए लिखा—'यूँ तो अश्लीलता एक रिलेटिव टर्म है। एक कल्चरल प्रॉडक्ट। अलग-अलग मुल्कों की संस्कृति अश्लीलता को अलग-अलग तरह से परिभाषित करती है। ब्राजील के बीच पर सनबाथ कर रही टॉपलेस सुन्दरियों के बीच साड़ीधारी दक्षिण एशियाई नारी कहीं अश्लील न मान ली जाए...वर्ल्ड में अश्लीलता का एक अपार संसार है...अनन्त ऑनलाइन साइटें हैं। ब्लॉग हैं। न्यूडिटी है। फुल नग्नता। इसके दुकानदार हैं और खरीदार भी। हमारे कई साथी अपने घर में इसलिए इंटरनेट का कनेक्शन नहीं ले रहे हैं क्योंकि उन्हें लगता है कि उनके बच्चे 'बिगड़' जाएँगे। पूरी दुनिया में 66 करोड़ लोग फेसबुक इस्तेमाल कर रहे हैं। भारत में महज दो करोड़ तीन लाख।

बहुमत के फेसबुकिया लोकतंत्र में हम कहाँ हैं? फिर इंटरनेट पर किसी खास मुल्क का कानून लागू भी नहीं होता...हाँ, भारत सरकार चाहे तो सेंसर कर सकती है फेसबुक को फैशन टीवी की तरह। फेसबुक को 'अश्लीलता' से बचाने के बड़े भाई विनय जी के इस अभियान पर सहानुभूति व्यक्त कर रहा हूँ मैं।'

जय कुमार झा ने फेसबुक को पेड बनाने की सलाह देते हुए लिखा—'सही कहा विनय जी आपने। शर्मनाक अवस्था है...अगर पैसा ही चाहिए तो हर फेसबुक प्रयोग करने वालों से दस रुपया महीना भी लोगे तो बहुत पैसा होगा। वो ले लो भाई... लेकिन इन विज्ञापनों से दुर्गन्ध ही फैलता है फेसबुक पर...'

अर्नेस्ट अलबर्ट ने अलग मुद्दा उठाते हुए कहा—'ये शिकायत मार्क भाई से ही क्यों विनय जी ! अपने यहाँ भी खूब ऐसा माल 24x7 बिकता रहता है...वो अपना मोबाइल है न। उसमें भी धन्धा चल रहा है। किसी षोडसी की आवाज मुझे भरमाती है—मैं कनिका सोलह साल की...बार-बार मैं उसकी आवाज सुनता हूँ और बात करता जाता हूँ। सिर्फ छह मिनट की दर से बातचीत का चकलाघर बनना शुरू हो जाता है। क्या खयाल है अपने घर से शुरू करें या सात समन्दर पार से? पैसा तो ये भी कमा रहे हैं न...'

विनय ने अर्नेस्ट का जवाब देते हुए अपनी वाल पर लिखा—'अर्नेस्ट भाई, ये विरोध हर माध्यम के लिए है। एफबी पर करोड़ों लोग आते हैं इसलिए यहाँ भी दर्ज किया है विरोध। रही एफबी के इतिहास की तो सब जानते हैं कि जुकरबर्ग ने ये आइडिया अपने दोस्तों से चुराया। मुकदमा भी चला। बाकी इतिहास सब जानते हैं। जुकरबर्ग से हमें ज्यादा उम्मीद नहीं है। लेकिन लड़ने की उम्मीद तो इनसान की मरती नहीं है न। हम लड़ेंगे और अंत तक लड़ेंगे। शायद ये बात दुनिया के और कोने पर भी चल रही हो। जब सारी आवाजें एक हो जाएँगी तब सोचिये क्या होगा।'

ऐसी ही तमाम टिप्पणियाँ विनय के समर्थन में लोग दर्ज कर रहे थे। कुछ माडर्न किस्म के सिरफिरे इन विज्ञापनों को जायज बताने में भी जुटे हुए थे। लेकिन उन्हें लोगों के भारी प्रतिरोध का सामना करना पड़ रहा था। कुछ विरोध में की गयी टिप्पणियाँ—

बनारस के रहने वाले और न्यूयार्क में बसे आनन्द पांडे ने लिखा—'आप सब बिना जाने ही इन विज्ञापनों का विरोध कर रहे हैं। इन विज्ञापनों में पोर्न नहीं है...सब डेटिंग साइट हैं जो कि वैध है दुनिया के कई देशों में। योरोप वगैरह में पंडित जी नहीं होते हैं जो कि कुंडली को मिला कर एक जीवन साथी दे देंगे...आपको ढूँढ़ना होता है...और ऐसी साइट्स उसमें मदद करती हैं। भारत में भी ऐसी बहुत-सी

साइट हैं...'

विनय ने इसका जवाब देते हुए लिखा–'आनन्द, आप एक बार रजिस्टर्ड कर देखें ऐसी किसी साइट पर फिर आप अपने अनुभव हमसे शेयर करें। मैटरीमोनियल साइट होती हैं मुझे पता है। लेकिन इन विज्ञापनों की भाषा देखिये जरा, फिर बताइये। भारत में भी हो रहा है तो इसका अर्थ तो यह नहीं है कि हम उसके समर्थन में झंडे उठाने लगें। आप विदेश में रहते हैं और बनारसी हैं। क्या आपके बनारस का समाज इसे स्वीकारेगा?'

आनन्द का कहना था–'सर, ऐसा नहीं है कि मैं बिना सोचे-समझे इसकी वकालत कर रहा हूँ...बनारस जैसी जगहों पर अभी भी काफी माध्यम हैं जिनके द्वारा शादियाँ इत्यादि हो जाती हैं...यहाँ आपको अपने आप अपना जीवन साथी या डेट ढूँढ़ना होता है...और अगर कोई थोड़े पैसे लेकर आपकी मदद करता है तो कुछ गलत नहीं है...मेरे विचार से!'

इस पर विनय की तीखी टिप्पणी थी–'तो आनन्द आपको इस साइट के माध्यम से अपने लिए अपनी बहुरिया तलाश लेनी चाहिए...'

आनन्द ने बहस को हल्का बनाते हुए विनय का जवाब दिया–'हा हा हा... सर, मुझे खोजने की जरूरत नहीं है क्योंकि मेरे पास 'माँ' है। एक बात बताइए...आप को क्या लगता है कि इसकी आड़ में क्या होता है? मेरे हिसाब से तो लोग एक दूसरे के सम्पर्क में आते हैं और फिर कहीं मिलते हैं। बातचीत कर एक दूसरे से अपनी कंपेटिबिलटी देखते हैं...और मामला फिट तो कई डेट्स पर मिलते हैं...नहीं तो टाटा बाय-बाय कर लेते हैं...'

रमन नन्दा ने इन विज्ञापनों के विरोध को खारिज करते हुए लिखा–'अकेले व्यक्तियों को फेसबुक से मैत्री प्राप्त करने के अवसर मात्र का विरोध तो अपनी समझ के बाहर है। किसी माध्यम से लोगों को प्रेम, दोस्ती और कुछ मिले, उसका विरोध करना मुझे किसी के भी हित में नजर नहीं आता। यह एक प्रकार की 'डेटिंग सर्विस' है, जो कि अन्य नामों से अति सम्मानित 'शादी डाट काम' आदि के रूप में भी उपलब्ध है। सवाल अगर उठाया जा सकता है तो वो केवल अश्लीलता को लेकर उठाया जा सकता है, जो कि फेसबुक के सन्दर्भ में लागू नहीं होता।'

फेसबुक पर विनय की इस टिप्पणी पर दोनों तरफ से तर्क-वितर्क हो रहे थे। विनय हर विरोध का जवाब दे रहा था। बहस में अखबारों में मसाज पार्लर, एस्कार्ट सर्विस, मुझसे दोस्ती करो, जैसे विज्ञापन और मोबाइल और लैंड लाइन पर चलने वाली डेटिंग सर्विसेज का भी विरोध हो रहे थे।

बहस में उलझे हुए कब रात के नौ बज गये विनय को पता ही नहीं चला। पूरा ऑफिस खाली हो गया था। दो-एक मैसेंजर ब्वाय ही मौजूद थे ऑफिस में। वे विनय के जाने का इन्तजार कर रहे थे, ताकि वह ऑफिस को बन्द कर अपने घर को रवाना हो सकें। वैसे देर रात इन मैसेंजर ब्वायज को रुकने में कोई बुरा नहीं लगता है। डबल ओवर टाइम मिलता है। वैसे भी अक्सर विनय देर तक अपने चेम्बर में काम करते हैं, इसलिए किसी मैसेंजर ब्वाय ने उनके कमरे में घुसने की कोशिश नहीं की। पूजा की घटना विनय के मानस पटल से फेसबुकी बहस में घुसने और सोनिया से चैटिंग के बाद लगभग उड़ चुकी थी। थोड़ी देर के लिए देश भीतर देश का सवाल भी उसके जेहन के किसी कोने में सुस्ताने लगा था। ये भी कहा जा सकता था कि वह उसे भूल चुका था। इन दिनों भूलने में उसे महारत हासिल हो चुकी थी। अपनी फेसबुकिया सहेलियों से भी वह कई बार उनसे दोबारा और कभी-कभी चौथी-पाँचवीं बार भी परिचय पूछ लेता था।

उसने अपने लैपटाप को शटडाउन किया और चेम्बर से बाहर अपनी गाड़ी की ओर बढ़ गया। हर दिन की तरह उसे अपनी कार की पहचान करने में दिक्कत हुई। पार्किंग का वाचमैन विनय की इस आदत से वाकिफ था, तो उसने विनय से चाभी ली और बाहर इन्तजार करने के लिए कहा। थोड़ी ही देर बाद वाचमैन कार के साथ प्रकट हुआ। विनय की जान-में-जान आयी। हर दिन पार्किंग में जब वह अपनी कार को लेकर परेशान होता है, तो उसे लगता है कि उसकी कार चोरी हो गयी। उसके अन्दर इन दिनों इसी तरह के अजीबोगरीब तरह के भ्रम पैदा हो गये थे। वह सामान्य दिखता था, लेकिन अन्दर से कोई बेचैनी उसे मार रही थी। वह तिल-तिल कर जी रहा था या फिर जान-बूझकर ऐसा भ्रम पैदा कर रहा था। वह ऐसा क्यों कर रहा था इसका अन्दाजा लगाना बड़ा मुश्किल था। लेकिन यह सच है कि उसकी हरकतें सामान्य नहीं थीं।

चार

...ब्रह्मपुत्र एक्सप्रेस कहीं पैसेंजर बन जाती थी तो कहीं एक्सप्रेस। उसके लगातार चलते रहने से ही यात्री खुश थे। वरना कोई भरोसा नहीं था कि वह कहीं भी रुक कर लम्बा सुस्ताने लगे। ट्रेन जब इलाहाबाद पहुँची तो विनय से मिलने उसके माता-पिता और कुछ दोस्त आये। उसने अपने आने की सूचना पहले ही दे दी थी। माँ ने उसे खाने का टिफिन दिया था। टिफिन लेकर वह इत्मीनान महसूस कर रहा था कि रास्ते में जो अतिरिक्त पूड़ियाँ भूख लगने के कारण उसने उड़ा दी थीं, उसकी भरपाई माँ का टिफिन कर देगा। दो-चार पुराने साथी भी उससे मिले। उनमें से एक ने उसे कैरियरिस्ट कह कर पुकारा था। उसे विनय को लेकर काफी नाराजगी थी। वह पार्टी के शंकरगढ़ की पहाड़ियों में चल रहे काम को बीच में ही छोड़कर पहले दिल्ली चला गया था और अब वह गुवाहाटी सात समन्दर पार जा रहा था। कामरेडों को भी पूर्वोत्तर की तरफ जाना विदेश जाने जैसा लग रहा था। वैसे विनय सीपीआईएमएल का शुभचिन्तक ही था। कभी वह उसके कार्यक्रमों में ज्यादा सक्रिय नहीं हुआ था। पार्टी के साहित्यिक आयोजनों और शंकरगढ़ के भूमिहीनों के बीच होने वाले कार्यक्रमों में वह जरूर जाता था। पार्टी के दो प्रमुख संगठनकर्ताओं को विनय को पार्टी में शामिल करने का जिम्मा सौंपा गया था।

एक तपती हुई दोपहरिया में पूरे नाटकीय अन्दाज में उसकी एक शख्स से मुलाकात कराई गयी। उस शख्स का नाम गणेशन उसे बताया गया। बाद में पता चला कि वह ही पार्टी का अंडरग्राउंड सेक्रेटरी था, जिसका असली नाम वीएम था। गणेशन बने वीएम ने उससे पार्टी की मेम्बरशिप के लिए कहा था—‘आप पार्टी के लिए इतना काम कर रहे हैं तो आपको मेम्बरशिप ले लेनी चाहिए विनय।’

इस पर विनय ने जब कोई जवाब नहीं दिया था, तो वीएम ने फिर कहा था—'इसमें इतना चिन्तन करने की क्या जरूरत है!'

'असल में गणेशन, मैं पार्टी की इस बात से सहमत नहीं हूँ कि देश से निजी सम्पत्ति खत्म हो जाएगी और स्टेट का अस्तित्व मिट जाएगा।' —विनय ने गणेशन के सवाल का जवाब देते हुए कहा—'वैसे, मैं जितना साहित्य के मोर्चे पर कर रहा हूँ वैसे ही करता रहूँगा। मुझे पार्टी का भूमिहीनों के लिए शंकरगढ़ में चल रहा काम बहुत अच्छा लगता है।'

इस छोटी-सी बात के बाद वीएम कहीं चले गये थे और विनय अपने घर लौट आया था।

गिले-शिकवे के बीच दोस्तों से विदा का वक्त हो गया था। गार्ड ने सीटी बजा दी थी अब ट्रेन के रेंगने की बारी थी। वह माता-पिता के पैर छूकर ट्रेन में बैठ गया। वह खिड़की से अपने शहर को छूटता देख रहा था। जमुना पुल से गुजरती ट्रेन से उसने जब नदी को देखा तो वह सूख रही थी। गन्दगी के चलते उसका रंग नीला से काला हो गया था। उसे शहर के लोगों पर गुस्सा आया—'साले सारा कचरा जमुना में फेंक देते हैं। गंगा को तो गन्दा कर नाले में बदल दिया इन साले इलाहाबादियों ने। कहते हैं हम सिटी आफ प्राइम मिनिस्टर्स के वाशिंदे हैं।'

मानवीय अत्याचार को झेलते-झेलते ये दोनों नदियाँ सिमटती जा रही थीं। गंगा ने तो अपना रास्ता भी बदल दिया और खिसक गयी झूसी की तरफ। अब संगम में स्नान करने के लिए भी लोगों को कई किलोमीटर आगे जाना पड़ता है। वहाँ भी पानी इतना कम है कि ऐसा लगता है कि स्नान किसी बड़े नाले में हो रहा है। ब्रह्मपुत्र एक्सप्रेस अपनी रौ में चल रही थी। जमुना पुल के पार नैनी जेल देखते हुए विनय थोड़ा भावुक हो गया। जेपी आन्दोलन के समय उसे गिरफ्तार कर लिया गया था और इसी जेल में रखा गया था। नैनी जेल के नेहरू वार्ड में। इस वार्ड का नाम नेहरू वार्ड इसलिए पड़ गया था कि आजादी के आन्दोलन के दौरान पंडित जवाहर लाल नेहरू इस वार्ड में रहे थे।

वह इलाहाबाद की यादों में डूबा रहना चाहता था थोड़ी देर, ताकि वह पुरानी अच्छी-बुरी स्मृतियों को याद कर रोमांचित हो सके। लेकिन गुवाहाटी पहुँच कर वहाँ अपने को सँभालने का सवाल उसे इलाहाबाद की स्मृतियों से ज्यादा बड़ा लग रहा था।

ट्रेन ने जैसे इलाहाबाद की शहरी सीमा पार की, वैसे ही विनय फिर एक बार असम में डूबने की कोशिश में लग गया। असम को लेकर उसकी कल्पना को पर

पहले ही लग चुके थे। उसकी कल्पना का पक्षी कहीं भी उड़-उड़ कर बैठ रहा था। इसी कड़ी में उसने सोचा कि यदि पेड़ वाला मकान किराये पर नहीं मिलेगा तो वह क्या करेगा। वह इस सवाल से जूझने लगा। उसने गुवाहाटी का मैप निकाल लिया। फैंसी बाजार के चौराहे पर उसे एक गुरुद्वारा दिखा। उसने सोचा कि अगर पेड़ में बना उसे घर नहीं मिलेगा तो वह थोड़े दिन गुरुद्वारे में रह लेगा। वहाँ रह कर आसपास के किसी जंगल में बाद में कोई झोंपड़ी तलाश लेगा। असम को लेकर उसकी अज्ञानता इस चरम पर थी कि उसे पूरा यकीन था कि गुवाहाटी में आम शहरों जैसा कुछ नहीं होगा। नदी, जंगल, झरने और पहाड़ियों के अलावा वहाँ और कुछ हो ही नहीं सकता। लोग झोंपड़ियों और मिट्टी के मकानों में रहते होंगे। लेकिन उसे ये बात भी समझ नहीं आ रही थी कि यदि पूरा असम आदिम स्थिति में था, तो उसकी कम्पनी वहाँ क्या करती है। कम्पनी को लेकर भी उसने जवाब खोज लिया था कि वह वहाँ के प्राकृतिक संसाधनों की लूट में लगी होगी। ठीक वैसे ही जैसे छत्तीसगढ़, झारखंड और उड़ीसा में मल्टीनेशनल कम्पनियाँ वहाँ की सम्पदा को लूटने के लिए वहाँ अपना ऑफिस स्थापित कर लेती हैं। कम्पनी के ऑफिस के बारे में भी उसने यह तर्क गढ़ लिया था। इसके साथ वह यह भी सोचता है कि हमारे हुक्मरान आखिर देश के जंगल और पहाड़ों को लूटने की खुली इजाजत क्यों देते हैं। वहाँ रहने वाले आदिवासी बोर हो रहे हैं। उनका अपनी ही जमीन से मल्टीनेशनल कम्पनियाँ हक छीन रही हैं और सरकार उन्हें क्यों शरण दे रही है। इसी के चलते इन इलाकों में आदिवासियों ने अपनी जमीन और जंगल बचाने के लिए बन्दूकें उठा ली हैं। जल, जंगल, जमीन और आदिवासियों के बारे में सोचते हुए उसे ऐसा लगता है कि वह अपने मूल सवाल से भटक रहा है। फिर वह अपने को गुवाहाटी पर केन्द्रित करता है। लेकिन मल्टीनेशनल कम्पनियों की लूट उसे विचलित कर चुकी होती है तो उसे पटरी में आने में वक्त लगता है। वह हठात गुवाहाटी के जंगलों, पहाड़ों और ब्रह्मपुत्र नदी की ओर लौटता है। वह सोचता है कि ब्रह्मपुत्र नदी हर साल आखिर इतने लोगों की जान क्यों लेती है। इस सवाल के जवाब को वह मिथकीय कहानी में खोजने की कोशिश करता है। जवाब मिलता है कि देश में सारी नदियाँ स्त्रियों के नाम से हैं। अकेले ब्रह्मपुत्र एक मर्द नदी है। नाम से ही समझा जा सकता है कि वह ब्रह्मा के पुत्र के नाम पर है। इसीलिए इसे नदी नहीं नद कहा जाता है। नद होने के नाते यह नदी उद्दंड है। ब्रह्मपुत्र नदी चीन से भारत में अरुणाचल प्रदेश के किवितू से प्रवेश करती है। किवितू में भारत-चीन सीमा की अन्तिम सुरक्षा चौकी है। किवितू में ब्रह्मपुत्र तेज बहाव से पहाड़ों के बीच से हो कर

गुजरती है। पूरी नीली और स्वच्छ। परशुराम कुंड में आने के बाद उसका चोला बदलता है और फिर वह रक्तरंजित हो जाती है। इसके यहाँ रंग बदलने के पीछे कहावत है कि परशुराम ने अपने रक्तरंजित फरसे को इसी कुंड में धोया था, जिससे नदी खूनी रंग की हो गयी। लेकिन इन कहानियों में विनय को इस सवाल का जवाब नहीं मिला कि हर साल ब्रह्मपुत्र नदी की बाढ़ से सैकड़ों लोग क्यों मरते हैं। उसे इस घटना के जवाब के लिए जब कोई पौराणिक सन्दर्भ याद नहीं आता है तो वह सोचने लगता है कि ब्रह्मा का बेटा उद्दंड होगा, इसलिए वह बेगुनाह लोगों को सताता है। असल में वह बाढ़ से मरने वालों के पीछे की असली कहानी को खोजने की कोशिश नहीं करता है। वह यह जानने की कोशिश बिलकुल नहीं करता है कि बाढ़ राहत के नाम पर असम को कुछ नहीं मिलता है। कहने को तो बाढ़ प्रबन्धन के लिए ब्रह्मपुत्र बोर्ड बना हुआ है। लेकिन उसको केन्द्र से फूटी कौड़ी जैसा ही कुछ मिलता है। बोर्ड के कर्मचारियों का वेतन भी मुश्किल से मैनेज होता है। ऐसे में बाढ़ प्रबन्धन कैसे हो। ब्रह्मपुत्र जैसे अनेक सवाल अभी भी उसके जेहन में थे। असम को लेकर तमाम अनुत्तरित सवाल, जिससे वह जूझ रहा था और ट्रेन आगे बढ़ती जा रही थी...

...विनय ऑफिस से लेकर घर तक हर जगह सामान्य रहने की कोशिश करता था। पूजा कौर की घटना ने उसे अन्दर से बाहर तक हिला दिया था। सामान्य रहने की उसकी कोशिश कुछ-न-कुछ ऐसा करा देती थी, जिससे विनय की किरकिरी हो जाती थी। वह कई डॉक्टरों को दिखा चुका था। हर तरह के टेस्ट में उसे कोई बीमारी नहीं निकलती थी। डर के मारे या उसका डॉक्टर मजाक न उड़ायें, इसलिए वह देश भीतर देश देखने की बीमारी को डॉक्टर को नहीं बताता था। शायद उसकी यही भूल भी रही हो। एक बार उसने हिम्मत कर अपने मित्र डॉक्टर से देश के भीतर देश देखने की बीमारी का जिक्र किया। डॉक्टर उसका मित्र था तो उसे समझने में देर न लगी। उसने तुरन्त किसी साइकेट्रिक से सलाह लेने के लिए उसे सुझाव दिया—'विनय, तुम किसी अनजाने भ्रम में रहते हो। या फिर किसी घटना ने तुम्हारे दिल और दिमाग को गहरी चोट पहुँचाई है, इसी कारण तुम्हें ऐसा लगता है।'

'शायद आप सही कह रहे हैं डॉक्टर।' विनय ने डॉक्टर की हाँ में हाँ मिलाते हुए कहा—'मेरे साथ अतीत में ऐसा गुजारा है जिसे मैं नहीं भूल पा रहा हूँ। और वह ऐसा भी नहीं है कि मुझे इस तरह का दृष्टि-भ्रम हो। मैं एक मुकम्मल इनसान हूँ और मैं अपना अच्छा-बुरा समझता हूँ।'

'लेकिन विनय, मेरी राय है कि तुम्हें अपनी इस समस्या के बारे में किसी अच्छे साइकेट्रिक से मिलना ही चाहिए।' डॉक्टर ने विनय को सलाह दी।

बात आयी गयी और चली गयी। विनय किसी साइकेट्रिक के पास नहीं गया। उसे सारे टेस्ट ठीक निकलने के बाद पूरा इत्मीनान हो गया था कि उसे बीमारी जैसी कोई चीज तो नहीं ही है।

विनय धीरे-धीरे इतना अकेला हो गया था कि उसे इस बात का अहसास भी नहीं हुआ। वैसे उसके ज्यादा मिलने-जुलने वाले तो थे नहीं फिर भी जो थे, वे उससे किनारा करने लगे। किनारा करने की वजह यही थी कि फिल्म से लेकर राजनीति किसी विषय पर भी चर्चा चल रही हो वह अपने देश भीतर देश देखने के सवाल को बीच में उठा देता था। धीरे-धीरे उसके मिलने-जुलने वालों ने उससे किनारा शुरू कर दिया था। अब वह पूरी तरह अकेला था और उसकी मनोवैज्ञानिक बीमारी गहरी होती जा रही थी। उससे कहीं अब सुकून मिलता था तो वह जगह थी फेसबुक और उसके फेसबुकिया दोस्त और सहेलियाँ। जैसे-जैसे विनय अकेला और-और अकेला समझने लगा था उसका फेसबुक में समय बढ़ता जा रहा था। उसकी सहेलियाँ यदि लागआन नहीं होतीं तो भी वह किसी को भी छेड़ कर बतियाना शुरू कर देता था। उस दिन वह अपनी इन्दौर की अपनी फेसबुकिया सहेली गार्गी बधवार से बतिया रहा था तो उसे पता चला कि वह अब मुम्बई में फिल्म इंडस्ट्री में स्ट्रगल की योजना बना रही है।

गार्गी इन्दौर की नामी फैशन डिजाइनर थी। चालीस साल की उम्र में भी वह इस तरह बनठन के रहती थी कि जवान लड़कियाँ भी उसके सामने पानी भरती नजर आती थीं। अपने को ट्रिम स्लिम दिखाने के लिए उसने अपने घर में ही एक छोटा-सा जिम और एक निजी पार्लर बना रखा था। उसे काले कपड़े पहनने का बहुत शौक था। त्वचा दूध की तरह सफेद थी तो उस पर काले कपड़े बहुत अच्छे लगते थे। टाप-कैपरी से लेकर फ्रॉक हर तरह के कपड़े वह आत्मविश्वास के साथ पहनती थी।

इन्दौर में होने वाले ग्लैमर और फैशन शोज में उसकी अहम भूमिका होती है। वह गोरखपुर से इन्दौर आ कर बस गयी थी। इन्दौर उसकी बचपन की सहेली समता सिंह ले आयी थी। यदि समता उसे इन्दौर न लाती तो शायद वह भी मारी जाती। उसके एक बेटी भी है। उसे देखकर नहीं लगता है कि वह एक जवान बेटी की माँ है।

असल में गार्गी ने कम उम्र में गोरखपुर के एक रंगदार बाबू साहब के बेटे वैभव सिंह से मोहब्बत कर ली थी। उसकी तब उम्र सोलह साल की ही रही होगी। वह

इंटर में पढ़ती थी। दोनों की मोहब्बत परवान चढ़ रही थी। गार्गी के माता-पिता वैभव के उसके साथ बढ़ रहे सम्बन्ध से नाखुश थे। वैभव की इमेज शहर में अच्छी नहीं थी। बाप का साया था तो वह किसी को भी कहीं भी ठोक-ठाक देता था। उसके पिता वीरेन्द्र सिंह शहर के बहुत बड़े माफिया थे। उनका काफिला जब चलता तो बीस-पच्चीस दोनाली वाले उनके साथ होते। इतना बड़ा काफिला ले के चलने के पीछे की वजह थी शहर के दूसरे माफिया जितेन्द्र तिवारी के साथ उनकी दुश्मनी। ऐसे ही गैंगवार में वैभव के पिता को तिवारी के लोगों ने मार गिराया था। मामला रेलवे ठेके की नीलामी का था। वीरेन्द्र के मरने के बाद वैभव के बड़े भाई मृदंग सिंह ने बाप की गद्दी सँभाल ली थी। वैभव और मृदंग में दिखाने के लिए यूँ तो बहुत प्यार था, लेकिन मृदंग को गैर जाति की लड़की से उसकी प्रेम कहानी पचती नहीं थी। मृदंग ने वैभव को बहुत समझाने की कोशिश की लेकिन वह माना नहीं। इसी के चलते मृदंग और वैभव में खिंचाव रहने लगा था। उधर गार्गी और वैभव का प्रेम गोरखपुर में टाक आफ दि टाउन हो चुका था। गार्गी की माँ ने साफ कह दिया था कि यदि उसने वैभव से शादी की तो वह जान दे देगी। लेकिन जैसे-जैसे समय बीतने लगा गार्गी ने अपने माता-पिता को मना लिया और एक दिन दोनों की शादी हो गयी।

गार्गी का वैभव पर इतना दबाव था कि शादी के बाद उसे गोरखपुर छोड़ना पड़ा। वे दोनों लखनऊ में रहने लगे। इधर मृदंग सिंह अकेला पड़ गया। लखनऊ में शेटल होने के बाद वैभव ने अपने बड़े भाई मृदंग पर जायदाद बँटवारे के लिए दबाव डाला। ये बात मृदंग को अच्छी नहीं लगी। उसने अपने साथियों के बीच इस बात की चर्चा की—'देख रहे हैं चुलबुल बाबू, आजकल कैसा जमाना आ गया है। बाप के मरने के बाद कारोबार में हाथ बँटाना चाहिए था। उल्टे अब बाबू साहब जायदाद में हिस्सा माँग रहे हैं।'

'जी बाबू साहब, लौंडिया के चक्कर में पड़ने के बाद बड़का-बड़का पगलाय जात हैं, ये तो फिर वैभव बाबू ठहरे।' —चुलबुल ने मृदंग की हाँ में हाँ मिलाते हुए कहा।

अब जब चुलबुल बाबू अपना ज्ञान दिये हैं तो काला बाबू से तो रहा न जाएगा—'बाबू साहब, मैं तो कहता हूँ कि आप एक भी पैसा न दीजिए जायदाद से। मेहनत कोई करे और मजा कोई लेवे।'

'मैं भी यही सोच रहा हूँ कि वैभव से साफ कह दूँ कि यहाँ आयके रहो और काम में हाथ बंटाओ तभी कुछ मिली।' —मृदंग ने फरमान की तरह कहा।

अब की बारी गनर रज्जन बाबू की थी—'ठीक कह रहे हैं भइया। लौंडिया के साथ मौज वो उठाये और गोली आप खायें यहाँ। उसका हक तो जायदाद में बिलकुल बनता ही नहीं है।'

'तो फैसला हुआ कि जायदाद के लिए वैभववा कुछ भी चूँ चपड़ करेगा तो उसे टपकाए दिया जाएगा। वहीं लखनऊ में।' मृदंग ने फाइनल फैसला सुना दिया था। इसी के साथ वहाँ बैठे सभी लठैतों, गनरों और बकैतों ने फैसला पर मुहर भी लगा दी।

बस थोड़े दिन वैभव और मृदंग के बीच जायदाद को लेकर झकझक और बकबक होती रही। अन्त में जायदाद के लिए मृदंग ने आजमगढ़ के दो सुपारी किलरों को वैभव की सुपारी दे दी। थोड़े दिन बाद वैभव को हजरतगंज के पीछे सुपारी किलरों ने मार गिराया। इसी के बाद से गार्गी अकेली हो गयी थी। उस वक्त उसकी उम्र अठारह पूरी हुई थी। वैभव के साथ रहते हुए वह थोड़ी दबंग हो गयी थी।

अब बारी थी वैभव की बिटिया को घर वापस लाने की। मृदंग ने बहुत कोशिश की। गार्गी को गुंडों से धमकवाया। मरने मारने की बात कराई पर गार्गी बेटी देने के लिए राजी नहीं हुई। जिस सड़क पर भी मृदंग के गुंडे उसे घेरते वह सीना तान कर खड़ी हो जाती और कहती—'मार दो गोली। मेरी जान लिए बिना कोई मेरी बेटी नहीं ले सकता है।'

इसी बीच समता सिंह ने देखा कि उसकी सहेली परेशानी में है, तो उसने इन्दौर चलने का प्रस्ताव उसके सामने रखा। समता वैसे तो गोरखपुर की रहने वाली थी, लेकिन उसकी शादी इन्दौर में हुई थी। समता के प्रस्ताव को मान कर गार्गी इन्दौर चली आयी और थोड़े दिनों समता के घर पर ही रही। उसने इन्दौर में रहकर एक नामी फैशन डिजाइनिंग इंस्टीच्यूट से डिप्लोमा किया और अपने काम में जुट गयी। थोड़े दिनों में उसकी मेहनत रंग लाने लगी। उसे अच्छी इनकम होने लगी। उसने अपना एक फ्लैट खरीद लिया। अपनी बिटिया को एमबीए करा दिया।

संघर्ष की इस यात्रा में वह इतनी कठोर हो गयी कि उसने अपने लिए जीना लगभग बन्द ही कर दिया। उसके माता-पिता ने दोबारा उसकी शादी कराने की बहुत कोशिशें कीं। शादी डाट काम में विज्ञापन भी दिए। लड़के आते रहे और वापस जाते रहे। चालीस साल की उम्र होते-होते उसे अब लगने लगा कि वह बहुत अकेली और असहाय है, तमाम सुख-सुविधाओं के बावजूद। जब फेसबुक पर विनय की उससे मुलाकात हुई तो उसके दिल का वायलन थोड़ा-थोड़ा बजने लगा। गार्गी जब भी उदासी की बात करती विनय उसे इधर-उधर की बात कर हँसा देता। वह विनय की

दोस्ती के बाद अन्दर-ही-अन्दर भरने लगी थी। पर्वत-सी उसकी पीर से मीठे पानी का झरना बहने लगा था। वह कुछ खिली-खिली रहने लगी थी। उसका खिलाखिलापन उसके इर्दगिर्द रहने वाला हर इनसान महसूस कर रहा था।

मुम्बई जा कर फिल्म इंडस्ट्री में संघर्ष करने की योजना को विनय को उसने फेसबुक पर बताया था—'विनय मैं मुम्बई जा रही हूँ। यहाँ मेरे टैलेंट के अनुसार अब काम नहीं है। हाल में इन्दौर में हुए श्रेया घोषाल के एक कार्यक्रम में विपाशा बसु आयी थी। उसने मेरा काम पसन्द किया और मुम्बई में काम दिलाने का वायदा कर गयी है। उसने अपना मोबाइल नम्बर भी दिया है।'

इस पर विनय ने सिर्फ इतना ही कहा था—'तुम्हें जो अच्छा लगे वो करो। फिल्म इंडस्ट्री के रंग निराले हैं। किसी का भाग्य साथ दे दे तो वह राजा वरना रंक बनने से उसे कोई नहीं रोक सकता है।'

'अरे तुम नहीं समझते हो। तुम कवि टाइप आदमी हो। दुनिया में आगे बढ़ना होता है तो रिस्क लेना ही पड़ता है।' —विनय की बात का प्रतिवाद करते हुए गार्गी ने उसके चैट बाक्स पर लिखा था।

'गार्गी, कुछ भी करने और फैसला लेने से पहले तुम्हें अपनी बेटी के बारे में जरूर सोचना चाहिए। वह जवान हो चुकी है। तुम्हारी किसी गलती का उस पर कोई असर नहीं पड़ना चाहिए।'—विनय ने सुझाव दिया।

'बेटी का जुगाड़ हो गया है तभी मैं ये रिस्क लेने की सोच रही हूँ। उसे दिल्ली में एक कम्पनी में एचआर डिपार्टमेंट में काम मिल गया है। और फिर तुम तो हो ही मेरे साथ।' —गार्गी के जवाब में आत्मविश्वास के साथ एक खास तरह की खुशी थी।

'...फिर भी गार्गी, मुम्बई फिल्म इंडस्ट्री कच्चे मांस को बिना चबाए खाने में ही विश्वास रखती है।'

'मैं जानती हूँ सब विनय, इन्दौर में मैं कैसे अपने को बचा कर जीती हूँ ये तो मुझे पता ही है। एक जवान खूबसूरत विधवा को ऐसे नहीं जीने देता है समाज। और तो और मेरी सहेली समता के पति की भी बुरी नजर मेरे ऊपर थी।'

विनय के हर तरह से समझाने के बाद भी गार्गी मुम्बई में एक बार अपने भाग्य को आजमाना चाहती थी। और उसने ऐसा ही किया।

...ब्रह्मपुत्र एक्सप्रेस खरामा-खरामा स्टेशन पर स्टेशन छोड़ती जा रही थी। बिहार गुजर चुका था। विनय की पूरी सब्जी भी धीरे-धीरे कम होती जा रही थी। माँ का

टिफिन उसे ढाढस बँधाये हुए था—'हलवाई की पूरी खत्म हो जाएँगी तो टिफिन से काम चलाएँगे।'

फिर भी खाने को लेकर वह संजीदा था। अभी सफर आधा भी तय नहीं हुआ था। टाइम पर ट्रेन पहुँची तो भी अभी उसे पहुँचने में कम से कम चौबीस घंटे तो बाकी ही थे। यानी एक दिन और एक पूरी रात।

रात को विनय ने हलवाई वाली सारी पूरियाँ खत्म कर दीं। उसकी सब्जी कुछ-कुछ महकने भी लगी थी। इसीलिए विनय ने सोचा कि इसे खत्म ही कर लिया जाए। खा-पीकर वह सोने की तैयारी में जुट गया। उसने करीने से बेड लगाया अपनी बर्थ पर। उसकी लोअर बर्थ थी।

बिहार की सीमा में घुसने के साथ ट्रेन लोकल हो गयी थी। दिल्ली से बिहार सीमा में पहला स्टेशन चौसा पड़ता है। डेली पैसेंजर किसी भी डिब्बे में घुस जाते थे और सीट पर जम कर बैठ जाते थे। वह एसी डिब्बा हो या फिर जनरल। टीटी की भी किसी को चेक करने की हिम्मत नहीं पड़ती थी। किसी अनजान यात्री ने यदि कभी लोकल पैसेंजरों से पंगा लिया तो समझो उसकी खैर नहीं।

ऐसी ही आरा स्टेशन की किसी और ट्रेन की एक घटना थी, जिसमें आसनसोल के रहने वाले एक बंगाली दम्पती ने डेली पैसेंजरों को अपनी सीट पर बैठने से रोका था। फिर क्या था। सारे डेली पैसेंजर एक हो कर बंगाली दम्पती की ऐसी-तैसी करने में जुट गये। उसकी जवान बेटी को भी छेड़ा गया। बंगाली दम्पती इस पर बहुत लाल-पीला हुआ। उसने पास में रखे वाटर कूलर को उठा कर एक डेली पैसेंजर के सिर पर दे मारा। उसके सिर से खून निकलने लगा। फिर क्या डेली पैसेंजरों ने बंगाली दम्पती को चलती ट्रेन से फेंक दिया और उसकी जवान बेटी को अपनी हवस का शिकार बनाया। अखबारों में मोटी सुर्खियों के साथ ये घटना कई दिनों तक छपी।

इतनी बड़ी घटना के बावजूद रेलवे पुलिस आज तक अपराधियों को पकड़ न सकी। इस घटना की दहशत आज भी बिहार से गुजरने वाली हर ट्रेन में सवार यात्रियों को होती है। इसीलिए लम्बी दूरी के यात्री कुछ घंटों के लिए ये मान लेते हैं कि वे बिना रिजर्वेशन के सफर कर रहे हैं और डेली पैसेंजरों का सीटों पर बैठने का अधिकार आदिम जमाने से यूँ ही चला आ रहा है।

डेली पैसेंजरों के उतर जाने के बाद ही विनय अपने बेडिंग को लगाने में जुटा था। थोड़ी देर बाद वह साइड लैम्प को खोलकर किताब पढ़ता रहा। बाद में लैम्प बन्द कर वह सोने की कोशिश करने लगा। काफी देर आँखें बन्द करने के बाद भी उसे नींद नहीं आ रही थी। गुवाहाटी को लेकर सवालों के झुंड उस पर हमला कर

रहे थे। वह उन सवालों से अपनी कल्पना से लड़ रहा था यथार्थ से नहीं। वास्तव में यथार्थ उसके पास था नहीं और कल्पना के तोते उड़ाने में कोई टैक्स नहीं लग रहा था।

एक बार फिर विनय कल्पना लोक में पहुँच गया...वह देख रहा था कि बिहू नृत्य की पुरुष मंडली का वह भी सदस्य है...लड़कियों के साथ नाच रहा है...उसने पारम्परिक असमिया ड्रेस पहन रखी है...पूरे मनोयोग के साथ वह नृत्य की विभिन्न मुद्राएँ बना रहा है...उसके अंग-अंग फड़क रहे हैं...नर्तक लड़कियाँ उससे प्रभावित हो रही हैं...

डांस में उसे मजा नहीं आता है। वह दृश्य बदलता है। अब वह देख रहा है कि सिलपुखरी के तालाब में वह तैर रहा है...लड़कियाँ उसके गठीले शरीर के कटाव को देख रही हैं...ही मैन की तरह वह दिख रहा है...स्नान के बाद वह उजान बाजार की पहाड़ी पर स्थित नवाग्रह मन्दिर में शिव आराधना में लीन है... चाँदमारी के आसपास के जंगल में वह शेर के शावकों के साथ अठखेलियाँ कर रहा है...

इन्हीं दृश्यों का आनन्द लेते हुए वह गहरी नींद में चला जाता है। उसकी जब नींद खुलती है तो ट्रेन चिकेन नेक के पास पहुँचने को होती है। न्यू जलपाई गुडी स्टेशन आने वाला होता है।

विनय फ्रेश होने के बाद माँ के टिफिन में जुट जाता है। उसे जोर से भूख लगी हुई थी। एक-एक कर वह पूरियाँ खाता जाता है। सोचता है कि एक-आध पूरी आगे के रास्ते के लिए बचा ली जाये, लेकिन वह अपनी भूख पर नियन्त्रण नहीं कर पाता है। अन्ततः वह टिफिन साफ कर देता है। अब उसके पास आगे के लिए खाने का कोई सामान नहीं बचता है। उसे चिन्ता हो उठती है कि आगे का सफर खाली पेट कैसे तय करेगा। वह सोचता है कि न्यू जलपाई गुडी से कुछ खरीद लेगा।

थोड़ी देर बाद ट्रेन न्यू जलपाई गुडी पहुँचती है। डिब्बे से उतरकर वह भोजन की तलाश में जुट जाता है। स्टेशन पर दाल-चावल के अलावा कुछ नहीं दिख रहा था। चावल भी सेहला था। मोटा चावल। दाल में पानी के अलावा कुछ नहीं था। देखने में जरूर वह पीली दाल जैसी कुछ चीज दिख रही थी। उसने खाना अभी थोड़ी देर पहले ही खाया था, वरना वह इसी दाल चावल से अपने पेट को और भर लेता इमरजेंसी के लिए। लेकिन उसके पेट में जगह बिल्कुल नहीं थी। हार कर उसने दो पैकेट देशी किस्म के चिप्स खरीद लिये।

निराशा के साथ वह अपनी सीट पर लौट आया था। वह बार-बार सोच रहा

था कि आगे रास्ते में उसे भूख लगेगी तो वह क्या खाएगा। वह एक असुरक्षित यात्री की तरह यात्रा कर रहा था। उसे हर चीज को लेकर असुरक्षा थी। गुवाहाटी में मकान लेने से लेकर भोजन तक की।

ट्रेन चल पड़ी थी। चारों तरफ हरा-ही-हरा दिख रहा था। दूर-दूर तक धान के हरे पौधे लहलहा रहे थे। चारों तरफ हरा-ही-हरा। हरियाली देख कर विनय मुग्ध था। इतना हरा उसने शायद कभी नहीं देखा था। जहाँ तक नजर जाती थी हरा-ही-हरा दिखता था। ट्रेन श्रीरामपुर डांगरोल पार कर कोकराझार में प्रवेश कर चुकी थी। बोडो इलाका शुरू हो चुका था। आये दिन मारकाट की खबरें आ रही थीं। अलग बोडो लैंड की माँग तेजी पकड़ रही थी। दिल्ली और गुवाहाटी दोनों से बोडो स्टूडेंट यूनियन और बोडो भूमिगत संगठन मोर्चा ले रहे थे। विनय बोडो आन्दोलन से वाकिफ नहीं था। उसकी यही अधपकी जानकारी थी कि कोई बोडो हैं जो अलग राज्य के लिए संघर्ष कर रहे हैं। इससे अधिक राष्ट्रीय अखबारों में इनके लिए और कुछ नहीं छपता था। बोडो मारकाट की खबर भी सिंगल कालम से बड़ी नहीं आती थी। गाहे-बगाहे बोडो एरिया में पटरी उखाड़ने और ट्रेन को उड़ाने की कोशिशें होती रही हैं। इसीलिए एक कवरिंग इंजन ब्रह्मपुत्र एक्सप्रेस के आगे चल रहा था, ताकि धमाका हो तो ट्रेन में बैठे यात्रियों को बचाया जा सके।

विनय हरा देख कर हरिया गया था। अब उसके पेट में धीरे-धीरे चूहों ने उत्पात मचानी शुरू कर दी थी। असुरक्षा के चलते उसे जब कुछ नहीं सूझता था तो उसे भूख का अहसास प्रबल हो उठता था। भूख के चलते उसे अब हरियाली खटकने लगी थी। उसे लगा कि इतनी हरियाली उसे पूरे दो साल ट्रेनिंग के दौरान देखने को मिलेगी तो वह दूसरे रंगों की पहचान ही भूल जाएगा। उसके मुँह से एक तुकबंदीनुमा कविता निकली—'ये जो हरा है, इसे देख कोई मरा है।'

वह अपने मरने को इस तरह व्यक्त कर रहा था। उसे भूख के चलते सपने भी नहीं आ रहे थे। रूमानियत ने थोड़ी देर के लिए उससे कुट्टी कर ली थी। उसे जब कुछ नहीं सूझा तो उसने चिप्स का एक पैकेट निकाल कर उसे चरना शुरू कर दिया। उसने जल्दी ही पूरा पैकेट चट कर दिया और दूसरे को खोलने लगा। लेकिन उसे लगा कि अभी इसे खत्म कर देंगे और आगे भूख लगेगी तो वह क्या करेगा। वैसे ट्रेन स्टेशनों पर रुक रही थी। रात का समय होने के कारण स्टेशन पर कोई खान-पान की चीज उपलब्ध नहीं थी। स्टेशन पर दो-एक रेलवे कर्मचारियों के अलावा किसी के दर्शन नहीं हो रहे थे।

चिप्स से पेट की भूख शान्त कर विनय को हल्की झपकी लग गयी और वह

फिर रूमानी दुनिया में पहुँच गया। इस बार वह देख रहा था—एक ऐसी कामरूपा को, जिसको छूने के लिए उसके कदम जंगल की तरफ बढ़े जा रहे थे और वह कामरूपा तेज कदमों से कहीं जंगल में अदृश्य हो जाना चाहती थी। उसे विनय की पीछा करने की आहट लग गयी थी। कामरूपा के खुले बालों में करीने से एक तरफ चंपा का फूल लगा था। कानों में चमेली के फूल बुंदे की शक्ल में जड़े थे। हाथों में चमेली का ही बाजूबन्द था। गले में खूबसूरत किसी अनजाने जंगली फूलों की माला थी। नाभि के पास फूल की आकृति का एक गुदना उसके सौन्दर्य को और बढ़ा रहा था। धोती उसने सत्यम शिवम सुन्दरम की जीनत अमान की तरह पहनी थी—नाभि के नीचे से। उसका पिछला हिस्सा और घुटनों के नीचे के पैर ढके नहीं थे। उसकी चाल मदमस्त नायिका जैसी थी। कवि बिहारी यदि उसे देखते तो शायद उन्हें भी उसके नख-शिख वर्णन में परेशानी होती। वह थी ही इतनी सुन्दर कि देखने वाला देखता ही रह जाए।

विनय तेज कदमों से उसका पीछा कर रहा था। उसे वह कामरूप की राजकुमारी दिख रही थी। उसका सौन्दर्य ऐसा था कि कोई भी उस कामरूपा पर मोहित हो जाए। कामरूपा जैसे ही जंगल के एक खुले परिसर में पहुँची तो वहाँ कुछ आदिवासी हिरन की खाल पहने हाथों में भाला लिए हुए खड़े थे। शायद परिसर में बाँस से बने विशाल खूबसूरत घर की सुरक्षा के लिये वे तैनात थे। असल में वह घर कामरूपा का महल था। कामरूपा सचमुच जंगल के राजा की बेटी थी। कामरूपा को देख कर भाला लिये सुरक्षाकर्मियों ने सिर झुका कर कामरूपा का अभिवादन किया। राजकुमारी ने हड़बड़ी में उनके अभिवादन का कोई जवाब नहीं दिया। वह सीधे बाँस से बने अपने महल में प्रवेश कर गयी। विनय भालाधारी सुरक्षाकर्मियों को देख कर महल से कुछ दूरी पर ठिठक कर खड़ा हो गया। थोड़ी देर कुछ सोचने के बाद उसने भालाधारियों से कहा—'मैं नागवंश का राजकुमार हूँ और मुझे कामरूपा से मिलना है।'

भालाधारी सुरक्षाकर्मियों ने उसकी बात अनसुनी कर दी और वे अपनी ड्यूटी पर डटे रहे। कई बार इस बात को दोहराने के बाद कि मैं नागवंश का राजकुमार हूँ मुझे कामरूपा से मिलना है, की अनसुनी और अनदेखी से विनय आग-बबूला हो गया और जबर्दस्ती वह महल में प्रवेश करने लगा। चूँकि वह राजकुमार बन चुका था तो उसके हाथ में तलवार भी आ चुकी थी। पूरे घटनाक्रम को कामरूपा अपनी खिड़की से देख रही थी। मामला जब मारामारी तक पहुँच गया तो वह महल के द्वार पर प्रकट हुई। उसने विनय की ओर इशारा करते हुए कहा—'तुम यहाँ से चले

जाओ। वरना मेरे पिता को यह पता चला कि तुम मेरा पीछा करते हुए यहाँ तक आ गये हो तो वह तुम्हें जान से मार देंगे।'

'मैं मौत से नहीं डरता हूँ। मैं तुमसे विवाह करना चाहता हूँ। मैं नागवंश का राजकुमार हूँ। यदि तुम्हारे पिता मुझे तुम्हें प्यार से नहीं सौंपते हैं तो यहाँ युद्ध होगा।' विनय ने कामरूपा का आत्मविश्वास के साथ जवाब दिया।

विनय की हठधर्मिता को देखकर राजकुमारी विचलित हुई। उसे लगा कि उसके पिता के आने के बाद तो इसकी मौत सुनिश्चित है। उसने राजकुमार बने विनय को बहुत समझाया। पर वह माना नहीं। और जब कामरूपा के पिता अपने अंगरक्षकों के साथ आये तो मामला और टेढ़ा हो गया। कामरूपा के पिता ने विनय को पकड़ने के लिए अपने अंगरक्षकों से कहा। अंगरक्षक विनय को पकड़ते कि उससे पहले उसने तलवार से वार कर एक अंगरक्षक को घायल कर दिया। इस पर कामरूपा का पिता उत्तेजित हो गया। उसने अपने पीछे लटके फरसे को निकाला और तीव्रता के साथ विनय की छाती पर वार कर दिया। फरसा जब तक विनय की छाती को छूता कि तब तक विनय की नींद खुल गयी और वह सपने के इस अपशकुन से और घबरा गया...

पाँच

पूजा की घटना बेशक ऑफिस के लोग भूल गये थे लेकिन कुछ विघ्नसन्तोषी उसको लेकर विनय के खिलाफ षड्यन्त्र रचने की साजिश रच रहे थे। विनय इन साजिशों से बेखबर था। उसे देश भीतर देश सवाल ने ऐसे कस कर घेर रखा था कि उसे किसी और की चिन्ता होती ही नहीं थी।

उसमें आ रहे बदलाव को उसके पड़ोसी भी नोटिस कर रहे थे। विनय दिल्ली के वसन्तकुंज इलाके में रहता था। पहले आते जाते आस पड़ोस के बच्चों के गालों को वह प्यार से थपथपा दिया करता था। फ्लैट का दरवाजा खुला होने पर यदि कोई बच्चा गलती से उसके फ्लैट के अन्दर आ जाता था तो वह उसे टाफी या चाकलेट देता था।

आसपास के लोगों को एक बात अक्सर नहीं समझ आती थी कि वह अकेले क्यों रहता है। उसके घर में कभी किसी महिला को किसी ने नहीं देखा। घर में महिला हो तो पड़ोसियों से रिश्ता-नाता जल्दी बन जाता है। वैसे भी विनय घर में सोने ही आता था। देर रात वह घर पहुँचता और थोड़ी देर टीवी, किताब या फेसबुक पर अपनी सहेलियों से चैटिंग के बाद सो जाता। सुबह जल्दी उठ कर ऑफिस चला जाता था। इसलिए उसका पड़ोसियों से कोई रिश्ता नहीं बन पाया था। वह क्या करता है-क्या नहीं करता है, इस बात की किसी पड़ोसी को जानकारी नहीं थी। बच्चे ही पड़ोसियों और विनय के बीच माध्यम थे। लेकिन इधर काफी लम्बे समय से, खासकर उसकी देश भीतर देश देखने की बीमारी बढ़ने के बाद से, वह बच्चों की ओर भी नहीं देखता था।

बीती रात बूँदा-बाँदी के साथ खूब आँधी तूफान आया था। पारा बयालिस के पार हो चुका था। उसके फ्लैट की खिड़कियों के दरवाजे दीवारों से भिड़ कर एक

डरावनी आवाज पैदा कर रहे थे। रामसे ब्रदर्स की डरावनी फिल्मों की तरह। आसमान में बादल जोर से घड़घड़ा रहे थे। बीच-बीच में बिजली चमक उठती थी। जेठ के महीने में सावन जैसा दृश्य उभर आया था।

विनय के अन्दर हमेशा चलने वाला तूफान और भड़क गया था। वह गुवाहाटी के पुबसरणिया के पहाड़ में पहुँच गया था। गुवाहाटी में बारिश और तूफान तो आते ही रहते थे। बारिश तो ऐसी होती थी कि कई-कई दिन झड़ी नहीं टूटती थी। जब तेज हवा के साथ बारिश होती थी तो पत्ते आपस में भिड़ कर किसी वीर रस के राग का सृजन करते थे। धीमी बारिश की टप-टप की ध्वनि संतूर पर पंडित शिव शर्मा के हलके थिरकते हाथों का अहसास कराती थी। काला पहाड़ से नीलांचल पर्वत के बीच आसमान में चमकती बिजली का आना-जाना एक खास रोमांच पैदा करता था।

थोड़ी दूरी पर एक घर में विनय की आत्मा बसती थी। वह ऐसे मौसम में अपने दरवाजे पर खड़ा हो कर उस घर को एकटक देखता रहता था। उस घर में चारों तरफ खिड़कियाँ-ही-खिड़कियाँ थीं। असम में आमतौर पर घरों में खिड़कियाँ बहुत होती हैं। ह्यूमीडिटी से बचने के लिए लोग घरों में खिड़कियाँ खूब लगवाते हैं, ताकि हवा कमरे के हर कोने में पहुँच सके। जब-जब तूफान और बारिश होती है तो लोग अपने घरों की खिड़कियाँ बन्द कर लेते हैं।

एक ऐसी ही तूफान और बारिश की रात थी। विनय अपने घर के दरवाजे पर खड़ा उस घर को देख रहा था, जिसे वह घर में रहते हमेशा निहारता था। बारिश जोर से हो रही थी। उस घर के अन्दर कुछ दिख नहीं रहा था। अचानक एक आकृति खिड़की के आसपास उसे दिखी। वह उसे पहचानने की कोशिश करने लगा। उसकी शिनाख्त करते-करते कब वह अपने घर से बाहर आ गया उसे पता ही नहीं चला। वह पूरी तरह भीग चुका था। बारिश ने उसके कपड़े भिगोये थे, लेकिन उस आकृति ने उसे अन्दर से भिगो दिया था। उस घर से उभर रही उस आकृति ने जब अपने सिर के बालों को जोर से झटका दिया था तो उसे पूरा यकीन हो गया था कि यह वही है। उसके अलावा और कोई हो नहीं सकता था। वजह थी कि उस घर में लम्बे बालों वाली सिर्फ एक ही लड़की थी। या यूँ कहें कि उस घर में एक ही लड़की थी। बाकी सब मर्द। लड़की की माँ बचपन में ही मर चुकी थी।

बाल झटकने के बाद उस कमरे की लाइट बन्द हो गयी थी और आकृति अदृश्य हो गयी थी। आकृति का यूँ गायब होना उसे अच्छा नहीं लगा। लेकिन इस बीच वह पूरी तरह भीग चुका था। बाहर और अन्दर से भीगे हुए वह अपने घर के अन्दर लौट चुका था एक सुकून भरे अहसास के साथ...

फ्लैट की खिड़कियों की आवाज ने विनय को पुबसरणिया पहाड़ के अहसास से बाहर निकाला। वह फिर अकेला हो गया। उसे कुछ सूझ नहीं रहा था। उसने लैपटाप को खोल लिया और फेसबुक पर लागआन हो गया। वह सोचता था कि फेसबुक में दुनिया के करोड़ों लोग हैं, कभी-न-कभी उसकी मुलाकात उसकी आत्मा से यहाँ जरूर होगी। फेसबुक पर चैटिंग लिस्ट में कोलकाता की कोकिला पात्रा नजर आ रही थी। विनय के कई चाहने वालों के चैट बाक्स उसके स्क्रीन पर नमस्ते, सलाम, हैलो आदि के साथ उभर आये। उसने सभी की अनदेखी करते हुए सीधे कोकिला पात्रा के फोटो पर क्लिक किया और उसका चैट बाक्स खुल गया। वह कुछ लिखता कि उससे पहले ही कोकिला ने उससे पूछा—'आजकल कहाँ रहता है आमार मिष्ठी सोना मोना? फेसबुक पर दिखता ही नहीं है।' कोकिला ने अपनी बांग्ला-हिन्दी में उससे सवाल किया।

वह विनय को प्यार से सोना मोना कहती थी। कोकिला एक शिपिंग कम्पनी में काम करती थी। अपने छात्र जीवन में वह सीपीएम की छात्र इकाई स्टूडेंट फेडरेशन से जुड़ी थी। अभी भी वह उससे जुड़ी थी। वह अपने कॉलेज की स्टूडेंट यूनियन की प्रेसीडेंट भी रही है। कहने को तो वह कहती थी कि उसने राजनीति से दूरी बना ली है लेकिन कोलकाता की वाम मोर्चा सरकार को कुछ कह देने पर भड़क जाती थी। टीएमसी की ममता बनर्जी तो उसे फूटी आँख नहीं सुहाती थी। ममता दी के लिए वह यह जरूर कहती थी कि वे बेशक ईमानदार हो सकती हैं लेकिन उनके साथ सारे गन्दे लोग ही हैं, जो ममता को डुबो देंगे। वह विनय की कविताओं की फैन थी। खुद भी वह श्रुति थियेटर करती थी। उसकी आवाज बहुत अच्छी थी। घुँघराले बाल थे उसके। रंग साँवला था।

'यहाँ बहुत बड़ा तूफान आया है। सब कुछ उड़ रहा है। मैं भी अपने को उड़ता हुआ महसूस कर रहा हूँ।' विनय ने चैट बाक्स में ये पंक्तियाँ लिख कर अपनी बात शुरू की।

कोकिला ने मजाक करते हुए लिखा—'कहाँ उड़ रहा है...आसमान में या कहीं और...हा हा हा हा...'

विनय के पास इस सवाल का जवाब नहीं था। उसने बात बदलते हुए उसकी कमजोर नस पकड़ी—'अब तो वामपन्थियों की बंगाल से दुकान उखड़ने वाली है। अब तुम्हारे लोगों की लूट-खसोट बन्द होने वाली है।'

कोकिला वाम मोर्चे की आलोचना सुन नहीं पाती थी। सौ तर्क देती थी मोर्चे के बचाव में। आज वह कुछ अनमनी-सी थी। सो उसने लिखा, हालाँकि वह कुछ

और लिखना चाहती थी—'काश तूफान और बारिश में मैं तुम्हारे साथ होती। बड़ा मजा आता न सोना मोना।'

विनय रोमांटिक मूड में नहीं था। उसे दिल्ली का तूफान और बारिश डरा रही थी। विपरीत गुवाहाटी की बारिश और तूफान में घर से बाहर निकलने में उसे मजा आता था। उसने बात बदलते हुए पूछा—'तुम्हें तूफान से डर नहीं लगता है?'

कोकिला और कुछ लिखना चाहती थी फिर भी वह इस सवाल के जवाब में लिख गयी—'तुम साथ रहेगा तो मुझे किसी चीज से डर नहीं लगेगा।'

दोनों अलग मनःस्थितियों में थे ओर चैट करते हुए कहना कुछ चाहते थे और कह कुछ रहे थे। कोकिला वैसे हमेशा विनय से इसी अन्दाज में बात करती थी। लेकिन आज वह कुछ उखड़ी हुई थी। उसे किसी घटना ने अन्दर से बाहर तक झकझोर दिया था। आज वह विनय से नयी कविता भी लिखने की जिद नहीं कर रही थी। दोनों की उँगलियाँ थमी हुई थीं। दोनों मौन से गुजर रहे थे। मौन को तोड़ते हुए बात को बढ़ाने की गरज से विनय की उँगलियाँ फिर कीबोर्ड पर थिरकीं—'कोलकाता में चुनाव का क्या हाल है? ममता दीदी जीतेगी कि नहीं?'

कोकिला के चैट बाक्स में विनय की ये पंक्तियाँ उभरीं तो उसकी भी उँगलियाँ हरकत में आ गयीं—'इस बार पोरिवर्तन का हवा है। वैसे तो सत्ता बदलना चाहिए इस बार। लेकिन ममता के साथ अच्छा लोग नहीं है, इसलिए ज्यादा दिन वह सरकार में नहीं रहेगा। ज्यादा से ज्यादा तीन साल रहेगा वो सत्ता में...'

'तो तुमने मान लिया कि चौंतीस साल बाद तुम लोगों की दुकान उठने वाली है...'

'हम ही लोग चाह रहा है कि एक बार बदलाव हो जाये, ताकि लोगों को अन्तर पता चल जाये।' —इस जवाब के बाद उसने विनय से कहा—'तुम्हारे पास कोई बात नहीं रहता है तो तुम मुझे टीस करने के लिए ये सब उल्टा-पुल्टा पूछता रहता है।'

'ऐसा नहीं है। मैं बहुत दूर बैठा हूँ इसलिए ग्राउंड रियल्टी तुमसे जानता रहता हूँ।'

'बंगाल का जो भी ग्राउंड रियल्टी हो पर मेरे दिल का रियल्टी हिल गया है। ऐसा भी हो सकता है, यह मैं नहीं सोच पा रहा हूँ।' —कोकिला ने बात बदलते हुए लिखा।

'कैसा भी क्या हो सकता है?' विनय ने आश्चर्य के साथ पूछा।

'कई सालों बाद अपने गाँव में जाना हुआ। हुगली डिस्ट्रिक्ट में गाँव है हमारा। महानन्द नाम है उसका। ट्रेन से तीन घंटा लगता है। बचपन में मेरा पढ़ाई वहीं हुआ

था। मेरा दो सहेली था। बहुत फास्ट फ्रेंड। एक का नाम आरती अधिकारी था। उसके पिता गाँव के मन्दिर का पुजारी था। आरती बहुत गरीब था। आरती बहुत दुबला-पतला था। उसे खाना ठीक से नहीं मिलता था। विटामिन और प्रोटीन की कमी था उसके अन्दर। पढ़ने में वह हमसे बहुत अच्छा था। क़्लास में हमेशा फर्स्ट आता था। स्कूल भी बिना जूते और टिफिन के ही आता था। हम लोग उसे टिफिन से कुछ खाने को जरूर देता था। उसे अपनी गरीबी से कोई दर्द नहीं था। हमेशा खुश रहता था वो। वह अपने पापा को बहुत प्यार करता था।

दूसरी सहेली का नाम रासमणि था। रासमणि का दादा बिहार से मजदूरी की तलाश में हमारे गाँव आया था और बाद में यहीं बस गया था। रासमणि का एक भाई और चार बहन था। उसमें दो गूँगा था और एक बहरा। रासमणि को पढ़ाई-लिखाई पसन्द नहीं थी। उसे जबर्दस्ती स्कूल भेजा गया था। उसको लगता था कि लड़कियों का जन्म चूल्हा चौका के लिए हुआ है, इसलिए पढ़ना-लिखना बेकार चीज है। रासमणि बहादुर लड़की थी। सबकी मदद करता था। वह हमारे लिए जान भी दे सकता था। वह पेड़ में चढ़ कर हमारे लिए आम, अमरूद और जामुन तोड़ के लाता था। हम लोग कभी-कभी स्कूल से चोरी छुपा भाग जाता था। पकड़ा जाने पर डाँट-मार दोनों पड़ता था...'

कोकिला की उँगलियाँ कीबोर्ड पर दनादन चल रही थीं। विनय के चैट बाक्स में एक पंक्ति के बाद दूसरी पंक्ति उभर आती थीं। उसे सवाल पूछने के लिए वक्त ही नहीं मिल रहा था। वह कुछ टाइप करता तब तक अगली पंक्ति उभर आती थी। विनय बोर हो गया था। उसने सोचा कि लैपटाप शटडाउन कर दे। लेकिन बाद में उसे लगा कि कोकिला को इससे दुख पहुँचेगा। वह लैपटाप छोड़ कर किचेन में चला गया और कुछ खाने के जुगाड़ में लग गया। कोकिला की उँगलियाँ थम ही नहीं रही थीं। वैसे वह कम बोलने वाली लड़की थी। वह सामने वाले को सुनती ज्यादा थी। ये बात अलग है कि वाम मोर्चे के बारे में चर्चा करते वक्त वह वाचाल हो जाती थी। विनय के चैट बाक्स में नयी-नयी पंक्तियाँ उभर रही थीं– '...दोनों का मौत इतना दर्दनाक होगा यह मैंने कभी नहीं सोचा था। दोनों ही जलाई जाएँगी बिना कसूर के। हमारे बंगाल में ब्राह्मणों में गौरीदान का परम्परा है। बारह साल की उम्र के अन्दर ये दान करना पड़ता है। इस क्रिया-करम में बहुत खर्चा होता है। आरती के बाप ने भी गौरी दान का फैसला लिया। उसने बड़ा धूमधाम से सारा पूजा-पाठ का प्रक्रिया पूरा किया। अपना औकात के बाहर खर्चा किया। और दहेज के नाम पर लड़का के बाप को जो पैसा देने का वायदा उसके बाप ने किया था वह नहीं

पूरा कर पाया। फिर क्या था एक दिन आरती को जला दिया गया। उसका जला हुआ डेडबाडी गाँव में आया। पूरा गाँव आरती के बाप को जिम्मेदार बताने लगा। डेडबाडी के पास खड़ा हर आदमी कह रहा था कि जब गौरीदान के लिए पैसा नहीं था तो क्यों किया। मुझे ये नहीं समझ आ रहा है कि ये गौरीदान का परम्परा किसने बनाया और क्यों बनाया?

इस सवाल के साथ ही कोकिला की उँगलियाँ कीबोर्ड पर थोड़ी देर के लिए इस उम्मीद से थम गयी थीं कि विनय गौरीदान पर अपनी राय रखेगा। लेकिन विनय तो सब्जी डाल कर दलिया बनाने में मशगूल था। कोकिला ने सोचा कि विनय कहानी सुन कर दुखी हुआ है और इसीलिए वह जवाब नहीं दे रहा है। उसके अन्दर अपनी दूसरी सहेली की कहानी बताने की जल्दी थी। वह अपने इस दुख को साझा कर अपने को हलका करना चाहती थी। उसने रासमणि की कथा शुरू की– '...रासमणि आरती से ज्यादा प्यारा था मुझे। वह हर मामले में आगे बढ़ कर हम सबका मदद करता था। वह घर का पूरा काम करता था। घर में ट्यूबवेल नहीं था तो तालाब से पानी लाता था। भाई-बहनों का खयाल रखता था। वह घर का काम बहुत करता था तो उसका घर वाला भी उससे डरता था। वह पक्का देसी बाला थी। अल्हड़ और बिंदास। उसको देखने जब उसका होने वाला पति आया था गाँव में तो वह बकरी को चारा खिलाने ले जा रहा था। उसे देखते ही उसने उसको पसन्द कर लिया था। लव ऐट फर्स्ट साइट जैसा कुछ हुआ था। इस बीच हम लोग कोलकाता आ चुका था। सोलह साल की उम्र में उसका शादी हुआ। उसका पति भला था। वह रासमणि को बहुत प्यार करता था। कोलकाता के टांगरा में उसका आयरन स्क्रैप का बिजनेस था। थोड़े समय में ही उसने बहुत तरक्की कर लिया। दोनों बहुत खुश थे। दोनों के एक लड़का भी हुआ। उसका नाम उन्होंने सूर्य प्रकाश रखा। लेकिन उनकी खुशी को किसी का नजर लग गया। दूसरे बिजनेसमैनों को उसका तरक्की पचा नहीं। बस एक दिन साजिश कर उसे कोई दवा खिला दिया इन लोगों ने। वह पागल-सा हो गया। रासमणि ने फिर भी हिम्मत नहीं हारा। उसने उसका इलाज कराया और उसका बिजनेस सँभाला। दो-तीन साल बाद वह ठीक हो गया। इस बीच उनके एक और लड़का हुआ। उसका नाम चन्द्र प्रकाश रखा गया। दिन दोनों के फिर ठीक हो रहे थे। दवा खिलाने वालों को ये अच्छा नहीं लग रहा था। एक बार उन लोगों ने उसे फिर तेज दवा खिलाई। वह दवा के असर को बर्दाश्त न कर सका और ट्रेन के नीचे आ कर सुसाइड कर लिया। रासमणि फिर भी नहीं टूटा। वह अपना दो लड़कों को लेकर सिचुवेशन से लड़ता रहा। यहाँ तक तो सब ठीक था। लेकिन

रासमणि के ससुरालवालों ने जायदाद की लालच में उसके देवर से शादी करा दी। रासमणि को शादी से बहुत इनकार था। लेकिन वह बच्चों के लिए राजी हो गया। देवर को रासमणि पसन्द नहीं था। जायदाद की लालच में उसने शादी तो कर लिया लेकिन वह उससे छुटकारा पाने का कोशिश करने लगा। उसने रासमणि का कमाई उल्टा-सीधा खर्च करना शुरू किया। दारू पी कर बच्चों को मारता। उसने देवर को बहुत सुधारने का कोशिश किया। लेकिन वह नहीं माना। और एक दिन जब बच्चा स्कूल गया था तो उसने मिट्टी का तेल डालकर उसे जला दिया। रासमणि सपना देखती थी अपने बच्चों को लेकर। वह उन्हें इंजीनियर-डॉक्टर बनाना चाहता था। देवर ने बच्चों को घर से निकाल दिया। बच्चा अब अपने मामा के पास रहता है। एक गैराज में काम करता है और दूसरा कपड़े की दुकान में।...इस तरह खत्म हो गया मेरी सहेली का सपना।'

दूसरी कथा के खत्म होने के बाद कोकिला विनय की तरफ से रेसपांस की उम्मीद कर रही थी। हालाँकि विनय प्लेट में दलिया की तहरी डाल कर लैपटाप के पास पहुँच चुका था। उसने कोई जवाब नहीं दिया। असल में कोकिला की कहानी को वह चैट बाक्स में पीछे की ओर क्रशर को स्क्रोल कर पढ़ रहा था। थोड़ी देर इन्तजार करने के बाद कोकिला ने फिर लिखना शुरू किया—

'...गाँव में इनके बारे में जब सुना तो बहुत दुख हुआ मुझे। कई सालों बाद गया था तो सोचा था कि बचपन की यादें सहेलियों के साथ बाँटेगा। लेकिन इन घटनाओं ने मुझे दुख दे दिया। मुझे लगता है कि किसी को शादी नहीं करना चाहिए...'

विनय कोकिला की दोनों सहेलियों की कहानी चैट बाक्स में पढ़ चुका था। उसने सोचा कि यदि अब भी वह जवाब नहीं देगा तो उसे बुरा लगेगा। 'बहुत दुखद घटना है ये।' —इसी के साथ उसने सवाल किया—'बंगाल में चौंतीस साल की वाममोर्चा सरकार के बावजूद इस तरह की घटनाओं के लिए कोई रिफार्म नहीं हुआ। बंगाल में तो राजा राममोहन राय ने सती प्रथा के खिलाफ आवाज उठाई थी। तब के बाद से अब तक औरतों को बराबरी का हक देने का ढिंढोरा पीटने वाली वाम सरकार इस मोर्चे पर चुप क्यों रही?'

विनय का सवाल बहुत वाजिब था। कोकिला को इसका जवाब नहीं सूझ रहा था। सामान्य स्थिति में होती तो वह औरतों की भलाई के लिए बनी सरकारी योजनाओं की फेहरिस्त चैट बाक्स में टाइप कर देती। लेकिन वह अपनी सहेलियों की मौत की खबर से अशान्त थी। इसीलिए उसने विनय के इस सवाल का जवाब

देने के बजाय सिर्फ यही कहा—'चलिए, अभी सोते हैं। बहुत रात हो गयी है। इस सवाल का फिर कभी जवाब देंगे।'

...ब्रह्मपुत्र एक्सप्रेस में बैठे विनय की भूख धीरे-धीरे बढ़ती जा रही थी। सफर अभी कई घंटे का था। चिप्स का एक पैकेट वह चट कर चुका था। दूसरा बचा तो था लेकिन उसे वह अभी सँभाल कर रखना चाहता था। उसने सोचा कि किसी स्टेशन पर वह और कुछ खाने की चीज खरीदने की कोशिश करेगा। कोकराझार के बाद बासुगाँव फिर बगई गाँव। किसी स्टेशन पर कुछ नहीं था खाने के लिए। बारपेटा बड़ा स्टेशन है। यहाँ मुसलमानों की बड़ी जनसंख्या है। अब उसकी निगाह बारपेटा स्टेशन के इन्तजार में खिड़की के बाहर ताक रही थी। उसे दूर से स्टेशन का पीले रंग का बोर्ड दिखा। दूरी होने के कारण स्टेशन का नाम उसे साफ नहीं दिख रहा था। लेकिन वह मुतमईन था कि आने वाला स्टेशन बारपेटा ही है। ट्रेन की रफ्तार धीमी हो गयी थी। ट्रेन जब स्टेशन पर रुकी तो यहाँ भी सन्नाटा ही छाया हुआ था। विनय को लगा कि शायद असम के स्टेशनों में वेंडर्स होते ही नहीं हैं। इसीलिए हर स्टेशन खास खामोशी से भरे होते हैं।

कुछ सवारियाँ बारपेटा पर उतरीं। उनकी संख्या ज्यादा नहीं थी। जाती हुई सवारियों को वह स्टेशन से बाहर निकलते देख रहा था। अचानक उसकी एक लड़के पर नजर पड़ी। वह गेट से अन्दर की ओर तेज कदमों से बढ़ रहा था। उसके हाथ में केले का एक बड़ा गौध था। उसमें छोटे-छोटे केले लगे हुए थे। चीनिया केले। लड़का उसे बेचना चाहता था, लेकिन आगे जाने वाले यात्रियों में उन्हें खरीदने में कोई रुचि नहीं थी। विनय केले देख कर मचल गया। वह फटाफट डिब्बे से बाहर आया। उसने केले वाले लड़के से हिन्दी में पूछा—'कैसे दे रहे हो?'

लड़का हिन्दी नहीं जानता था। उसने अपने हाथ की पाँचों उँगलियाँ दिखाईं। इसी के साथ गौध में लगे एक केले के गुच्छे को पकड़ा। विनय समझ गया था कि पाँच रुपये का एक गुच्छा है। उसने जल्दी से दस रुपये का नोट बढ़ाया और एक-दो गुच्छे गौध से तोड़ लिये। केले लेकर वह फटाफट डिब्बे में आ गया। उसने केले एक-एक करके गिने तो नहीं, लेकिन नजरों से उसने उनकी गिनती कर ली थी। करीब बाईस केले थे। अब उसके पास भोजन-भरण का पक्का इन्तजाम हो गया था। उसने एक-एक केला खाना शुरू किया। करीब दस केले खाने के बाद उसने राहत की साँस ली। अब उसका पेट भर चुका था। उसके चेहरे पर एक खास तरह की शान्ति थी।

केले खाने के बाद नयी दिल्ली स्टेशन से खरीदे उत्तर-पूर्व के नक्शे को उसने उठा लिया और उसे निहारने लगा। असम की राजधानी से कुछ दूरी पर ही मेघालय की सीमा उसे दिखी। मेघालय से उसे चेरापूंजी की याद आ गयी। वही चेरापूंजी जहाँ सबसे अधिक बारिश होती है। उसे बचपन में किसी किताब में पढ़ी ये पंक्तियाँ भी याद आ गयीं कि मेघालय मेघों का घर है। अचानक विनय ने पाया कि वह बादलों में उड़ रहा है। बादल उससे टकरा रहे हैं और उसे गीला कर रहे हैं। बादल के एक टुकड़े पर बैठकर वह बादलों पर एक कविता रचना चाहता है। कुछ पंक्तियाँ इस तरह उसके जेहन में उभरती हैं–

परियों के ये बेटे बादल,
सागर से हैं पानी लाते,
दूर-दूर तक हैं बरसाते,
पूरब-पश्चिम, उत्तर-दक्षिण,
रस्सी डोल लपेटे बादल।
परियों के ये बेटे बादल।
जब गरमी में शिलांग जाते
अक्सर हमसे मिलने आते
संग-संग बिस्तर में मेरे
घर के अन्दर लेटे बादल।
परियों के ये बेटे बादल।

कविता लिख कर वह गुनगुनाने लगा। परियों के साथ वह अपने देसी खेल खेलना चाहता था। गोली-कंचा। गिल्ली-डंडा। लेकिन परीलोक में इन खेलों का प्रचलन नहीं था। थोड़ी देर वह अपने को बच्चा समझता रहा। लेकिन थोड़ी देर बाद उसे लगा कि मैं तो बच्चा नहीं हूँ। मैं तो पूरा युवा हूँ। शादी हो जाये तो हर साल एक बच्चा पैदा कर दूँ। थोड़ी ही देर में वह बाल अवतार से बाहर आ कर युवा बन गया। उसने कई परियों को बागीचे में फूल चुनते देखा। कुछ परियों के साथ उनके बच्चे थे। परियाँ उनको बादलों में उड़ने की कला सिखा रही थी। परियाँ थीं तो आम बच्चों की तरह वह पहले घुटनों के बल तो नहीं ही चलती न। उन्हें तो अनिवार्य रूप से उड़ना सीखना ही होता है। रंगबिरंगे कपड़ों में ये परियाँ गुलदस्ते में जड़े खूबसूरत फूल की तरह लग रही थीं। इन्हीं में एक युवा परी थी। गुलाबी पंख थे उसके। बला की खूबसूरत थी। वैसे परियाँ बदसूरत होती नहीं हैं। किसी भी किस्से

कहानी में आज तक किसी भी परी को बदसूरत बताया ही नहीं गया। वे जन्मजात खूबसूरत होती हैं। लेकिन गुलाबी पंखों वाली परी औरों से कुछ ज्यादा ही सुन्दर थी। उसके परों में सलमे सितारे जड़े हुए थे। उसके गाउन का घर और परियों से बड़ा था। उसके हाथ में चाँदी की एक छड़ी थी। शायद वह जादू की छड़ी थी। उसे देख कर लग रहा था कि हो न हो वह परियों की देश की राजकुमारी हो। बागीचे में वह एक तितली के साथ खेल रही थी। तितली को वह पकड़ने की बार-बार कोशिश कर रही थी। तितली थी कि उसके हाथ ही नहीं आ रही थी। गुलाबी परों वाली परी जब उसे नहीं पकड़ पायी तो मुँह बनाकर वह एक बादल में बैठ गयी। विनय ने उसे देखा। विनय को वह पसन्द आयी। वह बादलों को चीरते हुए उसके पास पहुँच गया। उसने देखते-ही-देखते तितली को अपने बस में कर लिया और गुलाबी परों वाली परी के पास उसे लेकर पहुँच गया। उसने जैसे ही तितली को देने के लिए अपनी हथेली खोली तो वह उड़ गयी। इस पर गुलाबी परों वाली परी ठहाका मार कर हँस पड़ी। विनय ने तितली को फिर पकड़ने की कोशिश की लेकिन वह बहुत दूर जा चुकी थी। विनय गुलाबी परों वाली परी को देख कर मोहित हो चुका था। उसने उससे पूछा—'तुम मेरे साथ पृथ्वी पर चलोगी?'

गुलाबी परों वाली परी ने कोई जवाब नहीं दिया। वह दूसरी तरफ मुँह फेर के बैठ गयी। विनय ने एक बार फिर उसे पृथ्वी पर उसके साथ चलने का निमन्त्रण दिया। इस बार वह कुछ तुनकती हुई बोली—'ऐसा यहाँ से अच्छा क्या है वहाँ, जो मैं तुम्हारे साथ चलूँ।'

'पृथ्वी पर पेड़ हैं। पहाड़ हैं। नदियाँ हैं। झरने हैं। और भी बहुत कुछ अच्छी चीजें हैं वहाँ।' —विनय ने बात का सिलसिला बढ़ाते हुए कहा।

गुलाबी परों वाली परी पढ़ी-लिखी थी। उसे धरती, आकाश और पाताल की पूरी जानकारी थी। उसने विनय की बात काटते हुए कहा—'पृथ्वी में पेड़ हैं, लेकिन वो तो तुम लोगों ने काट डाले हैं। जो बचे हैं अब उनमें फल नहीं होते हैं। जंगलों में रहने वाले पशु, पक्षी और इनसान सब परेशान हैं। पहाड़ों को खोद डाला है। खदानें खाली हो गयी हैं। नदियों को तुम लोगों ने प्रदूषित कर दिया है। तुम लोगों के पास पीने का पानी तक नहीं है। झरने अब अतीत की चीज हो गये हैं तुम्हारी पृथ्वी में।'

गुलाबी पंखों वाली परी की बातों में दम था। विनय उसकी बात से लगभग निरुत्तर हो गया था। फिर भी उसने बात बढ़ाते हुए कहा—'हमारी पृथ्वी पर प्रेम है। हम प्रेम के लिए जान तक दे देते हैं। लैला-मजनूँ और शीरीं-फरहाद की प्रेम कहानी तो तुमने सुनी ही होगी...'

'हाँ, हाँ सुनी हैं। वे पुराने जमाने की बात है। अब तो प्रेम करने के कुछ दिनों बाद तुम इनसान लोग तलाक दे देते हो। तलाक न मिलने पर लड़कियों को जला देते हो। हर साल तुम्हारे यहाँ एक लाख माँएँ बच्चे को जन्म देने से पहले मर जाती हैं। तुम औरतों को वेश्यालयों में बैठा देते हो। औरत तुम लोगों के लिए वस्तु हैं। हमारे परीलोक में देखो औरतों की कितनी इज्जत है। औरत की मर्जी के बिना परीलोक में पत्ता भी नहीं खड़कता है। तुम्हें तुम्हारी पृथ्वी मुबारक हो।'

विनय एक बार फिर निरुत्तर था। उसके पास गुलाबी परों वाली परी के किसी सवाल का माकूल जवाब नहीं था। विनय बात बढ़ाने के लिए अपने मन में सवाल खोज ही रहा था कि वह फिर बोल पड़ी—'और हाँ, तुमने परीलोक में आने की हिम्मत कैसे की। परीलोक में इनसानों की गन्ध से सबको नफरत है। यदि तुम लोगों का प्रवेश परीलोक में हो गया तो हमारा देश भी तुम्हारी पृथ्वी की तरह बर्बाद हो जाएगा। यहाँ रिश्वत, भ्रष्टाचार, लूटखसोट का राज हो जाएगा। इसलिए बेहतर यह होगा कि तुम यहाँ से तुरन्त अपनी पृथ्वी में वापस चले जाओ। और अगर नहीं गये तो अभी मेरा प्रेमी यहाँ आने वाला है, वह तुम्हें मार डालेगा।'

मारपीट का नाम सुनते ही विनय घबरा गया। उसने बात को सँभालते हुए बोला—'आप मरने-मारने की बात मत करें। मैं तो रास्ता भटक गया था और आपके लोक पहुँच गया। मुझे यहाँ अच्छा लगा तो रुक गया। सोचा तो यह था कि रानी परी यदि इजाजत देंगी तो मैं तुमसे शादी कर यहीं रह जाऊँगा।'

'हमारे देश में इनसानों को रहने की इजाजत नहीं है और तुम दिन में सपने देख रहे हो। बेहतर होगा कि तुम अभी यहाँ से चले जाओ।' —ये कहते हुए गुलाबी परों वाली परी ने अपने हाथों की जादुई छड़ी को ऊपर ही किया था कि विनय डर गया और उसकी चेतना वापस आ गयी और परीलोक के दृश्य गायब हो गये।

ब्रह्मपुत्र एक्सप्रेस चल रही थी। बारपेटा के बाद नलबाडी, रंगिया, बायहट्टा चारअली और चांगसारी स्टेशन पार हो चुके थे। नीलांचल पर्वत ट्रेन की खिड़की से दिखाई दे रहा था। अगला स्टेशन कामाख्या था। इसके बाद गुवाहाटी स्टेशन था। विनय ट्रेन की खिड़की से बाहर देख रहा था। उसके गुवाहाटी को लेकर सारे सपने और भ्रम भरभरा कर गिर रहे थे। कामाख्या से लेकर गुवाहाटी स्टेशन तक पक्की और बड़ी-बड़ी इमारतें दिख रही थीं। पेड़ पर बना एक भी मकान नहीं दिख रहा था उसे। अलबत्ता ब्रह्मपुत्र नदी में उसे अपने सपने की छोटी नावें जरूर दिखी थीं। स्टेशन की पक्की इमारत थी। वह सोच रहा था कि गुवाहाटी और इलाहाबाद में कोई खास

अन्तर नहीं है। जब सब कुछ हर जगह की तरह ही है तो प्रगति मैदान की प्रदर्शनी में असम में रहने वालों को अर्धनग्न, पेड़ों पर घर, हाथों में हथियार आदि क्यों दिखाए जाते हैं। अभी वह यह सब सोच ही रहा था कि ट्रेन गुवाहाटी स्टेशन पर रुक गयी। कुछेक कुली स्टेशन पर मौजूद थे। इनमें से अधिकांश बिहार के रहने वाले कुली थे। विनय के पास सिर्फ एक रोलिंग ब्रीफकेस था, सो वह खुद ही उसे लेकर स्टेशन से बाहर आने लगा। उसे जीएस रोड स्थित अपने ऑफिस जाना था। बाहर आ कर इलाहाबाद की ही तरह उसे साइकिल रिक्शा दिखे। आटोरिक्शा भी थे। दिसपुर जाने वाली एक सरकारी बस भी वहाँ खड़ी थी। उसे यह सब देख कर बार-बार ताज्जुब हो रहा था। उसे लग रहा था कि असल में अब वह जमीन पर उतर आया है, अभी तक किसी और लोक में टहल रहा था। वह गुवाहाटी के सच को स्वीकार करना नहीं चाहता था, लेकिन सच और कोरा सच उसके सामने था।

छह

...राजधानी एक्सप्रेस अपनी पूरी रफ्तार से बढ़ रही थी। उसके सामने बैठा सांगानेरिया परिवार मौन व्रत धारण किये हुए था। पूरे कूपे में एक खास तरह का सन्नाटा पसरा हुआ था। जब कभी विनय की नजरें सांगानेरिया परिवार के मुखिया से दो-चार होती थीं तो वह नजरें झुका लेता था। उसका नजरें झुकाना इस बात का विनय को संकेत था कि वह किसी भी बातचीत के लिए उसके साथ तैयार नहीं है। विनय कभी खिड़की के पार देखता तो कभी कूपे में लगी ट्यूब लाइट को देर तक निहारता रहता। खिड़की के बाहर धान के खेत उसे दिख रहे थे। चारों तरफ हरा-ही-हरा। इतनी हरियाली की मौजूदगी के बावजूद विनय के जीवन में सूखा पड़ा हुआ था। देश भीतर देश देखने की उसकी बीमारी ने उसे झकझोर कर रख दिया था। युवा अवस्था के उसके सारे हरेपन को ग्रहण लग गया था। तीन साल पहले और उसके काफी बाद तक वह जितना खुश रहता था, उससे कहीं ज्यादा अवसाद के बीच से अब गुजर रहा था।

सांगानेरिया की उपेक्षा के कारण उसकी बेचैनी बढ़ रही थी। ट्रेन से बाहर झाँकने और ट्यूब लाइट को निहारते-निहारते जब वह ऊबता था तो वाशबेसिन के पास जा कर खड़ा हो जाता। एकाग्रता तोड़ने के लिए वह बीच-बीच में ताम्बूल (एक खास तरह की फरमेंटेड सुपारी जिसे पान में चूना लगा कर खाया जाता है) निकाल कर खा लेता था। ताम्बूल की आदत उसे गुवाहाटी आने के बाद लगी थी। ताम्बूल खाने के बाद भी कोई बात बन नहीं रही थी। उसका दिल गुवाहाटी में छूट गया था और दिमाग लेकर वह दिल्ली लौट रहा था। दिल को बार-बार वह वापस अपने साथ लाने की कोशिश करता, लेकिन हर बार ऐसा करने में वह असफल हो जाता। बोडो

लैंड के प्रमुख केंद्र कोकराझार के आसपास राजधानी एक्सप्रेस होगी।

विनय ट्यूब लाइट को एकटक देखे जा रहा था। इस प्रक्रिया में वह गुवाहाटी पहुँच गया। अपने ऑफिस के पहले दिन की सारी तस्वीरें एक-एक कर उसके सामने उभरने लगीं—जीएस रोड स्थित उसके ऑफिस का मैनेजर आशीष विश्वास था। उसे ही विनय को रिपोर्ट करना था। विश्वास बेहद खड़ूस शख्स था। चिड़चिड़ा। बद दिमाग। बात-बात पर चीखने-चिल्लाने वाला। ऑफिस में उसका अघोषित आतंक था। हमेशा सफेद शर्ट और सिलेटी रंग की पैंट पहनता था वह। अकेले में वह चुटकी बजाते हुए कुछ बुदबुदाता रहता था। उसे गुवाहाटी में आये बीस साल हो गये होंगे। उसकी बीवी और एक बच्चा कोलकाता में रहते थे। वैसे विश्वास त्रिपुरा का रहने वाला था। वह सिलहटी बांग्ला बोलता था। असमिया भी वह उसी तरह बोलता था जैसे बांग्ला। कोलकाता में उसके पिता नौकरी करने गये थे और वहीं बस गये थे। कोलकत्ते के प्रेसीडेंसी कॉलेज से विश्वास ने पढ़ाई की थी।

बंगालियों के लिए कोलकाता किसी मक्के से कम नहीं होता है। खासकर सिलहटी बंगालियों के लिए तो कोलकाता माई-बाप की तरह होता है। इसीलिए कहा जाता है कि कोलकत्ते में बारिश होती है तो त्रिपुरा में भरी धूप में बंगाली छतरी खोल लेते हैं। ये बात दीगर है कि कोलकत्ते में रहने वाले बंगाली सिलहटी बंगालियों को ज्यादा भाव नहीं देते हैं। उनकी बांग्ला को वह कर्कश मानते हैं। विश्वास भी सिलहटी बांग्ला बोलता था। उसने कोलकतिया बांग्ला सीखने की बहुत कोशिश की थी, लेकिन परिवार में सिलहटी बांग्ला बोले जाने के कारण वह उसे ठीक से सीख नहीं पाया था। इसीलिए वह कोलकत्ते में रहने के बाद भी वहाँ के बंगालियों के बीच दोयम दर्जे का माना जाता था।

विश्वास लम्बे समय से गुवाहाटी छोड़ने की कोशिश कर रहा था। एक कारण छोड़ने का तो सीधा था कि उसके बीवी-बच्चे कोलकत्ते में थे, तो दूसरा कारण था कि असमिया समाज में भी सिलहटी बंगालियों को लेकर अच्छी राय नहीं थी। यदि चिकेन नेक के उस पार के लोग उनके पहले दुश्मन नम्बर एक थे तो दूसरे नम्बर के दुश्मन थे सिलहटी बंगाली। हालाँकि त्रिपुरा के सारे बंगाली जो असम में रहते थे, वे सब के सब बेहतरीन असमिया बोलते थे। इनमें से कइयों ने तो असमी भाषा में साहित्य भी लिखा था और वे बड़े नाम हो गये थे। असम में बंगालियों के विरोध की प्रमुख वजह थी, उनका पढ़ा-लिखा और होशियार होना। असम की पूरी नौकरशाही में उनका दबदबा था। यदि पुराने पन्ने पलटे जाएँ तो राज्य का मुख्य सचिव और पुलिस महानिदेशक बंगाली ही रहे हैं। इन पदों तक पहुँचने में असमिया

लोगों के पसीने छूट जाते हैं। विद्रोही संगठन उल्फा की भी अन्दरूनी योजना यही थी कि पहले चिकेन नेक के उस पार के लोगों को असम से बाहर करेंगे फिर बंगालियों को। बंगालियों को बाहर करने के बाद सभी प्रमुख पदों पर असमियों का कब्जा हो जाएगा।

विश्वास से विनय की पहली मुलाकात कुछ अच्छी नहीं हुई थी। कायदे से विश्वास को विनय के लिए कम्पनी गेस्ट हाउस में रहने का प्रबन्ध करना चाहिए था, जो उसने यह कह कर टाल दिया कि वह अंडर रिनेवेशन है।

'तो कितने दिन रहने का इरादा है गुवाहाटी में?' विश्वास के इस सवाल के साथ दोनों रूबरू हुए थे।

'मैं समझा नहीं सर।' —विनय ने विनम्रता से जवाब दिया।

'अरे यही कि दिल्ली से आने वाले लड़के दो-तीन महीने रहते हैं और नौकरी को सलाम बोल कर दिल्ली वापस चले जाते हैं।' —विश्वास ने हिकारत की नजर से विनय को देखते हुए कहा।

'सर, मैं ट्रेनिंग पूरी करके ही जाऊँगा। ये नौकरी मेरे लिए बहुत जरूरी है।' —विनय ने आत्मविश्वास के साथ जवाब दिया।

'ठीक है, ठीक है। तुम्हें भी देखते हैं कि कितने दिन रहते हो यहाँ। कहीं होटल में फिलहाल कमरा ले लो और कल से रेगुलर हो जाओ।' —विश्वास ने यह कह कर विनय को वहाँ से चले जाने के लिए कहा।

विश्वास का टके-सा जवाब लेकर विनय उसके चेम्बर से बाहर आ गया। उसे समझ नहीं आ रहा था कि वह कहाँ जाए। उसे गुवाहाटी के बारे में उतनी ही जानकारी थी जितनी कि उसने प्रगति मैदान में लगने वाली प्रदर्शनियों में हासिल की थी। वह अपने को बीच चौराहे पर खड़ा महसूस कर रहा था। वैसे उसका थोड़ा-थोड़ा भ्रम गुवाहाटी को लेकर टूटना शुरू हो गया था...

विनय वेटिंग रूम में अपने ब्रीफकेस के साथ बैठे सोच रहा था कि वह अब कहाँ जाए। रिनेवेशन चलने के कारण गेस्ट हाउस मिलने की सम्भावना खत्म हो चुकी थी। नये रंगरूट को लेकर ऑफिस में तरह-तरह की चर्चाएँ गर्म हो गयी थीं। स्मार्ट और गोरा चिट्टा तो था ही विनय। ऑफिस के लोग बार-बार अपनी कुर्सी से उठकर टॉयलेट के बहाने उसे देख कर आ रहे थे। थोड़ी देर के लिए वह दर्शनीय चीज बन गया था। सबके मन में उसको लेकर उत्सुकता थी कि उसका नया साथी कैसा होगा। उनके जेहन में यह भी सवाल था कि वह यहाँ कितने दिन रुकेगा। प्रणति बरुआ और सोनम खान भी उसे कनखियों से देख आयी थीं वेटिंग रूम में।

यदि उसे देखने में किसी ने रुचि नहीं दिखाई थी तो वह थी मिल्की डेका। इस ऑफिस की सबसे सुन्दर और सौम्य लड़की। वह सबकी हरकतों पर नजर और बातों पर कान तो दिये हुई थी, लेकिन उसमें हिस्सेदारी नहीं कर रही थी।

ऑफिस के काल ब्वाय ने जब सामने रखी टेबिल पर विनय को काली चाय रखी तो अपने में गुमसुम विनय की तन्द्रा टूटी थी—'सर, चाय पी लीजिए।'

'दूध वाली चाय नहीं मिलेगी क्या?' विनय ने काल ब्वाय से सवाल किया।

'सर, इस ऑफिस में सारे लोग काली चाय ही पीते हैं। काल ब्वाय बिहार का रहने वाला था और थोड़ा चुहलबाज भी था। उसने विनय की दूध की माँग पर ठिठोली करते हुए कहा—'सर, यहाँ दूध बहुत कम होता है। पाउडर के दूध पर ही सबको डिपेंड रहना पड़ता है। यहाँ की गायें बकरी की तरह हैं। छोटी-छोटी। इसीलिए दूध बहुत कम होता है। वैसे यहाँ हर चीज छोटी होती है। आदमी से लेकर गाय तक। यहाँ जर्सी और मुर्रा भैंस तो हैं नहीं कि बिहार की तरह दूध दही की नदियाँ बहें...'

काल ब्वाय अपनी बक-बक जारी रखना चाहता था कि बीच में ही उसे विनय ने यह कह कर रोक दिया—'ठीक है, मैं काली चाय ही पी लूँगा।'

बिहारी काल ब्वाय का नाम हरिहर यादव था। इसीं के चलते उसने गाय-भैंसों के बारे में विनय को लम्बा भाषण दिया था। दोबारा जब हरिहर कप-प्लेट लेने आया तो उसने फिर विनय को छेड़ते हुए सवाल किया—'सर, कम्पनी का गेस्ट हाउस तो आपको मिलेगा नहीं, तो आप आज रात कहाँ गुजारेंगे?'

विनय के सामने हरिहर ने यक्ष प्रश्न खड़ा कर दिया था। विनय सोचने लगा कि मैनेजर से उसकी बातचीत के समय हरिहर तो था नहीं तो उसे कैसे ये पता कि उसे कम्पनी का गेस्ट हाउस नहीं मिलेगा। यह दूसरा यक्ष प्रश्न विनय के सामने था। उसने आखिर हरिहर से पूछ ही लिया—'तुम्हें कैसे पता कि कम्पनी का गेस्ट हाउस मुझे नहीं मिलेगा?'

'अरे सर, इतने दिनों से मैं यही सब देख रहा हूँ। विश्वास दा किसी को गेस्ट हाउस में ठहरने की परमिशन नहीं देते हैं। उनके बीवी-बच्चे जब आते हैं तो उसमें रहते हैं या फिर सुल्फा के लोगों को वह रहने की परमिशन देते हैं।'

'बीवी-बच्चे की बात तो समझ आती है। लेकिन ये सुल्फा कौन है?'

'अरे साहब, ये सुल्फा सरकार के मेहमान हैं। ये वो लोग हैं जिन्होंने उल्फा छोड़ कर हथियारों के साथ सरेंडर कर दिया है और अब खुलेआम गुंडागर्दी करते घूमते हैं। सुल्फा माने सरेंडर यूनाइटेड लिब्रेशन फ्रंट आफ असम। इनकी दादागिरी तो ऐसी

है कि बिहार के माफिया भी शरमा जायें। हर ठेके से लेकर हर धन्धे में इन्होंने अपना दखल बना लिया है। मुख्यमन्त्री प्रफुल्ल कुमार महन्त से लेकर गृहमन्त्री भृगु कुमार फूकन तक इनकी पहुँच है। वैसे जंगलों में रहने वाले उल्फाइयों का भी इनके बंगलों में खुल्लम-खुल्ला आना जाना है।' हरिहर अपने प्रवचन को आगे बढ़ाते हुए बोला—'सर, आप घबराइये नहीं। ऑफिस के ऊपर भी एक कमरा है। अटैच बाथरूम भी है। इस कमरे में तब कोई रुकता है, जब वह रात देर तक कोई काम करता है। यहाँ रात को 12 बजे के बाद कर्फ्यू लग जाता है न, इसलिए जो देर रात रुकता है, वह यहाँ ठहरता है। और कभी-कभी मैं भी एयरकंडीशन का मजा लेने के लिए चुपचाप इसमें सो जाता हूँ। आप दो-चार दिन यहीं रुक जाइये और धीरे से मकान खोज लीजिए। भाड़े पर मकान आसानी से मिल जाता है यहाँ।

विश्वास के वहाँ से जाने के बाद हरिहर ने विनय का ब्रीफकेस उठाया और ऑफिस के ऊपर वाले रेस्ट रूम की ओर चलने लगा। विनय वेटिंग रूम से जब निकल रहा था, तभी उसकी नजरें मिल्की डेका से दो-चार हो गयीं। मिल्की घर जाने के लिए निकल रही थी। मिल्की नीले और आसमानी कांबिनेशन की मेखला चादर पहने हुई थी। छोटी-सी लाल सुर्ख बिंदिया उसके माथे पर जड़ी हुई थी और बालों की एक लट उसके गड्ढे वाले गालों के पास झूल रही थी। होठों पर उसे लिपस्टिक वगैरह लगाने की जरूरत नहीं पड़ती थी। उसके होठ कुदरती तौर पर लाल सुर्ख थे। दहकते हुए। गालों पर भी लाली अवतरित होती थी और चली जाती थी।

विनय ने मिल्की को जब देखा तो उसे एक खास तरह का अहसास हुआ। कुछ ठंडा और रोमांचित कर देने वाला अहसास। हिन्दी सिनेमा की हीरोइन लगी वह उसे। उसने शिष्टाचारवश उसे हैलो कहा। इस पर मिल्की ने भी उसे हैलो कहा था। विनय बातचीत के सिलसिले को आगे बढ़ाना चाहता था। वह उससे आफिस के चाल-चलन के बारे में जानकारी लेना चाहता था। विश्वास उसे एक पहेली की तरह लग रहा था। उसके व्यवहार के बारे में उससे जानना चाहता था। कम्पनी के राज्य में चल रहे प्रोजेक्टों की भी मोटी-मोटी जानकारी लेना चाहता था। लेकिन मिल्की हैलो कह कर मुख्यद्वार की ओर बढ़ गयी थी। उसने विनय को बात आगे बढ़ाने का कोई मौका ही नहीं दिया। विनय अन्दर से कसमसा कर रह गया था। उसे दिल्ली के मुखर्जी नगर में आस-पड़ोस की रहने वाली लड़कियों की याद आ गयी, जो उसे देखते ही उससे बात करने और दोस्ती करने के लिए मचल उठती थीं। लेकिन मिल्की ने उसे भाव तक नहीं दिया था। मिल्की से ये उसकी पहली मुलाकात थी...

...विनय को इन दिनों कुछ ज्यादा ही गुवाहाटी की याद आती थी। उम्र के उत्तरार्ध में उसका अकेलापन बढ़ रहा था। गुवाहाटी में बिताए तीन साल उसके जीवन के श्रेष्ठतम दिन थे। यहीं उसे पहली बार प्यार हुआ था। उसने कई महत्त्वपूर्ण प्रेम कविताएँ यहीं लिखी थीं। यहीं उसने पहली बार असम के लोगों को करीब से जाना समझा था। उनकी हर लड़ाई में वह जाने-अनजाने शामिल हो गया था। उल्फा के लोगों से भी उसके नजदीकी सम्बन्ध बन गए थे। वैसे वह सशस्त्र संघर्ष से सत्ता पाने के रास्ते को गलत नहीं समझता था। यही वजह थी कि इलाहाबाद में इंजीनियरिंग पढ़ते हुए वह सीपीआईएमएल का समर्थक बन गया था। सीपीआईएमएल शंकरगढ़ की पहाड़ियों में रेत और खनन माफियाओं के खिलाफ सशस्त्र संघर्ष चला रही थी। दोनों तरफ से कई लोग लुढ़क चुके थे। कई कामरेडों को जेल जाना पड़ा था। वैसे दो-चार दिन के लिए वह भी जेपी आन्दोलन में जेल जा चुका था।

विनय अपने फ्लैट में था। वह अपनी डायरी अलट-पलट रहा था। उसमें बुलबुल हजारिका का नाम हर पन्ने में लगभग दर्ज था। बुलबुल से उसकी जान पहचान भी अजीब वाकये के साथ हुई थी। उस दिन बुलबुल अपने दोस्तों के साथ पलटन बाजार की फुटपाथ पर खड़ा हो कर चुहलबाजी कर रहा था। उस फुटपाथ से विनय गुजर रहा था। तभी बुलबुल ने असमिया में अपने दोस्तों से बोला था कि रास्ता खाली कर दो 'बाहरेलू मानू' (विदेशी) आ रहा है।

विनय और बुलबुल का इस तरह पहली बार आमना-सामना हुआ था। बुलबुल असम ट्रिब्यून का रिपोर्टर था। असम के अधिकांश असमिया न्यूज पेपर के सम्पादकीय विभाग में काम करने वाले और कुछ रिपोर्टर उल्फा और अगप से नजदीकी रखते थे। इनमें से कुछ पत्रकार तो घोषित रूप से उल्फा समर्थक माने जाते थे। ऐसे पत्रकारों पर राज्य का खुफिया विभाग भी नजर रखता था।

बुलबुल की इसके बाद पुबसरणिया के रास्ते में अक्सर विनय से मुलाकात होने लगी। बुलबुल पुबसरणिया में रहता था और विनय भी। पुबसरणिया से उसे याद आया कि मिल्की ने यदि उसे वहाँ मकान लेने में मदद न की होती तो वह ऑफिस के रेस्ट हाउस में ही लम्बे समय तक पड़ा रहता। असल में विनय ने जब गुवाहाटी ऑफिस में काम करना शुरू किया, तो मैनेजर विश्वास से उसे मिल्की के ठीक बगल वाली टेबिल एलाट की थी। उससे पहले वह खाली ही रहती थी। उस टेबिल पर अब तक दिल्ली से भेजे जाने वाले ट्रेनी ही बैठते रहे हैं। लेकिन बीच में ही ट्रेनिंग छोड़ कर वह चले जाते रहे हैं, इसलिए वह टेबिल खाली रहती है।

वैसे मिल्की से शुरुआत में विनय की बात नहीं होती थी। सिर्फ गुड मार्निंग और गुड इवनिंग के अलावा। दो-चार दिन जब काल ब्वाय हरिहर की कोशिशों के बाद भी उसे किराये का मकान नहीं मिला था तो उसने मिल्की को एक लंच में छेड़ते हुए कहा था—'आप मुझे किराये का मकान दिलाने में क्या मदद कर सकती हैं?'

इस पर मिल्की ने कोई जवाब तब नहीं दिया था। जवाब न मिलने पर विनय ने बात आगे नहीं बढ़ाई थी तब। लेकिन शाम को चलते वक्त उसने विनय से कहा था—मैं कुछ करती हूँ। मेरी एक आंटी का मकान पुबसरणिया में खाली है। यदि वह अभी भी खाली है तो वह आपको दिला दूँगी। लेकिन वह मकान पहाड़ी पर है।'

'मैं तो मकान पहाड़ या नदी के किनारे पर पहले से ही चाहता हूँ...।' विनय अपनी बात पूरी करता कि उससे पहले ही वह अपना बैग उठाकर चल पड़ी थी ऑफिस से। मिल्की भी पुबसरणिया में रहती थी। पुबसरणिया असमिया बहुल इलाका था। आमतौर पर गैर-असमिया वहाँ नहीं रहते थे। गैर-असमिया फैंसी बाजार, केदार रोड से लेकर जेल रोड के आसपास ही समूह में रहते थे। समूह में रहने की वजह थी उल्फा से डर।

दो-तीन दिन गुजर जाने के बाद मिल्की ने एक दिन विनय से कहा—'मकान तो खाली है। एक हजार रुपये किराया है उसका। दो कमरे हैं। अटैच बाथरूम है। लेकिन उसमें किचेन नहीं है। मकान वैसे अच्छा है। आप चाहें तो आज शाम देख सकते हैं।'

अन्धा क्या चाहे दो आँखें। विनय को आँखें मिल गयीं थीं। शाम को वह मिल्की के साथ पुबसरणिया मकान देखने गया। मिल्की के घर से थोड़ी दूरी पर था उसकी आंटी का मकान। मकान विनय को पसन्द आया। वैसे न भी आता तो उसके पास कोई विकल्प नहीं था। उसने मकान मालकिन को एक हजार रुपये एडवांस के दे दिये और कल आने का वायदा कर दिया।

मकान देखने के बाद वापसी में मिल्की ने विनय से अपने घर चल कर एक कप चाय पीने के लिए भी नहीं कहा। इस पर विनय थोड़ा अचंभित हुआ। उत्तर भारत में ऐसी सिचुवेशन में व्यक्ति का मन हो या न हो इस तरह की औपचारिकता वह कर ही लेता है। मसलन दिल्ली में किसी प्रॉपर्टी डीलर के ऑफिस में जाएँ, तो वह तुरन्त चाय-पानी और ठंडा-वंडा पूछता है। ये बात अलग है कि जिस छोटू को वह चाय या ठंडा लाने के लिए कहता है वह बेशक शाम तक न लौटे।

अगले दिन जब हरिहर यादव को ये खबर लगी कि मिल्की मैडम विनय सर को पुबसरणिया में मकान दिला रही हैं, तो उसे विनय पर तरस आया। उसने मौका

देख कर लंच में विनय को समझाने की बहुत कोशिश की कि वह पुबसरणिया में रहने न जाये—'सर, वहाँ उल्फा के लोगों का आना-जाना लगा रहता है। रात-बिरात सीआरपी और पंजाब कमांडो के लोग दबिश भी मारते हैं उल्फा के लोगों की खोज में। पंजाब कमांडो से उल्फा वालों की बहुत फटती है। उन्हें यहाँ से जाने के लिए हमेशा उल्फा समर्थक औरतें, बच्चे सड़कों पर धरना प्रदर्शन करते रहते हैं।'

हरिहर बोले जा रहा था। विनय उसकी बातों की अनसुनी किए जा रहा था। उसने विनय को समझाते हुए कहा—'सर, आप अपने उधर के हैं इसलिए ये बातें बोल रहा हूँ। दो-एक दिन सब्र कर लें अच्छी जगह आपको मकान दिला दूँगा।'

हरिहर की बात का विनय पर कोई असर नहीं हुआ। उसने सोचा कि वहाँ उल्फा रहे या और कोई उससे उसे क्या लेना देना। असल में उस मकान का प्रस्ताव मिल्की ने दिया था, इसलिए भी वह उसे ठुकराना नहीं चाहता था। उसे लग रहा था कि यदि वह मकान लेने से मना कर देगा तो मिल्की को बुरा लगेगा। वह मिल्की के प्रति पहले दिन से ही आकर्षित हो गया था। वह उसे अच्छी लगती थी। शान्त और सौम्य।

बुलबुल और विनय की आँखें पुबसरणिया पहाड़ी से उतरते हुए अक्सर दो-चार हो जाती थीं। एक बार उसने मिल्की के साथ विनय को बात करते हुए भी देखा था। बुलबुल के मन की कड़वाहट इसके बाद थोड़ी कम हो गयी थी।

विनय और मिल्की के ऑफिस जाने का समय लगभग एक था, तो कई बार दोनों बस स्टैंड तक आगे पीछे आते-जाते। अब विनय कोशिश करने लगा कि जब मिल्की अपने घर से निकले तभी वह भी निकले। विनय के घर से मिल्की के घर का मेन दरवाजा और खिड़कियाँ साफ दिखती थीं।

बुलबुल मिल्की का चचेरा भाई था। उसके अंडरग्राउंड उल्फा के साथ अच्छे सम्बन्ध थे। वह उल्फा को समर्थन करने वाले मानवाधिकार संगठन में भी सक्रिय था। कहते हैं कि उसके पास उल्फा के सैन्य प्रमुख परेश बरुवा का नम्बर भी था, जो बांग्लादेश में अपनी बीवी और बच्चे के साथ रहता था। कोई बड़ी घटना असम में घटती तो सबसे पहले बुलबुल को घटना की जिम्मेदारी लेने वाला फैक्स मिलता।

मिल्की के एक बार बुलबुल से परिचय कराने के बाद विनय अब उसके मिलने पर हैलो बोल देता था। एक दिन हिम्मत कर उसने बुलबुल को अपने घर पर चाय पीने के लिए बुला ही लिया। चाय-वाय का रिश्ता अभी मिल्की के साथ विनय का नहीं बना था। ऑफिस में दोनों के बीच काम के सिलसिले में थोड़ी बहुत बात हो जाती थी। अकेले टिफिन करते वक्त भी कभी मिल्की ने उससे साथ में खाने के

लिए नहीं कहा था।

उस दिन बुलबुल का साप्ताहिक अवकाश था। विनय ऑफिस से लौट रहा था कि अचानक उसकी बुलबुल से मुलाकात हो गयी। उसने उस पर उसके घर पर चाय पीने के लिए दबाव बनाया। अन्ततः वह मान गया और विनय के साथ हो लिया।

विनय अब तक अपनी छोटी-सी गृहस्थी गढ़ चुका था। उसके किचेन में चाय बनाने के इन्तजाम के साथ थोड़े बहुत और बर्तन थे। एक कुकर भी था। विनय दिन में खाना बाहर खाता था। हरिहर नन्दन होटल से उसके लिए लंच में खाना ला देता था। लेकिन डिनर वह अपने हाथ से ही बनाता था। आमतौर पर डिनर में उसके दलिया या खिचड़ी ही होती थी। एक बार रोटी बनाने के लिए उसने कोशिश की थी तो आटा उससे साना नहीं गया। आटा डालता तो पानी कम हो जाता और पानी डालता तो आटा गीला हो जाता। आटे में पानी और पानी में आटा करते-करते इतना आटा बन गया था कि आसपास के लोगों को दावत हो जाए। उसके बाद से फिर उसने रोटी बनाने की कोशिश नहीं की। रोटी जब खाने का उसका मन होता तो वह डबल रोटी से काम चला लेता था।

विनय ने चाय बना कर बेंत के टेबिल पर रखी। बेंत का सोफा गुवाहाटी में काफी सस्ता मिल जाता है। चार कुर्सी और एक टेबिल होती है इसमें। विनय भी एक कुर्सी पर बैठ गया। चाय के साथ उसने थोड़ा-सा नमकीन भी बुलबुल को परोसा था। थोड़ी देर दोनों एक-दूसरे को चाय पीते देखते रहे। मठरी का एक टुकड़ा उठाते हुए विनय ने खामोशी को तोड़ते हुए बुलबुल से पूछा—'असम इतना सुन्दर है। लोग इतने अच्छे हैं। प्रकृति ने हर तरह से इसे नवाजा है, तो फिर इतनी मारामारी यहाँ क्यों है?'

इस सवाल को सुनते ही बुलबुल लगभग भड़कते हुए बोला—'हम अच्छे हैं तभी तो हमें इतने सालों से लगातार लूटा जा रहा था। अब यहाँ के लोग और लुटना नहीं चाहते हैं...'

'कैसे लूटा जा रहा था?' —विनय ने बात काटते हुए पूछा—'यहाँ तो सब ठीकठाक लगता है।'

'आपको लगता होगा ठीकठाक।' —बुलबुल एंग्री यंगमैन की स्टाइल में बोला—'आपके देश के लोगों ने यहाँ की धरती से खूब कमाया, लेकिन एक भी पैसा यहाँ नहीं लगाया। अंग्रेज जैसे इंडिया की सम्पदा इंग्लैंड ले गये थे, वैसे ही आपके लोगों ने असम के साथ किया।'

'कहीं यह सब आपका भ्रम तो नहीं है। एक ही देश के लोग हैं हम सब।'

—विनय ने बुलबुल की बात का प्रतिवाद करते हुए कहा।

'एक ही देश के लोग क्या अपने ही लोगों से ऐसा करते हैं कि उन्हें लूटें और कुछ भी न सोचें।' बुलबुल ने आपे से बाहर होते हुए कहा—'हम भोले हैं तो हमें एक मीटर कपड़े को चारों तरफ से नाप कर चार मीटर कह कर आपके देश के लोगों ने बेचा। नमक के वजन के बराबर चाय पत्ती ली। चाय का एक्साइज टैक्स बंगाल सरकार को जाता है, क्योंकि इन कम्पनियों के मुख्यालय कोलकाता में हैं। पेट्रोल की रायल्टी हमें गुजरात से कम मिलती है। और क्या-क्या बतायें आपको अपने राज्य की लूट के बारे में।'

बहस गरमा रही थी और चाय खत्म हो चुकी थी दोनों के गिलासों में। बुलबुल का चेहरा तमतमा रहा था। विनय उसकी नाराजगी को समझ रहा था। वैसे वह नया था असम के लिए और कुछ जानता भी नहीं था। उसने बुलबुल की बातों को सुनने के बाद फैसला किया कि वह असम को समझेगा। उनके दुख-दर्द को बाँटने की कोशिश करेगा। बाहर हलकी बूँदा-बाँदी शुरू हो गयी थी। वैसे असम में लोग बारिश में भीगने से नहीं डरते हैं। कई-कई दिन और कई-कई हफ्तों यहाँ बारिश थमती ही नहीं है। खिड़की से चमकती बिजली को देखते हुए बुलबुल ने विनय से कहा—'बारिश आने वाली है। अब मैं निकलता हूँ।' —यह कहते हुए वह खड़ा हो गया।

'दोबारा जरूर आइएगा। मैं अकेले ही यहाँ रहता हूँ। आपसे बात कर मेरा दिमाग कुछ खुला है असम को लेकर।' विनय दरवाजे तक बुलबुल को छोड़ने आया। दरवाजे पर खड़े ही उसने थोड़ी दूर स्थित मिल्की के मकान पर नजर दौड़ाई। कमरे की लाइट बन्द थी। अन्दर किसी आकृति का उसे अहसास नहीं हुआ। उसे थोड़ी निराशा हुई और दरवाजा बन्द कर के वह कमरे में लौट आया।

...राजधानी एक्सप्रेस की रफ्तार बहुत तेज थी। रेल पटरियाँ अभी पुराने जमाने की ही थीं, इसलिए ट्रेन हिलती-डुलती चल रही थी। पैंट्री के कर्मचारी सक्रिय हो गये थे डिनर परोसने के लिए। डिनर से पहले एक सूप दे गया। विनय ने सूप को देख कर नाक-भौं सिकोड़ी। था तो वह टोमैटो सूप। लेकिन उसमें टमाटर नदारद था। गर्म पानी में लाल रंग घुला था। नमक और काली मिर्च पड़ी थी उसमें। बेस्वाद। विनय ने एक सिप लिया और उसे वहीं छोड़ दिया। सोचने लगा—'रेलवे खान-पान के पैसे टिकट के साथ चार्ज करती है। और क्वालिटी ऐसी कि स्वस्थ आदमी उसका खाना खा कर बीमार पड़ जाये।'

बेस्वाद टोमैटो सूप के साथ उसे बुलबुल हजारिका की याद आ गयी। वह सोचने लगा कि वह सही ही कहता था कि चिकेन नेक पार के लोग लुटेरे होते हैं। अभी वह यही सोच रहा था कि वेटर डिनर रख गया। सांगानेरिया परिवार डिनर देखते ही उसमें जुट गया। विनय ने भी डिनर के लिए थाली उठा ली। भूख तो वैसे उसे थी नहीं। खाना-पीना वह सब गुवाहाटी में छोड़ आया था। मन उद्विग्न था उसका। कलेजा उसके गले को आ रहा था। बावजूद इसके उसने थाली का ढक्कन खोल ही दिया। दाल, सब्जी, चावल और दो पराँठों के साथ एक कप दही और आचार था उसमें। सलाद के नाम पर मूली और गाजर के दो-दो टुकड़े और एक हरी मिर्च। उसने पराँठों को पालीथीन के कवर से बाहर निकाला। पराँठे ठंडे हो गये थे। उसने पराँठे का एक टुकडा तोड़ कर सब्जी लगाई और मुँह में रख लिया। वह उसे चबाने लगा। लेकिन उस कौर को वह गले के अन्दर निगल नहीं पा रहा था। उसने लगभग ढकेलते हुए कौर को हलक के नीचे उतारा। फिर दूसरा टुकड़ा और तीसरा। इस तरह उसका आधे से अधिक पराँठा खत्म हो चुका था। उससे और खाया नहीं जा रहा था, जबकि सांगानेरिया परिवार धड़ाधड़ खाने में जुटा था।

विनय ने थाली में बचे हुए खाने को कवर से ढक कर बर्थ के नीचे खिसका दिया। खाने के बाद उसे लगा कि उसका जी मितला रहा है। उसे उल्टी का अहसास भी हो रहा था। उल्टी कहीं बर्थ के आसपास न हो जाये, इस आशंका के चलते वह उठा और वाश बेसिन पर आ कर खड़ा हो गया। उसने ओ ओ ओ कर उल्टी करने की कोशिश की लेकिन हुई नहीं। वाश बेसिन के ऊपर लगे शीशे पर उसकी नजर जब गयी तो उसे अपना चेहरा पहचान में नहीं आ रहा था। पूरा चेहरा तमतमा रहा था। लाल सुर्ख। उसे अपने नथुने सूअर की तरह बड़े-बड़े दिख रहे थे। सियार की तरह उसके कान खड़े हो गये थे। आँखों में बाघ की दरिंदगी प्रवेश कर गयी थी। बाल रीछ की तरह और सिर पर उसके गैंडे की तरह सींग निकल आयी थी। उसका दिमाग लोमड़ी की चालाकी से भर गया था। वह शीशे में अपने को पहचानने की कोशिश कर रहा था। वह अपने इस चेहरे को देख कर घबरा गया। उसने सोचा जब वह गुवाहाटी आया था तो उसका चेहरा इनसानों की तरह ही था। अब वापसी के समय उसे अपना चेहरा ऐसा क्यों दिख रहा है। उसे लगा कि शायद किसी कामरूपा जादूगरनी ने उसकी ऐसी शक्ल बना दी है, ताकि उसे उसके अलावा कोई पहचान न सके। वह उस कामरूपा से बेवफाई न कर सके। इस बात में उसे दम नहीं लगा। उसने सोचा कि हो सकता है कि उससे असम में कोई पाप हुआ हो, जिसके कारण ईश्वर ने उससे इनसान होने का हक छीन लिया है। उसे अपने इस रूप के बारे में

कुछ समझ नहीं आ रहा था। वह शीशे से इतना भयभीत हो गया कि वाश बेसिन से तेज लड़खड़ाते कदमों के साथ अपनी बर्थ पर लौट आया। बर्थ पर बैठकर उसने अपने कान, नाक, आँख सब चेक किये। सब दुरुस्त थे।

उसे लगा कि अभी तक तो उसे एक देश में दो देश दिख रहे थे। देश भीतर देश। अब ऐसा आखिर क्या हो गया जो उसे अपनी शक्ल ऐसी दिखने लगी। उसने सोचा कि हो सकता है कि ये दो देश की बीमारी का साइड एफेक्ट हो। असल में वह अपने में था और अपने में नहीं भी था। वह अपना सबकुछ पुबसरणिया के पहाड़ पर छोड़ आया था। पहाड़ उसे बुला रहा था। लेकिन उसकी ट्रेनिंग पूरी हो चुकी थी और उसे दिल्ली जाना ही था। दिल्ली वह उसे भी ले जाना चाहता था। लेकिन उसने उसके साथ जाने से साफ इनकार कर दिया था।

अजीब तरह की उधेड़बुन में विनय लगा था। सांगानेरिया परिवार ने भोजन के बाद डकार लेकर कूपे की बिजली बन्द कर दी थी। विनय के पास भी सोने के अलावा कोई चारा नहीं था। वह सोने की कोशिश में जुट गया। कभी इस करवट तो कभी उस करवट। नींद उसे नहीं आ रही थी। उसने अपनी आँखें बन्द कर रखी थीं। बार-बार उसका मन पुबसरणिया के पहाड़ पर पहुँच जाता था।

अचानक विनय के सामने मिल्की का चेहरा उभर आया। उसे याद आ रहा था, जब पहली बार मिल्की डेका पुबसरणिया के पहाड़ के नीचे बिजली के खम्भे के पास खड़ी हो कर उसका इन्तजार करती हुई उसे मिली थी। उस दिन उसे निकलने में थोड़ी देर हो गयी थी। वैसे तो वह मिल्की से पहले या उसके दरवाजे से निकलने के साथ ही निकलता था। कल रात देर तक काम करने के कारण वह देर से उठा था। विनय के नजदीक आते ही उसने उससे पूछा था–'आज इतनी देर कैसे?'

'बस यूँ ही।' –यह कहते हुए विनय मिल्की के साथ बस स्टैंड की ओर बढ़ गया था।

जिस मिल्की ने पहली बार पुबसरणिया पहाड़ में आये विनय को चाय के लिए अपने घर नहीं बुलाया था और रास्ते में मिलने पर बोलती नहीं थी, वह अब उसके साथ बतियाते हुए आने-जाने लगी थी। बस में भी सीट खाली होने पर दोनों एक साथ ही बैठते थे। अब वह टिफिन में विनय के लिए भी कुछ-न-कुछ खाने के लिए लाती थी। ऑफिस में मिल्की के इस व्यवहार से सब हतप्रभ थे। किसी से सीधे मुँह बात न करने वाली मिल्की विनय से इतना कैसे घुलमिल गयी। काल ब्वाय के लिए तो यह मेलजोल हिन्दी सिनेमा के मसाले की तरह का था।

असल में मिल्की बहुत महत्त्वाकांक्षी लड़की थी। वह कुछ बनना चाहती थी।

उसे लगा कि विनय इसमें उसकी मदद कर सकता है। इसी के चलते वह विनय के नजदीक आ गयी थी। मिल्की के हर मुश्किल काम को पलक झपकते ही विनय करवा देता था। उसके काम की तारीफ खड़ूस मैनेजर विश्वास भी करने लगा था। विनय तो नम्बर वन था ही ऑफिस में। असल में मिल्की की नजरें मैनेजर विश्वास की कुर्सी पर थीं।

मिल्की और विनय का आपस में मिलना-जुलना बढ़ने लगा था। दोनों अब एक-दूसरे के घर में भी आने-जाने लगे थे। या यों कहें कि मिलने का मौका तलाशने लगे थे। घर से ऑफिस साथ-साथ निकलना लगभग तय था, सिर्फ इतना ही नहीं विनय अक्सर उसे काम्पलीमेंट भी देता। कभी शब्दों में, कभी प्रत्यक्ष रूप से और कभी बड़ी गहराई से उसकी आँखों में ताकते हुए। मिल्की, विनय के मौन को भी समझने लगी थी। सच्चाई यह थी कि शान्त और अपने में सिमट कर रहने वाली मिल्की को भी अच्छा लगता, जब विनय उसके साथ होता। विनय असम के बारे में उससे नयी-नयी जानकारियाँ लेता। खासकर वह अपने प्रवास में इस शहर के हर प्राकृतिक-ऐतिहासिक सौन्दर्य को जी लेना चाहता था और अगर उसके साथ मिल्की की आँखें भी जुड़ जाएँ तो कहना क्या। यह सोचकर वह मिल्की से कभी कहीं तो कभी कहीं चलने का आग्रह करता था। कामाख्या देवी के दर्शन को वह सप्ताह में एक बार जरूर जाते। शायद इसलिए कि मिल्की की आस्था उस मन्दिर के प्रति बहुत ज्यादा थी और विनय को उस आस्था का भागीदार बनना बहुत अच्छा लगता था।

उस दिन भी वह कामाख्या मन्दिर के पास वाले जंगल में बैठे हुए थे। चुपचाप। आसपास हलकी हवा चल रही थी, जिससे पेड़ों में सरसराहट थी। मिल्की की नजरें हमेशा की तरह जमीन में कहीं गड़ी थीं और विनय कनखियों से बार-बार उसके सौन्दर्य को निहार लेता था। अभी तक ऑफिस के लिए बस में जाते हुए वह जब भी बगल में बैठते, हमेशा एक सभ्य दूरी बनी रहती। हालाँकि साथ बैठने के रोमांच की अनुभूति उन्हें तब भी होती। पर, घूमने जाते वक्त यह दूरी अक्सर कुछ और सिमट जाती थी, इतनी कि एक-दूसरे के कन्धों का स्पर्श वे महसूस करते। इस सबके बाद भी मिल्की की नजरें झुकी रहतीं और होठ सिले रहते। आज अचानक मिल्की की झुकी नजरों ने सिर उठाया तो उसने विनय को सीधे अपनी ओर ताकते पाया। वह अचकचाकर उठने को हुई कि विनय की गहरी नजरों ने उसे रोक लिया। नजरों का यह गहरा स्पर्श मिल्की को रोमांचित कर गया। वह अपनी ही नजरों में कुछ खास बन गयी। इस एक गहरी नजर ने दोनों से कुछ कहा। इस अहसास को

वे दोनों ही समझ सके या वह समझ सकता है, जिसे प्रेम का पहला अहसास हुआ हो।

बातचीत का सिलसिला वही सामान्य बातों से भरा था। विनय ने मिल्की से असमिया भाषा को सीखने की अपनी इच्छा जाहिर की थी और मिल्की ने उसकी बात मान ली थी। उसने 'रैपिड हिन्दी असमिया कोर्स' की पुस्तक विनय को भेंट की। किताब के पहले सफे पर उसने प्यार से लिखा था—'प्रिय विनय के लिए ही।'

विनय के लिए मिल्की के लिखे इन शब्दों का ऐसा जादू था कि वह जल्दी-से-जल्दी असमिया सीखने के लिए व्याकुल था। उसके लिए ये शब्द मिल्की की तरफ से प्यार का पहला इजहार था। जबकि मिल्की के लिए ये शब्द इसलिए खास थे कि उसके सामने किसी विदेशी मानुस ने उसके देश की भाषा सीखने की जबर्दस्त इच्छा जाहिर की थी।

विनय टूटी-फूटी असमिया बोलने लगा था। वह कोई शब्द जब कभी गलत बोलता मिल्की उसे टोकती और सही उच्चारण और उसका अर्थ बताती। विनय को असमिया की पढ़ाई में मजा आ रहा था। वह जल्दी-से-जल्दी असमिया सीख लेना चाहता था। वह असमिया में प्रेम कविता लिख कर सबसे पहले मिल्की को दिखाना चाहता था। कविता लिखने को वह अपनी असमिया लेखन की पहली परीक्षा मान रहा था। वह उस परीक्षा में पास होना चाहता था जल्दी-से-जल्दी। उसे जब भी समय मिलता वह असमिया लिखता-पढ़ता। उसने कुछ असमिया गानों के कैसेट खरीद लिये थे। वह उनको सुनता और जो शब्द उसे नहीं समझ आता उसे वह नोट कर लेता और बस में या फिर ऑफिस में वह मिल्की से उसका अर्थ पूछता। भूपेन हजारिका उसके प्रिय असमिया गायक बन गये थे। उसके घर में हमेशा भूपेन हजारिका के हिन्दी और असमिया कैसेट के दोनों वर्जन बजते रहते थे—'दिल हुम हुम करे, घबराए....'

गुवाहाटी में विनय का मन धीरे-धीरे लगने लगा था। मिल्की और उसका चचेरा भाई बुलबुल हजारिका उसके अच्छे दोस्त हो गये थे। ऑफिस का काल ब्वाय हरिहर भी उसके परिचितों की सूची में शामिल था। हरिहर रविवार के दिन कभी-कभी विनय के घर पर आ जाता था और उसके लिए रोटी बना देता था। दोनों मिलकर रोटी बनाते और खाते। वैसे विनय ने आटा सानना सीख लिया था। लेकिन रोटी गोल नहीं बेल पाता था। वह जब भी रोटी बेलने की कोशिश करता तो भारत का नक्शा बन जाता था।

शनिवार की ढलती शाम का वक्त था। चाँदमारी की तरफ रोज की तरह सूर्य डूबने की तैयारी कर रहा था। आसमान में लालिमा और दिनों की अपेक्षा कुछ ज्यादा ही थी। नीलांचल पर्वत से लेकर पुबसरणिया पहाड़ के बीच इन्द्रधनुष उग आया था। बारिश के बाद यहाँ आकाश में इन्द्रधनुष का उभर आना कोई विशेष घटना नहीं मानी जाती है। तोतों के झुंड अपने आशियानों की ओर लौट रहे थे। पहाड़ी के ढलान पर कुछ बच्चे खेल रहे थे। आसमान में धीरे-धीरे अँधेरा पसर रहा था। चाँदमारी की तरफ डूबता सूरज अब दिख नहीं रहा था। विनय भूपेन हजारिका का कैसेट लगा कर गाना सुन रहा था—'डोला, हो डोला...'

इस बीच कालबेल बज उठी। विनय ने दरवाजा खोला। सामने बुलबुल हजारिका खड़ा था। बुलबुल को देखकर विनय को खुशी हुई। उसके घर में बमुश्किल ही कालबेल बजती थी। बुलबुल बजाता था या फिर हरिहर। बाद में इसमें एक नाम और जुड़ गया था मिल्की का भी। वह भी कभी-कभी विनय के पास आ जाती थी। विनय ने बेंत वाली कुर्सी पर बुलबुल को बैठने का इशारा किया और खुद चाय बनाने के लिए अन्दर वाले कमरे में चला गया। घर में किचेन तो था नहीं, तो उसने दूसरे कमरे में एक कोने में लकड़ी की मेज पर किचेन बना ली थी। विनय को किचेन में जाता देख बुलबुल बोला—'आज चाय पीने की इच्छा नहीं है।'

'अरे ऐसा क्या हो गया कि एक चाय तुम पर भारी पड़ने लगी।' —विनय ने भीतर वाले कमरे से ही बोला।

'बस यूँ ही आज मन नहीं है।' बुलबुल ने दबी जुबान से बोला।

विनय बिना चाय बनाये लौट आया और बुलबुल के सामने वाला कुर्सी पर बैठ गया। बुलबुल ने उल्फा से सम्बन्धित बहुत-सा लिटरेचर विनय को दिया था। दोनों चुपचाप बैठे थे। बुलबुल ने चुप्पी तोड़ते हुए कहा—'आपने कुछ पढ़ा। हमारी माँगें आपको जायज लगीं कि नहीं।'

'अभी तक तो बस पलटा ही है। ऑफिस में काम का दबाव काफी है। घर पर भी ऑफिस चलता है रात को। लेकिन जल्दी ही पढ़ना शुरू करूँगा।' —विनय के जवाब में शर्मिन्दगी का भाव था।

'कोई बात नहीं। जब टाइम मिले तब पढ़िएगा।' —बुलबुल ने यह कहते हुए इस बात को खत्म कर दिया।

फिर दोनों ने चुप्पी साध ली। शायद बात करने के लिए दोनों के पास आज कोई विषय नहीं था। पर, बात तो कुछ न कुछ करनी ही थी। इस बार विनय ने पहल की—'आज बुलबुल बहुत चुप-चुप क्यों हो। कोई खास बात है क्या?'

'खास ही बात है। मन बहुत उदास है। मेरे बचपन के दोस्त को सीआरपी के जवानों ने ऊपरी असम में लखीमपुर के जंगलों में मार गिराया है। वह उल्फा की बटालियन 28 का मेम्बर था। उसने असम को इंडिया के कब्जे से छुड़ाने के लिए बन्दूक उठा ली थी।

'ये तो बहुत बुरा हुआ।' —विनय ने बुलबुल के दुख में अपने को शामिल करते हुए सवाल किया—'दिल्ली के साथ बातचीत से समस्या नहीं सुलट सकती है क्या?'

'बातचीत?' —बुलबुल भड़कते हुए बोला—'यदि ऐसा होता तो कब का सब ठीक हो जाता। इंडिया के पास तो असम के लोगों के लिए सिर्फ गोली है। बातचीत कर के ही तो इंडिया ने असम के सारे संसाधनों को लूट लिया है। हमें न तो नौकरी मिलती है और न ही हमारी चीज का हमें वाजिब दाम ही मिलता है...'

विनय बीच में बुलबुल को टोक कर कुछ कहना चाहता था कि उसकी परवाह किए बिना वह बोलता रहा—'इंडिया से आने वाले खाली हाथ आते हैं और देखते-ही-देखते वो हमारी जमीन पर अपनी हवेलियाँ बना लेते हैं। यही नहीं यहाँ की लूट का माल अपने यहाँ हर साल भेज देते हैं। वे असम से बाहर अपनी जन्मभूमि को देश बोलते हैं। इस धरती को वह लूटने की जगह मानते हैं बस।'

विनय ने माहौल को गर्माते देख बात को बदलने की कोशिश की—'मुठभेड़ में मारे गये तुम्हारे दोस्त का क्या नाम था?'

'अजय चेतिया।' —बुलबुल ने उसका नाम बताने के साथ ही बताया—'वह बहुत होनहार था। पढ़ने में भी एक नम्बर का था। उसकी शादी होने वाली थी। अब उसकी प्रेमिका का क्या होगा? ऐसी ही तमाम लड़कियाँ हैं जो शादी के बिना विधवा हो गयी हैं असम में। उनके प्रेमी मुठभेड़ों में मार गिराए गये हैं। उनमें से बहुत सारी लड़कियों ने बन्दूक उठा ली है। ऐसी ही गति से मुठभेड़ों में असम के नौजवान मारे जाते रहे तो असम में युवाओं का अकाल पड़ जाएगा...'

विनय चुपचाप सुन रहा था। इस बीच कलाई पर बँधी घड़ी पर बुलबुल की नजर गयी। रात के नौ बजे थे। बुलबुल अन्दर से उद्वेलित था। उसका बस चलता तो एकके 47 लेकर सुरक्षा बलों के कैम्पों पर हमला बोल देता। उसे अजय चेतिया की मौत ने बहुत आहत किया था। थोड़ी देर के लिए फिर कमरे में सन्नाटा छा गया। विनय की तरफ से कोई विशेष सहानुभूति उसे मिलती नहीं दिख रही थी, जो उसके गर्म दिमाग को ठंडा कर सके। एक बार फिर विनय ने सन्नाटे को तोड़ते हुए पूछा—'सीआरपी अब अजय चेतिया की लाश का क्या करेगी?'

'क्या करेगी!' —तमतमाते हुए उसने सवाल पर सवाल करते हुए जवाब

दिया—'वैसे तो वह ऐसे लोगों की लाशों को दफन कर देती है। वह उल्फा की सूची में लापता हो जाता है। जिसमें उन्हें इनाम मिलने की सम्भावना होती है, तो वह मुठभेड़ को अखबारों में छपवाते हैं। मुठभेड़ का महिमामंडन करते हैं। 'दुर्दान्त उल्फा आतंकी मारा गया' ऐसी हेड लाइनों के साथ खबरें छपती हैं। वैसे अजय चेतिया का शव उसके घर कल गोलाघाट आ रहा है।'

'उसकी प्रेमिका पर क्या गुजर रही होगी?' —विनय ने सवाल किया।

'बन्दूक उठा लेगी या फिर सिर पटक-पटक कर मर जाएगी। वैसे कल अजय सेतिया का शहीद तर्पण कार्यक्रम मानव अधिकार संघर्ष समिति ने आयोजित किया है। मैं भी गोलाघाट जाऊँगा।'

'शहीद तर्पण कार्यक्रम क्या होता है?' —विनय ने अनभिज्ञता जताते हुए पूछा।

'तुम्हारे देश में जैसे मरने के बाद तेरहवीं होती है, वैसे ही असम के लिए मरने वालों को जनता शहीद का दर्जा दे कर उसका तर्पण करती है।'

विनय को शहीद तर्पण का अर्थ समझ आ गया था। उसका मन कार्यक्रम को देखने के लिए बेचैन हो उठा। वैसे भी कल रविवार था। अवकाश का दिन। सुबह गोलाघाट जा कर शाम तक लौटा जा सकता था। उसने बुलबुल से पूछा—'क्या मैं भी शहीद तर्पण समारोह में शामिल हो सकता हूँ?'

'क्यों नहीं?' —बुलबुल ने जवाब दिया—'मानव संग्राम समिति वाले टैक्सी से जाएँगे। तुम भी साथ हो लेना।'

इस बातचीत के बाद बुलबुल चला गया और विनय दलिया बनाने लगा। दलिया खा कर वह सोने चला गया और सुबह का वह इन्तजार करने लगा। वह रोमांचित था उस कार्यक्रम को देखने के लिए। अजय चेतिया की अविवाहित प्रेमिका को देखने को।

गोलाघाट। एक मैदान में बच्चे, औरतों, जवान और बूढ़ों का आना जारी था। बीच में एक मंच बना था। उसमें अजय चेतिया का शव रखा था। लोग आकर उस पर अपनी पुष्पांजली चढ़ा रहे थे। शव के पास उसकी प्रेमिका भी बैठी थी। वह बेसुध दिख रही थी। बीच-बीच में नारे गूँज उठते थे—'अजय चेतिया अमर रहे। आजाद असम ले कर रहेंगे। आदि आदि।'

बुलबुल ने विनय को बताया कि उल्फा का एरिया कमांडर भी इस कार्यक्रम में आया है। उसने उसे दूर से दिखाया। उसके आसपास पाँच-छह युवा तैनात थे। शायद वे उसके सुरक्षा गार्ड थे। असम की आजादी के लिए मरने वाले के कार्यक्रम

में इतनी भीड़ देख कर विनय हतप्रभ था। उसे पहली बार लगा था कि उल्फा के आन्दोलन को जनता का भारी समर्थन है।

नारेबाजी के बीच मानव संग्राम समिति के कार्यकर्ता अजय चेतिया की बहादुरी के गुणगान में भाषण कर रहे थे। मानव संग्राम समिति वैसे तो एक मानवाधिकार संगठन था। लेकिन उसके तार उल्फा से जुड़े हुए थे। समिति उल्फा का ओवरग्राउंड चेहरा था। दो-तीन घंटे की तकरीर के बाद कार्यक्रम खत्म हो गया और विनय बुलबुल के साथ गुवाहाटी के लिए वापस लौट गया।

सात

...राजधानी एक्सप्रेस छलाँग मार रही थी। विनय सोने की कोशिश में करवटें बदल रहा था। उसे नींद नहीं आ रही थी। वह नींद में था और नहीं भी था। अर्धचेतन अवस्था थी उसकी। अर्धचेतन अवस्था में ही वह एक बार फिर पुबसरणिया पहुँच गया। पुबसरणिया की वह रात उसके लिए एक काली रात थी। पूरे पुबसरणिया पहाड़ के रिहायशी इलाके को सुरक्षा बलों ने मध्यरात्रि को घेर लिया था। पंजाब कमांडो घर-घर की तलाशी ले रहे थे। उन्हें किसी उल्फा के बड़े नेता की तलाश थी। खबरी ने सूचना दी थी कि वह नेता पुबसरणिया इलाके में कहीं छिपा है। हर घर को तो पंजाब कमांडो खँगाल रहे ही थे, लेकिन रेलवे क्रॉसिंग के पास चालहिया बिल्डिंग पर उनकी खास नजर थी। उसकी घेराबन्दी कुछ ज्यादा ही थी। सुरक्षाबल उस बिल्डिंग में पूरी तैयारी से घुसना चाहते थे।

वैसे असमिया बहुल इलाकों में मध्यरात्रि के समय इस तरह की दबिश आम थी गुवाहाटी में।

पंजाब कमांडो का असम के उग्रवाद प्रभावित इलाकों में बड़ा नाम था। उनकी ख्याति यह थी कि जब वह प्रभावित इलाकों में जाते हैं तो गाँव के गाँव खाली हो जाते हैं। घरों में बूढ़ी औरतों के अलावा कोई नहीं बचता है। और ये बूढ़ी औरतों से भी बदसलूकी करने से बाज नहीं आते हैं। उनके खिलाफ पूरे असम में गुस्सा है, लेकिन वे अपना आचरण बदलने के लिए राजी नहीं हैं। उनकी शिकायत राष्ट्रीय मानव अधिकार आयोग से भी की जा चुकी है। पंजाब कमांडो तलाशी में जुटे थे। औरतों बुजुर्गों से वे बदतमीजी भी कर रहे थे। बीच-बीच में पंजाबी में गालियाँ भी बक रहे थे। तलाशी के दौरान विनय के घर की बारी आयी तो उसने कालबेल बजते ही फट से दरवाजा खोल दिया। उसके लिए इस तरह की घटना चौंकाने वाली थी।

ऐसी तलाशी तो उसने कभी भी नहीं देखी थी।

'और कौन है अन्दर?' –एक कमांडो ने बदतमीजी के साथ विनय से पूछा। और दूसरा कमांडो पोजिशन लेता हुआ घर के अन्दर घुस गया।

'कोई नहीं है। मैं अकेले रहता हूँ।' –विनय ने हिन्दी में जवाब दिया। हिन्दी सुनते ही कमांडो ढीले पड़ गये।

'कहाँ का रहने वाला है?' –कमांडो ने नरमी से पूछा।

'दिल्ली का। वैसे इलाहाबाद मेरा जन्मस्थान है।' –उससे कमांडो और सवाल करते कि उसने बता दिया–'गुवाहाटी में वह ट्रेनिंग करने आया है।'

'देश में और कोई जगह नहीं मिली जो यहाँ मरने आ गया।' –यह कहते हुए कमांडो वहाँ से आगे बढ़ गये।

तलाशी जारी थी। कमांडो ने लोगों को घर से बाहर खड़ा करा दिया था। अब बारी थी मिल्की के घर की तलाशी की। विनय मिल्की के घर की ओर अपनी खिड़की से एकटक देख रहा था। मिल्की के घर की कालबेल शायद खराब थी। इसलिए दबाने के बाद भी वह बजी नहीं। एक कमांडो ने उसके दरवाजे पर जोर से लात मारते हुए कहा–'बाहर निकल।'

मिल्की के बूढ़े पिता और चाचा दरवाजा खोल कर बाहर आ गये।

'और कौन है अन्दर?' –दरवाजे पर लात मारने वाले कमांडो ने पूछा।

'मेरी बेटी है अन्दर।' –मिल्की के पिता ने डरते हुए जवाब दिया।

'बाहर निकलने के लिए वह अन्दर सज-सँवर रही है क्या?' –यह कहते हुए एक कमांडो घर के अन्दर घुस गया। विनय ने यह दृश्य देखा तो वह घबरा गया। विनय को थोड़ी देर बाद वह कमांडो मिल्की को खींचता हुआ बाहर लाता दिखा। उसने घर के अन्दर मिल्की के स्तनों को दबाने की कोशिश भी की थी। विनय को मिल्की को इस तरह कमांडो का खींचना अच्छा नहीं लगा। उसे गुस्सा आ रहा था। उसकी मुट्ठियाँ भिंच गयी थीं। उसके अन्दर उठ रहे विद्रोह के पंख नहीं थे। वरना वह कमांडो पर टूट पड़ता।

चालहिया बिल्डिंग में घुसने की तैयारी पूरी हो चुकी थी। चार कमांडो के एक दस्ते ने बिल्डिंग के कम्पाउंड में प्रवेश किया। वह दस्ता दरवाजे तक पहुँचता कि उससे पहले ही बिल्डिंग के ऊपरी हिस्से से एके 47 से गोलियाँ बरसने लगीं। जवाब में दस्ते ने भी गोलियाँ चलाईं। नीचे होने के कारण गोलियाँ निशाने पर नहीं लगीं, जबकि बिल्डिंग से चली गोलियों ने दो कमांडो को घायल कर दिया।

कमांडो ने अब बिल्डिंग के पीछे से चढ़ने की कोशिश की। वह इसमें सफल

भी हो गये। उन्होंने ग्रेनेड से खिड़की को तोड़कर बड़ा प्रवेश-द्वार बना दिया। दो तरफ से हमले की योजना थी कमांडो की। कमांडो हमला होता उससे पहले ही अन्दर से गोलियों की आवाज आयी। थोड़ी देर के लिए कमांडो दीवारों से चिपक गये। इसके बाद कमांडो अन्दर घुसे। उन्होंने देखा कि एक कमरे में दो लोगों की लाश पड़ी है। पकड़े जाने और उसके बाद दी जाने वाली यातना के डर से दोनों ने एक-दूसरे को गोली मार ली थी। कमरे में दो एके 47 पड़ी हुई थीं। कमांडो घर की तलाशी ले रहे थे। नीचे वाले तल में उन्हें चालहिया परिवार एक कमरे में बन्द मिला। चालहिया परिवार में मियाँ-बीवी के अलावा दो छोटे बच्चे थे। बच्चे रुआँसे दिख रहे थे। कमांडो ने उन्हें पकड़ लिया और अपने साथ ले गये। इस पूरी कार्रवाई में सुबह के पाँच बज गये थे...

इस बीच अचानक राजधानी एक्सप्रेस में तेज ब्रेक लगा। आराम से सो रहे यात्रियों को जोर का झटका लगा। अधिकांश की नींद टूट गयी। डिब्बे में लाइटें जल उठीं। थोड़ी देर ट्रेन खड़ी रही। बाहर अँधेरा था तो यात्रियों को यह पता नहीं लगा कि ट्रेन कहाँ है। बाद में कोच अटेंडेंट ने बताया था कि ट्रेन की पटरी के बीच में एक हाथी था, जिसे बचाने के लिए ड्राइवर ने जोर का ब्रेक लगाया था। हाथी के ट्रेक से हटने के बाद ट्रेन फिर चल पड़ी थी। विनय तो वैसे भी गहरी नींद में नहीं था। इसलिए उसे नींद टूटने का ज्यादा मलाल नहीं हुआ। अलबत्ता सांगानेरिया परिवार ट्रेन के इस तरह रुकने और नींद के टूटने से खुश नहीं था।

एक बार फिर राजधानी एक्सप्रेस ने रफ्तार पकड़ ली थी। धीरे-धीरे यात्री फिर नींद की आगोश में जा रहे थे। विनय आँखें मूँद कर जाग रहा था। पंजाब कमांडो के मिल्की के साथ किये गये व्यवहार पर वह अन्दर से नाराजगी व्यक्त कर रहा था। उसका अभी भी वश चलता तो वह तोप लेकर पूरी पंजाब कमांडो की बटालियन उड़ा देता। उस रात के बाद जब वह आपस में मिले थे तो जो मिल्की ने उसे बताया था उससे तो वह बहुत दुखी हुआ था। मिल्की ने उसे बताया था कि घर से बाहर ले जाने वाले कमांडो ने उसके स्तनों को दबाया था। उसके होठ चूमने की कोशिश की थी। प्रतिकार करने पर वह उसे खींच कर बाहर लाया था। इसी के साथ मिल्की ने पूछा था– 'तुम्हारे देश में महिलाओं और लड़कियों के साथ इस तरह का व्यवहार किया जाता है?'

विनय के पास पंजाब कमांडो की दरिंदगी के सवाल का जवाब नहीं था। आज भी उसके पास जवाब नहीं था। यही सब सोचते हुए वह फिर अर्धचेतन अवस्था में पहुँच गया।

इस बार उसने देखा कि वह नगाँव के रास्ते अरुणाचल प्रदेश की सीमा के पास बसे सोनितपुर में कम्पनी के एक प्रोजेक्ट के लिए लैंड की फिजिकल वेरीफिकेशन रिपोर्ट बनाने के लिए जा रहा था। वापसी में सोनितपुर से पचास किलोमीटर की दूरी पर उसकी टैक्सी खराब हो गयी। शाम का वक्त हो चुका था। आसपास हरे-हरे धान के खेतों के अलावा कुछ नहीं दिख रहा था। थोड़ी दूर पर कुछ मकानों के झुरमुट जरूर दिख रहे थे। टैक्सी ड्राइवर की लाख कोशिशों के बावजूद गाड़ी ठीक नहीं हुई। गाड़ी ठीक करते हुए अब अँधेरा पसरने लगा था। विनय के लिए ये अजूबा अनुभव था। उसके पास खाने के लिए भी कुछ नहीं था। ड्राइवर ने जब ये कहा कि कल सुबह ही अब कुछ हो पाएगा और सोनितपुर से ही मैकेनिक को लाना पड़ेगा, तो विनय की घबराहट और बढ़ गयी थी। वह चुपचाप सड़क पर नजर गड़ाए खड़ा था कि कोई टैक्सी आ जाये तो उसे लेकर नगाँव तक पहुँच जाये। लेकिन काफी देर तक कोई टैक्सी या और कोई गाड़ी उसे आते-जाते नहीं दिखी। इधर ड्राइवर हार मान चुका था।

'साहब, आज रात सामने वाले गाँव में ठहर जाते हैं।' —ड्राइवर ने विनय से जब ये कहा था, तब जा कर विनय की एकाग्रता टूटी थी। उसने हाँ में सिर हिला दिया था। इसके बाद विनय ड्राइवर के पीछे हो लिया था। ड्राइवर एक मकान के पास जा कर खड़ा हो गया। मकान की छत बाँस से बनी हुई थी। घर के ठीक सामने एक पुखरी (छोटा तालाब) थी। उसमें कुछ मछलियाँ थीं। घर के पिछवाड़े एक किचेन गार्डेन जैसा कुछ था। उसमें सब्जियाँ लगी हुई थीं। चौबारे पर एक तरफ करीने से एक छोटा हथकरा लगा हुआ था। मकान के मालिक के खेत भी कुछ दूरी पर ही थे। पूरी तरह से आत्मनिर्भर था यह परिवार। दुनिया पर किसी भी तरह से अनाश्रित इस परिवार को नमक के अलावा किसी और चीज के लिए बाहर की दुनिया में झाँकने की जरूरत नहीं थी। आसपास के लगभग सभी मकान ऐसे ही थे। एक स्वतन्त्र इकाई की तरह।

ड्राइवर ने जब मकान के बाहर खड़े होकर असमिया में आवाज दी, तो एक अधेड़ व्यक्ति अन्दर से बाहर आया। ड्राइवर ने सारी राम कहानी उसे सुना दी। कहानी सुनने के बाद उसने विनय को देखा। उसने स्वीकारोक्ति की मुद्रा में खाने और विनय के ठहरने के लिए अपना सिर हिला दिया था।

थोड़ी देर में खाना विनय के सामने था। चावल के साथ दाल थी। बेहद पतली दाल। अजीब-सी। हल्दी वगैरह उसमें नहीं थी। हालाँकि बनी तो मछली भी थी। लेकिन विनय शाकाहारी था इसलिए उसने मछली नहीं ली। विनय को भूख लगी थी। वह खाने में जुट गया और जल्द ही खा कर हाथ धोने के बाद वह पुखरी के

पास खड़ा हो कर मछलियों को देखने लगा। घर के अन्य सदस्यों ने भी इस बीच खाना खा लिया। घर में विनय को ज्यादा लोग नहीं दिख रहे थे। अब तक उसे उस अधेड़ आदमी के अलावा एक औरत और दिखी थी। शायद वह उसकी पत्नी थी। खाना-पीना समाप्त करने के बाद उस अधेड़ व्यक्ति ने विनय से असमिया में कुछ कहा। उसे समझ नहीं आया। उसने ड्राइवर को इशारे से पास बुलाया और अधेड़ आदमी की बात का अनुवाद हिन्दी में करने के लिए कहा। विनय असमिया जरूर सीख रहा था, लेकिन अभी इतना वह पारंगत नहीं हुआ था कि वह गाँव की असमिया समझ सके। वह अभी रैपिड हिन्दी असमिया कोर्स के पहले अध्याय में ही फँसा हुआ था।

अधेड़ व्यक्ति ने ड्राइवर से कहा कि उसके पास सिर्फ दो ही खाट हैं। एक खाट में वो और उसकी पत्नी सोती है और एक में उसकी बेटी। साहब मेरी बेटी के साथ सो जाएँगे, तो काम बन जाएगा। ड्राइवर ने विनय को ये बातें बताईं। विनय को अजीब लगा कि वह उसकी बेटी के साथ कैसे सोएगा। फिर उसने सोचा कि छोटी बच्ची के साथ सोने में हर्ज क्या है। और फिर उसके पास इसके अलावा कोई विकल्प भी नहीं था। मजबूरी ऐसी थी कि रात ऐसे ही गुजारनी थी। विनय ने अपनी सहमति ड्राइवर को दे दी और ड्राइवर ने अधेड़ व्यक्ति को बता दिया। इस बातचीत के बाद ड्राइवर गाड़ी में सोने के लिए चला गया।

विनय थोड़ी देर तक पुखरी के पास ही खड़ा रहा। वह मछलियों को देख रहा था और सोच रहा था कि ये सोती कब हैं। दुनिया में हर इनसान और जानवर सोते हैं पर ये कब सोती हैं। वह इस पहेली में उलझा था कि अन्दर से अधेड़ व्यक्ति ने विनय को अन्दर आ कर सोने के लिए आवाज दी। विनय कमरे के अन्दर गया तो उसने देखा कि एक खाट में अधेड़ व्यक्ति की पत्नी लेटी है और उसके बगल में बूढ़ा भी लेट चुका है। दूसरी खाट में एक जवान लड़की बैठी है। देसी सौन्दर्य से लैस। बूढ़े ने उसे दूसरी खाट की ओर इशारा करते हुए सोने का निमन्त्रण दिया। विनय लड़की को देख कर कुछ समझ नहीं पा रहा था। वह सोच रहा था कि उसे इस जवान लड़की के साथ सोना पड़ेगा। ये तो बच्ची नहीं है। वह इसके साथ कैसे सो सकता है। हमारे यहाँ किसी अजनबी को कोई इस तरह अपनी जवान लड़की के साथ सोने की बात कहने की सोच भी नहीं सकता। विनय को काटो तो खून नहीं। पहले तो उसके दिमाग में अधेड़ व्यक्ति को लेकर बुरे विचार आये। उसने सोचा कि अधेड़ व्यक्ति उसे अपनी बेटी के साथ सुलाकर उससे कुछ पैसे ऐंठना चाहता होगा। लेकिन अधेड़ व्यक्ति का आचरण ऐसा था कि उसे अपनी ऐसी गन्दी सोच पर शर्म आयी। वह एक निश्छल व्यक्ति था। उसके मन में कोई खोट नहीं

थी। असम के ग्रामीण इलाकों में अभी चालाकी और धूर्तता के लिए जगह नहीं बनी थी। तमाम आशंकाओं के बीच उसने फैसला किया कि वह लड़की के साथ नहीं सोएगा। उसने खाट पर रखी चादर और एक तकिया ली और वहीं कमरे के एक किनारे बिछा कर सोने लगा। इस पर बूढ़ा अपनी खाट से उठ गया। उसने इशारों में उससे बार-बार लड़की के साथ ही सोने का आग्रह किया। उसने अपनी बेटी को जमीन पर सुलाने का भी प्रस्ताव रखा, जिसे विनय नहीं समझ पाया। विनय ने उससे टूटी-फूटी असमिया में कहा कि वह जमीन पर ही ठीक है। इसके बाद विनय जमीन पर ही लेट गया और सुबह की प्रतीक्षा करने लगा।

रात को वह पुबसरणिया में पंजाब कमांडो द्वारा मिल्की के साथ किये दुर्व्यवहार को याद करने लगा। वह सोच रहा था कि एक वह कमांडो था जिसने मिल्की के साथ जानवर से बदतर व्यवहार किया और एक यह परिवार है जिसने मुसीबत के वक्त एक अजनबी के साथ ऐसा आचरण किया। इस बात की परवाह किये बिना कि जवान बेटी के साथ सोने वाला व्यक्ति बेटी के साथ कुछ भी ऊँच-नीच कर सकता है।

सुबह हो चुकी थी। ड्राइवर सोनितपुर से मैकेनिक ले आया था। ड्राइवर ने विनय को बताया की गाड़ी की फैन बेल्ट उतर गयी थी। अब वह ठीक से काम कर रही है। नगाँव तक गाड़ी चली जाएगी। एक बार वहाँ किसी बड़े वर्कशाप में गाड़ी दिखाकर गुवाहाटी चल पड़ेंगे। विनय को सुबह चावल का बना कुछ अजीब-सा नाश्ते में अधेड़ व्यक्ति की पत्नी ने दिया था। चाय वे पीते नहीं थे तो उसे सुबह की चाय नहीं मिली थी। वह जब चलने लगा तो उसने अधेड़ व्यक्ति को सौ-सौ के दो नोट निकाल कर देने की कोशिश की। लेकिन पूरी विनम्रता के साथ उसने हाथ जोड़ कर उन्हें लेने से मना कर दिया। उल्टे उसे अपने हथकरों से बना एक असमिया गमछा, जिसमें लाल रंग की दोनों तरफ कढ़ाई होती है, उसे सम्मान स्वरूप भेंट किया। असमिया लोगों को किसी का सम्मान करना होता है तो वह झापी (बाँस की टोपी, जिसे चाय बागान में धूप से बचने के लिए मजदूर लगाते हैं) और गमछा भेंट में देते हैं। यह उनके तरफ से दिया जाने वाला सर्वोच्च सम्मान जैसा होता है।

राजधानी एक्सप्रेस में यात्री उठने लगे थे। टायलेट के बाहर लाइन लग गयी थी। एक आध यात्री वाशबेसिन के पास खड़े हो कर ब्रश कर रहे थे। पेंट्री कर्मचारी बेड टी के थर्मस बर्थ के बीच बनी छोटी-सी टेबिल में रख चुके थे। पटना आने वाला था। विनय भी उठ चुका था। हालाँकि वह सोया नहीं था। रातभर वह अपने अतीत में ही भटक रहा था...

आठ

पूर्वोत्तर की खबरों पर इन दिनों विनय की खास नजर रहती थी। वैसे बाजार की ताल पर ता-ता थइया कर रहे अखबारों में गाहे-बगाहे ही पूर्वोत्तर से जुड़ी खबरें छपती थीं। नगालैंड के प्रतिबंधित उग्रवादी संगठन एनएससीएन के चीफ इशाक मुइवा से शान्ति वार्ता आज। असम के प्रतिबंधित उग्रवादी संगठन उल्फा को वार्ता की टेबिल पर लाने के प्रयास तेज। कोकराझार में एनडीएफबी के उग्रवादियों ने दस हिन्दी भाषियों को बस से उतार कर मार गिराया आदि-आदि। ऐसे शीर्षक वाली खबरों में विनय की रुचि नहीं थी। वह अखबारों में कुछ और तलाश करता था। वह वहाँ की आबोहवा, अर्धसैनिक बलों के व्यवहार में बदलाव आया कि नहीं, कामाख्या मन्दिर का जीर्णोद्धार हुआ कि नहीं, काजीरंगा के जंगल में एक सींग के गैंडों को मारने वाले शिकारियों पर लगाम कसी गयी कि नहीं, इस बार ब्रह्मपुत्र की बाढ़ ने कितनों की जान फिर ली, मलेरिया से कितने मारे गये, गुवाहाटी से धुबडी फेरी सर्विस शुरू हुई कि नहीं और मिल्की डेका का क्या हुआ आदि-आदि के बारे में जानना चाहता था। इस तलाश में वह इंटरनेट पर घंटों बैठता था। अपने फेसबुकिया दोस्तों से पूछता था। इस पूछताछ में उसका देश भीतर देश वाला सवाल भी शाश्वत रूप से मौजूद रहता था।

ऑफिस से लौटकर थोड़ा आराम करने के बाद विनय ने अनमनेपन के साथ लैपटाप खोला। गुडगाँव और वसन्त कुंज के बीच जबसे टोल ब्रिज बना है तब से जाम रोज की कहानी हो गयी है। कई-कई घंटे के जाम में फँसने के बाद आदमी बेहाल हो जाता है। इसीलिए विनय की दिनचर्या में घर आकर आराम करना शामिल हो गया है।

गूगल क्रोम खुलते ही उसने सबसे पहले गूगल सर्च का पेज खोला। न्यूज के नेवीगेटर में जा कर उसने असम से सम्बन्धित खबरें खोजीं। उसे जब वहाँ कुछ नहीं मिला तो फेसबुक पर वह अपनी सहेलियों की तलाश में जुट गया। चैटलिस्ट में उसे पटना की रहने वाली मिली गुप्ता दिखी। उसने मिली की फोटो पर क्रशर रख कर दो बार क्लिक कर दिया। मिली का चैट बाक्स विनय की स्क्रीन पर खुल गया। उसने चैट बाक्स में टाइप किया–'हैलो।'

'कैसे हैं?' –उधर से जवाब लिख कर आया।

'मैं ठीक रहने की कोशिश कर रहा हूँ।' –इधर से विनय ने लिखा। और इसके बाद बातचीत का सिलसिला शुरू हो गया दोनों के बीच में।

मिली गुप्ता पटना में रहती थी। पढ़ी-लिखी औरत थी। राजनीति में जाने की उसकी इच्छा थी। देखने में लम्बी तड़ंगी और सुन्दर थी। सज-सँवर कर जब निकलती थी तो इस उम्र में भी लड़कों में उसे देख कर सीटी बजाने की इच्छा जाग सकती थी। उसकी अपने पति से नहीं पटती थी। उसकी सामाजिक गतिविधियों को लेकर घर में हमेशा घमासान मचा रहता था। उसके एक बेटी भी थी, जो भोपाल के किसी कालसेंटर में नौकरी करती थी। उसकी बेटी अपनी उम्र से काफी कम उम्र के लड़के से प्यार करती थी। दोनों के बीच शारीरिक रिश्ते भी लम्बे समय से बने हुए थे। पहले तो वे अलग रहते थे लेकिन कुछ समय से दोनों एक साथ फ्लैट ले कर रह रहे थे। बावजूद इसके लड़का उसकी बेटी से शादी के लिए तैयार नहीं था। मिली इस बात से बहुत परेशान थी। इन दिनों विनय के साथ उसकी बातचीत का प्रमुख विषय उसकी बेटी ही होती थी। आज भी उसने नमस्ते-बंदगी के बाद अपनी बेटी के प्रेमी से ही बातचीत का आगाज किया था।

'विनय बेटी का प्रेमी शादी के लिए राजी नहीं हो रहा है। उसका ब्राह्मणत्व उसके आड़े आ गया है। कहता है कि माता-पिता इस शादी को नहीं मानेंगे।' –मिली ने दुखी भाव से चैट बाक्स में लिखा।

'कुछ भी करने से पहले तुम्हारी बेटी को सोचना चाहिए था। आजकल तो साथ रहना और फिर शादी न करना इस नये जमाने के चलन में आ गया है।' –विनय ने बात में रुचि न लेते हुए चलताऊ ढंग से बात टालते हुए यह लिख दिया। उधर से मिली कुछ चैट बाक्स में लिखती कि उससे पहले ही उसने लिखा–'तुम्हारे बिहार में तो लोग जेल में भी सुरक्षित नहीं हैं।'

राजनीति मिली का प्रिय विषय था। वह एमपी बनना चाहती थी। उसने कई पार्टियों के दरवाजे खटखटाये। जहाँ गयी वहाँ उससे पहले बिस्तर गर्म करने के लिए

कहा गया। हर छोटे-बड़े नेता ने उसे बुरी नजरों से ही देखा। उसके अन्दर छिपी प्रतिभा की किसी ने इज्जत नहीं की।

'आप सही कह रहे हैं। आप कल वाली घटना की बात कर रहे हैं न जिसमें एक डाक्टर को गोपालगंज की जेल में खूँखार कैदियों ने दौड़ा-दौड़ा कर मार दिया।' —मिली ने घटना को विस्तार देते हुए लिखा।

'जी, आप सही समझ रही हैं।' —विनय ने उधर से लिखा। अब मिली के चालू होने की बारी थी। वह जुट गयी बिहार की सरकार की लानत-मलानत करने में—'नीतीश सरकार का विकास-फिकास सब दिखावा है। राजधानी पटना में घंटों बिजली नहीं आती है। सड़कों के नाम पर गड्ढे हैं। किसानों को खेती के लिए पानी नहीं मिल रहा है। हजारों लोग हर साल रोजी-रोटी की तलाश में बिहार से पलायन करते हैं। दिल्ली-मुम्बई में वे नारकीय जिन्दगी बिता रहे हैं। मैं सही कर रही हूँ कि नहीं?' —इसके साथ मिली ने विनय से सवाल किया।

'जी, आप सही फरमा रही हैं।' —विनय ने मिली के सवाल के जवाब में लिखा। उधर दूसरी तरफ मिली की उँगलियाँ फिर कीबोर्ड पर सक्रिय हो गयीं—'बिहार में इतना सब बुरा हो रहा है पर मीडिया नीतीश कुमार की राग में गा रहा है। आपको पता है कि नीतीश कुमार ने अखबार वालों को विज्ञापन दे कर खरीद लिया है। मेरे हिन्दुस्तान अखबार में दिल्ली में काम करने वाले एक पत्रकार मित्र आये थे विधानसभा चुनाव की कवरेज में। उनके स्थानीय सम्पादक ने उनकी एक भी रिपोर्ट बिहार के किसी संस्करण में नहीं छापी। मेरे मित्र ने बताया था कि उसके स्थानीय सम्पादक ने उसे बताया था कि वो जो चाहे दिल्ली संस्करण के लिए लिखे। लेकिन उसकी वह एक भी विरोधी खबर बिहार में नहीं छापेंगे। खबर न छापने का कारण बताते हुए उसने विनम्रता से उससे कहा था कि यार विज्ञापन और अपुन की नौकरी का सवाल है।'

'मीडिया तो पूरी तरह से इस देश में बिक चुका है। पूर्वोत्तर के राज्यों में इतनी गरीबी-बेरोजगारी है, लेकिन उसके लिए उसके पास स्पेस नहीं है। नंगी फोटो और पेज थ्री पार्टियों की तस्वीरें छापने के लिए उसके पास न जाने कहाँ से स्पेस आ जाता है।' —विनय ने मीडिया पर अपना गुस्सा उतारते हुए लिखा।

'बिहार को पहले लालू, राबड़ी और पासवान ने लूटा अब नीतीश थोड़ा तमीज के साथ लूट रहे हैं। यहाँ कुछ भी नहीं बदला है। पहले लालू, पासवान के महाबली गुंडागर्दी करते थे अब नीतीश के महाबली वही कर रहे हैं। तिस पर नीतीश का नाटक ऐसा कि मैंने सारे गुंडे जेल भेज दिये हैं। जहाँ जो,र जुल्म हो रहा है, वहाँ

नक्सली राज सत्ता को चुनौती देते खड़े हो गये हैं। लगता है कि बिहार की किस्मत कभी नहीं बदलेगी। यदि कोई उसकी तस्वीर बदल सकता है तो वह भगवान ही है। भगवान को एक बार बिहार में अवतार लेना ही पड़ेगा वरना सारा बंटाधार हो जाएगा।' —मिल्की ने बिहार सरकार के कामकाज पर निराशा जताते हुए लिखा।

'बिहार में नक्सली बन्दूकों से न्याय कर रहे हैं। पूर्वोत्तर में उल्फा, एनएससीएन, बोडो आर्मी जैसे हथियारबन्द संगठन सरकार के समानान्तर सरकार चला रहे हैं। बाकायदा वे लोगों से अपनी सरकार के लिए टैक्स वसूल रहे हैं। डर के मारे लोग दोहरा टैक्स दे रहे हैं। एक अंडरग्राउंड सरकार को और दूसरा ओवर ग्राउंड सरकार को।' —विनय ने मिल्की की बात को आगे बढ़ाते हुए लिखा।

'राजनीति की सड़ांध देख कर जब मैं सोशल वर्क में जुटी तो भी अच्छा अनुभव नहीं हो रहा है। कैसा समय आ गया है कि लोग ब्लाइंड बच्चों की मदद के लिए भी आगे नहीं आते हैं! मैं बिहार के ब्लाइंड बच्चों के बीच आजकल काम कर रही हूँ। उनकी मदद के लिए मैं जहाँ भी गयी, सब जगह लोगों की जीभ मेरे शरीर को चाटने के लिए लपलपाती दिखी।'

'तुम ब्लाइंड बच्चों की बात कर रही हो यहाँ तो हर आदमी अजनबी है। कोई किसी को पहचानता तक नहीं है। महानगर में तो सब बेगाने की तरह व्यवहार करते हैं।'

दोनों के बीच विचारोत्तेजक बहस हो रही थी कि इस बीच विनय की मेड ने घंटी बजा दी। दरवाजा अटका हुआ था तो वह उसे धकेलते हुए अन्दर आ गयी। कई दिनों से मेड बीमारी के कारण नहीं आयी थी। पूरा घर अस्त-व्यस्त पड़ा था। कूड़ेदान में कूड़ा ऊपर तक भर गया था। पुराने कपड़े कुर्सी और बेड पर पड़े थे। चारों तरफ धूल और कागज के गोले पड़े थे। विनय मेड को देखकर खुश हुआ और तुरन्त उसने मिली गुप्ता के चैट बाक्स में लिखा—'फिर बात करते हैं अभी कोई आ गया है।'

इसके बाद विनय मेड के साथ घर को व्यवस्थित कराने में जुट गया। वैसे तो कई दिनों से न आने पर विनय मेड से बहुत नाराज था। उसने सोचा था कि अब वह उससे काम नहीं कराएगा। लेकिन वसन्त कुंज में मेड मिलना कोई आसान काम नहीं था। वह भी छड़े आदमी के लिए। इससे पहले वाली मेड को चोरी के कारण हटाने के बाद विनय को पूरे दो माह लग गये थे नयी मेड को खोजने में। उस दौरान उसका घर अजायबघर से कम नहीं लगता था। विनय की ये मेड उत्तर प्रदेश के बुन्देलखंड इलाके की रहने वाली थी। कई सालों से वहाँ सूखा पड़ने के कारण मेड

के परिवार को कहीं कोई मजदूरी नहीं मिलती थी। ऐसे में वह अपने पति और बच्चों के साथ दिल्ली के वसन्त कुंज की झुग्गी-झोंपड़ियों में रहने आ गयी थी। मेड के पति का दूर का एक रिश्तेदार वसन्त कुंज के पास बनी एक झुग्गी में रहता था। वह एक कम्पनी में सिक्योरिटी गार्ड था। उसी ने मेड के पति को सिक्योरिटी गार्ड की दो हजार रुपये की नौकरी दिला दी थी। मेड घर-घर बर्तन-पोछा का काम करने लगी थी। इस तरह उसके परिवार का काम चल जाता था। मेड अपने बच्चों को स्कूल भेजना चाहती थी। लेकिन इतना जुगाड़ नहीं था कि वह स्कूल की फीस का प्रबन्ध कर सके। जब यह बात विनय को मेड ने बताई थी तो उसने फीस देने का वायदा कर दिया था। उसी के बाद से उसके बच्चे भी सरकारी स्कूल में जाने लगे थे। इसी वजह से मेड विनय का खास खयाल रखती थी। बावजूद इसके छुट्टियाँ लेने में कोई गुरेज नहीं करती थी। इस बात को लेकर कई बार दोनों में तू-तू मैं-मैं हो जाती थी। किन्तु वह नयी मेड न मिलने के डर से हर बार चुप हो जाता था। इसी बात को ध्यान में रखते हुए वह आज भी चुप्पी साध गया था। उसने बस इतना ही कहा था—'ऐसे काम करना हो तो काम छोड़ दो तुम।'

'साहब, जानबूझ कर तो छुट्टी नहीं करती हूँ। बहुत बुखार था इसीलिए नहीं आ पायी। बच्चों का घर है आरामी-बीमारी चलती रहती है। आपकी तरह हम अकेले तो रहते नहीं हैं।' —मेड ने सफाई देते हुए कहा था।

घर व्यवस्थित होने के बाद विनय खाने के बारे में सोचने लगा। कई दिनों से खिचड़ी और दलिया खाते-खाते ऊब गया था, तो उसने सोचा कि आज वह ट्रीट रेस्तराँ से खाना मँगा लेता है। उसने मोबाइल से ट्रीट रेस्तराँ में फोन कर शाही पनीर और एक बटर नान का आर्डर दे दिया। रेस्तराँ पास था तो खाना आने में देर नहीं लगी। ट्रीट का शाही पनीर लाजवाब होता है। उसने चटखारे मार कर नान और शाही पनीर खाई। बाद में फ्रिज से निकाल कर मदर डेयरी की एक गिलास छाछ पी। इसके बाद उसने बहुत दिनों बाद भूपेन हजारिका की सीडी लगा दी। वही गाना—'दिल दिल हुम हुम करे...'

चेयर पर बैठ कर गीत सुनते-सुनते विनय असम की वादियों में पहुँच गया। वह हाफलांग में था। असम का एक मात्र पर्वतीय स्थल। समुद्र से 680 मीटर की ऊँचाई पर स्थित है हाफलांग। गुवाहाटी से करीब चार सौ किलोमीटर दूर। हाफलांग का असमिया में मायने होता है सफेद चोटियों का पहाड़। यह उत्तरी कछार जिले का मुख्यालय भी है। प्रकृति की खूबसूरती यहाँ चप्पे-चप्पे पर है। आसमान से बादल कब जमीन पर आ जाते हैं पता भी नहीं लगता है। बादलों से फुटबाल खेल सकते

हैं यहाँ। हजारों किस्म के फूल यहाँ हैं। फूलों की यहाँ दो लाख से भी ज्यादा प्रजातियाँ हैं। तरह-तरह के दुर्लभ आर्किड। पाइन, एपन, पेरा, नाशपाती और सन्तरों के पेड़। नदियाँ और झरने हाफलांग की नीली पहाड़ियों के सौन्दर्य में चार चाँद लगा देते हैं। यहाँ आने वाले प्रवासी पक्षी एक बार आने के बाद जाते नहीं हैं। एक पंक्ति में धरती का स्वर्ग है हाफलांग।

विनय के लिए हाफलांग का महत्त्व इन चीजों के अलावा इसलिए भी था कि यहीं उसने पहली बार मिल्की डेका को स्पर्श किया था। वह स्पर्श उसे नैसर्गिक लगा था। वैसे वे कामाख्या मन्दिर वाले नीलांचल पर्वत के जंगलों में अक्सर आसपास बैठते थे, लेकिन कभी किसी ने एक-दूसरे को छुआ नहीं था। बस एक-दूसरे को देखते थे। और हमेशा शर्म के मारे मिल्की अपनी नजरें झुका लेती थी। लेकिन हाफलांग में आर्केड गार्डेन के कैफेटेरिया के बाहर जब मिल्की ने विनय को चाय का गिलास दिया था, तो गिलास पकड़ते हुए उसने मिल्की के हाथों को अपने हाथों से पकड़ लिया था। इसके साथ ही मिल्की की साँसें तेज हो गयी थीं। पर उसने विनय का हाथ यों ही रहने दिया था। कुछ पल दोनों एक-दूसरे को देखते रह गये थे। मर्द होते हुए भी विनय का पूरा शरीर काँप उठा। शायद ऐसा ही अहसास मिल्की को भी हुआ था। उसके गालों की लाल सुर्खी और बढ़ गयी थी। मिल्की इस स्पर्श के बाद अन्दर से भर उठी थी। उसके अन्दर संगीत बज उठा था। उसे हवा में उड़ने का मन हो रहा था। वह बादलों को छू लेना चाहती थी। गुनगुनाना चाहती थी। पक्षियों की तरह चहकना चाहती थी। और भी न जाने क्या-क्या उसके अन्दर हो रहा था।

विनय हाफलांग की सैर करते-करते चेयर पर ही सो गया, उसकी नींद तब टूटी थी जब खिड़की पर रोशनी ने दस्तक दे दी थी। उसकी आँख में जब सूरज की तेज रोशनी पड़ी तो वह हड़बड़ा कर उठ बैठा...

नौ

...विनय जिन दिनों गुवाहाटी में ट्रेनिंग कर रहा था, उल्फा की गतिविधियाँ अपने चरम पर थीं। केन्द्र सरकार ने उल्फा पर एक आतंकवादी संगठन के तौर पर प्रतिबन्ध लगा दिया था। पूर्वोत्तर में सक्रिय आतंकी संगठनों की सूची में एक नाम और बढ़ गया था उल्फा का। उल्फा में शामिल होने के लिए युवा बेचैन हो रहे थे। तमाम अन्य बातों के अलावा उनमें ये बात भी घर कर गयी थी कि बेरोजगार घूमने से अच्छा है कि उल्फा में शामिल हो कर असम की आजादी के साथ मासिक वेतन भी हासिल हो जाएगा। उल्फा अपने कैडरों को परिवार पालने के लिए मासिक वेतन जैसा ही कुछ देता है। युवाओं में उल्फा के प्रति क्रेज की वजह यह भी थी कि लड़कियाँ अंडरग्राउंड उल्फाइयों पर मरती थीं। अंडरग्राउंड कोई युवा जब अपने गाँव में चोरी छिपे अपने परिवार से मिलने आता था, तो चमचमाती हुई मोटरसाइकिल उसके पास होती थी। उन दिनों असम में मोटरसाइकिल का युवाओं में क्रेज नया-नया पैदा हुआ था। फौजी जंगल सूट और कन्धे में लटकी एके 47। सब कुछ अलग और नया। वापसी में गाँव की युवा और सुन्दर लड़कियाँ तिलक और माला पहना कर अंडरग्राउंड कैडर को विदा करती थीं। उन्हीं में से कोई सुन्दर लड़की उसके साथ शादी का प्रस्ताव कर देती थी। उसके बाद उसकी डेटिंग शुरू हो जाती थी उसके साथ। फिर शादी। शादी के बाद लड़की गाँव में ही रहती या फिर उल्फा की महिला बटालियन का हिस्सा बन जाती। यह सब देख कर गाँव के युवाओं में अलग प्रतिक्रिया होती। वे सोचते कि उल्फा में शामिल लोगों पर ये लड़कियाँ कैसे मर मिटती हैं। हमारी तरफ तो ये नजरें तक उठा कर नहीं देखती हैं। लड़कियों से दोस्ती और प्यार पाने के लिए तमाम ऐसे युवा भी उल्फा में शामिल हो गये, जिन्हें यह

तक पता नहीं था कि वे किस अन्धी गली में जाने की तैयारी कर रहे हैं। लेकिन उल्फा को ज्यादा-से-ज्यादा युवा कैडर चाहिए थे, तो उसके कमांडर भी ये सोचे बिना कि लड़कियों से दोस्ती के चक्कर में आने वाले युवा, संगठन और आजाद असम के लिए कुछ कर पाएँगे कि नहीं, उन्हें शामिल कर लेते थे। कठिन ट्रेनिंग और भूमिगत जीवन से कई युवा डर कर वापस गाँव में भी भाग आते थे। और कितने न चाहते हुए भी वापस नहीं हो पाते थे।

उल्फा प्रतिबन्ध से पहले तक ओवरग्राउंड गतिविधियों में भी शामिल था।

असम में जब बांग्लादेशियों को हटाने के लिए आल असम स्टूडेंट यूनियन और आल असम गण संग्राम परिषद ने मिल कर जन आन्दोलन छेड़ा था, तभी राज्य के कुछ बुद्धिजीवियों और युवाओं ने सैन्य संघर्ष के जरिए सम्प्रभु समाजवादी असम को स्थापित करने के मकसद से 7 अप्रैल 1979 में ऊपरी असम के सिबसागर के रंग घर में उल्फा की स्थापना की। इनमें से भीमकान्त बुरागोहेन, अरविन्द राजखोवा, अनूप चेतिया, प्रदीप गोगोई, परेश बरुआ प्रमुख रूप से शामिल थे। बाद में परेश बरुआ सैन्य प्रमुख बने और अरविन्द राजखोवा चेयरमैन। उल्फा ने अपने घोषणा पत्र में कहा कि असम कभी भी भारत का हिस्सा नहीं था। उसने दावा किया कि असम जिन ढेर सारी मुश्किलों का सामना कर रहा है उनमें राष्ट्रीय पहचान सबसे प्रमुख समस्या है। इसलिए उल्फा स्वतन्त्र दिमाग से संघर्षरत लोगों का प्रतिनिधित्व कर रहा है। ऐस लोग जो नस्ल, जनजाति, जाति, धर्म और राष्ट्रीयता से प्रभावित नहीं हैं। स्वतन्त्र असम हमारा प्रमुख संकल्प है। उल्फा का तर्क था कि असम ब्रिटिश साम्राज्यवाद के बाद भारत के अधीन हुआ। उसके अनुसार असम में अनेक राजा ऐसे हो चुके हैं जो अपने को भीम, पाँच पाण्डवों में से द्वितीय के वंशज होने का दावा करते थे। ऐतिहासिक काल में यह अधिकतर अहोम राजाओं के अधीनस्थ रहा। तत्कालीन शासक राजा गोविन्द चन्द्र की साँठगाँठ से 1819 ई. में बर्मियों ने असम को रौंद डाला था। लेकिन शीघ्र ही अंग्रेजों ने बर्मियों को असम से बाहर निकाल दिया और उन्होंने बदरपुर (मार्च 1824 ई.) की सन्धि द्वारा गोविन्द चन्द्र को असम के राजा के रूप में पुनः शासनारूढ़ कर दिया। इसके बदले में गोविन्द चन्द्र ने ईस्ट इंडिया कम्पनी की सत्ता को स्वीकार कर लिया और दस हजार रुपये वार्षिक देने को राजी हो गया। किन्तु गोविन्द चन्द्र प्रशासन की दुर्व्यवस्था के कारण स्थानीय विद्रोहियों को दबा सकने में विफल रहा और प्रजा को भारी कर भार से पीड़ित करने लगा। नतीजतन 1830 ई. में उसकी हत्या कर दी गयी। गोविन्द चन्द्र का कोई उत्तराधिकारी नहीं था इसलिए अगस्त 1832 ई. में एक घोषणा के द्वारा असम को

ब्रिटिश साम्राज्य में मिला लिया गया। तब से असम निरन्तर भारत का एक भाग है।

शुरुआत में तो जनआन्दोलन में भी उल्फा भागीदारी कर रहा था। इस आन्दोलन ने दिल्ली को हिला कर रख दिया था। पन्द्रह-पन्द्रह और बीस-बीस दिन के असम बन्द से राज्य का जनजीवन बाधित हो रहा था। गुवाहाटी अन्य पूर्वोत्तर के राज्यों में जाने का प्रवेश-द्वार है। मणिपुर, मिजोरम, मेघालय और नगालैंड जाने वाले लोग यात्री इन बन्दों के दौरान बिलबिला उठते थे। पूरा असम अशान्त था। आन्दोलन पूरी तरह शान्तिपूर्ण था। इसलिए कोई बर्बर कार्रवाई सरकार कर नहीं पा रही थी। अन्त में केन्द्र के साथ आन्दोलनकारियों का समझौता हुआ। इस समझौते को 'असम समझौते' के नाम से बाद में जाना गया। इसी आन्दोलन से असम में एक नये राजनीतिक दल ने जन्म लिया—असम गण परिषद। 1985 में असम समझौते के बाद असम में असम गण परिषद की सरकार बनी। वह सरकार देश की सबसे युवा सरकार थी। मुख्यमंत्री से लेकर सरकार में शामिल हर मंत्री तीस साल की उम्र से कम के थे। उधर उल्फा ने इस समझौते को लगभग मानने से इनकार कर दिया था। वह 'सादिन असम' से कम पर राजी नहीं था। नयी सरकार और उल्फा के बीच इसके बाद रिश्ते अच्छे बने रहे। उल्फा धीरे-धीरे अपनी सैन्य ताकत बढ़ाने में जुट गया। महन्त सरकार उसकी गतिविधियों से लगभग आँख मूँदे हुए थी या यूँ कहें कि वह उल्फा को अन्दर से मदद कर रही थी तो कहना गलत नहीं होगा।

उल्फा का 1986 में नगालैंड के सबसे खतरनाक उग्रवादी संगठन एनएससीएन और म्यांमार में सक्रिय संगठन कछिन रिबेल्स के साथ सम्पर्क हुआ। इन्हीं रिश्तों के चलते बाद में 1989 में उल्फा को बांग्लादेश की खुफिया एजेन्सी डीजीएफआई की मदद से वहाँ कैम्प लगाने की छूट मिल गयी। उल्फा इस दौरान तिनसुखिया और डिब्रूगढ़ में अपने सैन्य कैम्प स्थापित कर चुका था। इसके बाद उल्फा की सैन्य ताकत बढ़ने लगी। उसके कैडर म्यांमार और नगालैंड में प्रशिक्षण लेने लगे। पाकिस्तान की खुफिया एजेन्सी आईएसआई उल्फा को मदद करने लगी। पाकिस्तान में भी कई उल्फाइयों ने प्रशिक्षण लिया। इसके बाद उल्फा असम में एक के बाद एक धमाके कर केन्द्र सरकार को चुनौती देने लगा। उल्फा की गतिविधियों से महन्त सरकार भी संकट में आती जा रही थी। प्रशिक्षण और हथियारों की खरीद के लिए उल्फा को धन की काफी जरूरत थी। उसने बैंक डकैती और व्यापारियों का अपहरण शुरू कर फिरौती लेना शुरू कर दिया। हद तो तब हुई जब उसने भारतीय मूल के ब्रिटिश बिजनेस मैन स्वराज पाल के भाई सुरेन्द्र पाल को अपहृत कर लिया। फिरौती

न मिलने पर उसकी हत्या कर दी। इसके बाद तो मामला काफी बिगड़ गया। केन्द्र सरकार ने महन्त सरकार को बर्खास्त कर वहाँ राष्ट्रपति शासन की सिफारिश कर दी। इसके बाद हुए चुनाव में असम गण परिषद को हार का सामना करना पड़ा। राज्य में हितेश्वर सैकिया की कांग्रेसी सरकार बनी। उल्फा पर सुरक्षा बलों ने कार्रवाई तेज कर दी थी। हताशा में उल्फा ने ओएनजीसी के चौदह इंजीनियरों को अपहृत कर लिया। इनमें से एक रूसी इंजीनियर भी था। यह कार्रवाई उल्फा ने उस दिन की जिस दिन राज्य के नये मुख्यमंत्री के तौर पर हितेश्वर सैकिया शपथ ले रहे थे। बाद में उल्फा ने सभी चौदह इंजीनियरों को मार दिया। उल्फा और सरकार के बीच अघोषित युद्ध छिड़ गया था। इसके बाद उल्फा की तरफ से एक के बाद एक बड़ी कार्रवाई होने लगी। ट्रेनों में धमाके, क्रूड आयल लाइनों को उड़ाना, सैन्य शिविरों पर हमला, बेगुनाहों की हत्याओं का सिलसिला और तेज हो गया। जनता और सरकार में कोहराम मच गया था। केन्द्र ने उल्फा को सबक सिखाने के लिए सेना को उतारने का फैसला किया। आपरेशन बजरंग के नाम से शुरू हुए सेना के अभियान से उल्फा को भारी नुकसान हुआ। उसके कई कैम्पों को सेना ने तहस-नहस कर दिया। उल्फा ने रणनीति के तहत एकतरफा समझौता कर लिया। सेना ने आपरेशन बजरंग रोक दिया। इस बीच उसने अपने कैडरों की भर्ती और हथियारों को एकत्रित करने का काम शुरू किया। एक बार फिर उल्फा ने पलटवार किया। सुरक्षा बलों पर हमले शुरू हो गये। रेल पटरियाँ उखड़ने लगीं। बाजार और सिनेमा हाल बम से दहलने लगे। नतीजतन सेना को एक बार फिर आपरेशन राइनो शुरू करना पड़ा। पूरा असम युद्ध क्षेत्र में तब्दील हो गया था। आसमान में हेलीकाप्टर उड़ रहे थे। लखीपथार के जंगलों के अलावा कई और जगह सेना ने उल्फा शिविरों पर हमला बोला। गोलियों की आवाज से जंगल का सन्नाटा भंग हो गया। उल्फा कैडरों की लाशें सेना के ट्रकों में लादी जाने लगीं। कुछ उल्फाई जंगल के और भीतर चले गये। असम की सीमा से बाहर भी कुछ भाग गये। आपरेशन राइनों ने उल्फा को बर्बादी के कगार पर पहुँचा दिया था।

उल्फा की गतिविधियाँ जारी थीं। रात का कर्फ्यू गुवाहाटी की जिन्दगी का हिस्सा बन चुका था। दिन में भी कुछ ज्यादा चहल-पहल नहीं रहती थी। गाहे-बगाहे दिसपुर से लेकर फैंसी बाजार तक कहीं भी बम फट जाते थे। ऐसे ही दौर में विनय गुवाहाटी में ट्रेनिंग करने आया था। उल्फा अपने बिखरे संगठन को चुस्त दुरुस्त करने के लिए प्रयासरत था। गाँवों में वह नये कैडरों की भर्ती में जुटा था। पाक खुफिया एजेन्सी और बांग्लोदश की खुफिया एजेन्सी आईएसआई व एफडीबीआई भारत के पूर्वोत्तर

में अस्थिरता पैदा करने के लिए उल्फा को खुल कर मदद कर रही थी। उल्फा के सारे नेता बांग्लादेश में पहुँच चुके थे। वहीं से उल्फा पूरा युद्ध लड़ रहा था। सुरक्षा बलों को हर असमिया उल्फाई लगता था। इसलिए किसी भी असमिया को पकड़ कर सुरक्षा बल जाँच पड़ताल करने लगते थे। ऐसे में उल्फा ने आन्दोलन के गैर-असमिया समर्थकों की पहचान करनी शुरू की। उसने उन्हें कूरियर बनाने की योजना बनाई। असम में रहने वाले तमाम गैर-असमिया उल्फा के आन्दोलन का समर्थन करते थे। कमोबेश ऐसे लोग अपने को अब असमिया ही समझने लगे थे। असम की पीड़ा उनकी पीड़ा हो गयी थी। केन्द्र सरकार की उपेक्षा और बाहर से आये व्यापारियों द्वारा असम में की जा रही लूट से वे भी क्षुब्ध थे। उल्फा ने ऐसे तमाम लोगों को मदद के लिए जोड़ लिया था। बुलबुल हजारिका भी विनय से मेलजोल इसीलिए बढ़ा रहा था कि वह उल्फा के लिए एक कूरियर का काम कर सके। सन्देश पहुँचाने से लेकर हथियार पहुँचाने तक के काम में वह मदद करे। विनय अब तक उल्फा का तमाम लिटरेचर पढ़ चुका था।

बुलबुल और विनय के बीच दिन-प्रतिदिन मेलजोल बढ़ रहा था। मिल्की पर पंजाब कमांडो के अत्याचार ने उसके दिमाग पर गहरी चोट पहुँचाई थी। वह सुरक्षा बलों द्वारा बेगुनाहों पर किये जा रहे अत्याचार से काफी दुखी था। सुरक्षा बल आम असमियाओं को बिना बात सरेराह शिकार बना रहे थे। वे अपनी हताशा और थकान आम असमियों पर अत्याचार कर दूर कर रहे थे। सुरक्षा बल छुट्टे साँड की भूमिका में आ गये थे। एक बात और दिलचस्प थी कि न तो राज्य की सुरक्षा एजेन्सियाँ और न ही केन्द्र की सुरक्षा एजेन्सियाँ दोनों ही उग्रवाद को खत्म करने में रुचि नहीं रखती थीं। सुरक्षा एजेन्सियाँ केन्द्र से मिलने वाले अनएकाउंटेड धन पर मौज उड़ा रही थीं। उग्रवाद के नाम पर खुली लूट-खसोट।

उस दिन गुवाहाटी के माहौल में एक खास खामोशी थी। भांगघार में सुरक्षा बलों ने एनकाउंटर किया था। दो युवक मारे गये थे। सुरक्षा बलों ने दावा किया था कि वे उल्फा के दुर्दान्त आतंकी थे। लेकिन सच ये नहीं था। आसपास के लोगों में नाराजगी थी। गुस्से में लोग सड़कों पर उतर आये थे। वे सुरक्षा बलों के विरोध में नारेबाजी कर रहे थे।

पुबसरणिया पहाड़ से लेकर नीलांचल पर्वत तक सन्नाटा पसरा हुआ था। भयंकर उमस थी। चिपचिपी गर्मी। बारिश की सम्भावना दूर-दूर तक नहीं दिख रही थी। आसमान शान्त था। लाल काले बादलों के बीच से सूरज भी ढल चुका था। विनय अपने घर पर था। अचानक कालबेल बजी। विनय ने दरवाजा खोला। सामने

बुलबुल था। विनय ने उसे अन्दर आने के लिए कहा और दोनों बेंत वाली चेयर पर बैठ गये। सामने रखी टेबिल पर कुछ पत्र-पत्रिकाएँ रखी थीं। बुलबुल उन्हें पलटने लगा। इस बीच विनय ने बुलबुल से चाय पूछी। लेकिन उसने यह कह कर चाय मना कर दी—'इतनी गर्मी में कौन चाय पिएगा।'

'आज मूड ठीक नहीं लग रहा है तुम्हारा बुलबुल?' —विनय ने सवाल किया।

'मूड तो ठीक नहीं है। बात तो तुम्हारी सही ही है।' —बुलबुल ने अनमने मन से जवाब दिया।

'आखिर ऐसा क्या हो गया जो तुम्हारा मूड खराब हो गया?' —विनय ने सवाल को दोहराया।

'भांगघार में आज सुरक्षा बलों ने दो बेगुनाहों को मार गिराया उल्फा के नाम पर।' —बुलबुल गुस्से से लाल होते हुए बोला—'दिनभर वहीं था मौके पर। स्टोरी फाइल कर अभी लौटा हूँ।'

'बेकसूर?' —विनय ने आश्चर्य के साथ पूछा।

'हाँ, बेकसूर।' —बुलबुल ने तल्खी के साथ कहा—'जिन्हें उल्फा का आतंकवादी कह कर मारा गया है वे असम सरकार के कर्मचारी हैं। उनमें से एक विधानसभा सचिवालय, दिसपुर में काम करता है और दूसरा सिलचर में जिला मुख्यालय में पोस्ट था और छुट्टियों में घर आया था। सरकार और सुरक्षाबलों के पास उनके उल्फाई होने का कोई सबूत नहीं है। अब तब ऐसे ही न जाने कितने बेगुनाह लोग सुरक्षा बलों की गालियों के शिकार हो चुके हैं।'

'ये तो सचमुच ज्यादती है।' —विनय ने हमदर्दी जताते हुए कहा।

'तुब बताओ जब असम के लोगों पर इस तरह का जुल्म हो रहा है तो क्या उल्फा गलत कर रहा है इनसे युद्ध कर?' —बुलबुल ने विनय से सवाल किया।

लेकिन विनय ने उसके सवाल का कोई जवाब नहीं दिया। इस पर बुलबुल ने फिर सवाल किया—'तुम ही बताओ यदि कोई तुम्हारे अपने लोगों को मारे लूटे तो तुम क्या चुप रहोगे?'

इस बार विनय बोला—'तुम्हारी बात में दम तो है। लेकिन उल्फा भी तो बेगुनाह लोगों को मार रहा है। फिरौती के लिए हत्याएँ कर रहा है।'

विनय से ऐसे जवाब की बुलबुल को उम्मीद नहीं थी। वह सोचता था कि विनय उल्फा का समर्थन करता है और कभी वह आजाद असम के लिए चल रहे आन्दोलन में अपना योगदान देगा। वैसे विनय ने सवाल के लिए सवाल कर दिया था। वह अन्दर से उल्फा के साथ था। लेकिन वह अपनी पहचान और अपने समर्थन का

दिखावा नहीं करना चाहता था। उसे डर लगता था कि कहीं इस बात की खबर किसी को हुई तो उसकी ट्रेनिंग अधूरी रह जाएगी और उसे जेल की हवा खानी पड़ेगी। नौकरी उसके लिए बहुत जरूरी थी। वह नौकरी को दाँव में नहीं लगाना चाहता था। लेकिन एक बात साफ थी कि उसे असमियों पर हो रहे जुल्म सहे नहीं जा रहे थे। मिल्की के साथ हुई बदसलूकी ने उसे गहरी चोट पहुँचाई थी। वह कुछ करना तो चाहता था असमियों के लिए लेकिन उसे रास्ता नहीं मिल रहा था।

बुलबुल जब विनय के सवाल का जवाब नहीं दे पाया तो विनय ने ही टूटी बात को फिर से जोड़ा—'कोई चुप नहीं रहेगा। तुम सही कह रहे हो। तुम्हारी लड़ाई वाजिब है।'

इस बात के बाद बुलबुल के चेहरे से उड़ी हवाइयाँ दूर हो गयीं। वह संयत हुआ। बोला—'तो तुम भी मदद करो न हमारी। तुम भी तो असम में रहते हो। हो सकता है कि भविष्य में यहीं रहना पड़े।'

'मैं क्या कर सकता हूँ भला।' —विनय ने लाचारगी जाहिर की।

इसके बाद दोनों में बहुत देर तक बातें होती रहीं। लम्बी बहस। अन्ततः विनय लुके-छिपे उल्फा की मदद करने के लिए तैयार हो गया।

दस

...राजधानी एक्सप्रेस पटना पार कर चुकी थी। रेलवे का सदियों से चला आ रहा ब्रेकफास्ट यात्री खा चुके थे। ब्रेकफास्ट में फिंगर चिप्स, आलू के कटलेट, और सूखी ब्रेड थी। कहने को तो मक्खन की एक छोटी-सी टिक्की भी थी। रेलवे 1857 में भी यही नाश्ता देता था और आज़ भी वही दे रहा है। दुनिया चाँद तक पहुँच चुकी है लेकिन रेलवे नहीं बदली। विनय ने रात को जो डिनर किया था वैसे का वैसा ही उसके पेट में रखा हुआ था। उसने ब्रेकफास्ट नहीं किया। सिर्फ एक चाय पी। वह एक और चाय पीना चाहता था। लेकिन गैस बनने के डर से उसने चाय नहीं मँगाई।

सामने बैठे सांगानेरिया परिवार के चेहरे में धीरे-धीरे चमक आ रही थी। वह मुतमईन था कि वह असम की सीमा से काफी दूर आ चुका है। अब उसे कोई खतरा नहीं है। वह अब अपने घर आराम से पहुँच ज़ाएगा। उसके चेहरे में गुवाहाटी में सब कुछ लुट जाने की चिन्ता भी नहीं थी। वह रह-रह कर अपने बच्चे के सिर पर हाथ फेर कर इत्मीनान का अहसास कर लेता था। वहीं विनय को देश के भीतर देश दिख रहा था। सोते जागते दो देश। अजीब कशमकश से गुजर रहा था वह। उसके पास इस समस्या का कोई हल नहीं था। वह इससे भागने की जितनी भी कोशिश करता, उसके और नजदीक पहुँच जाता था। इस बात ने उसके दिमाग में इतना दबाव बना दिया था कि उसकी स्थिति अर्धविक्षिप्त जैसे इनसान की होती जा रही थी। उसके आगे असम में बिताये दिन फिल्म की तरह बार-बार घूमने लगते थे। उसकी इस फिल्म में न तो इंटरवल होता था न दि एंड। लगातार चलने वाली यह फिल्म अपने तरह की एक अलग फिल्म थी। रोमांच, प्रेम, विषाद, शादी-ब्याह,

मिलना-बिछड़ना, सीरियल हत्याएँ, बम विस्फोट, देश, परदेश की यादें और न जाने क्या क्या। कहानी में पेच-दर-पेच। ऐसा मसालेदार ये फिल्मी ड्रामा था कि इसकी कहानी खत्म ही नहीं होती थी। एक खत्म होती तो दूसरी शुरू हो जाती।

ऐसी ही एक कहानी फिर उसकी आँखों में तैरने लगी। मुगलसराय स्टेशन पीछे छूट रहा था। गुवाहाटी ऑफिस में वह खूब घुलमिल गया था। धीरे-धीरे वह सबका प्यारा हो गया था। मैनेजर विश्वास से उसके अच्छे व्यवहार के बाद भी नहीं पटती थी। वह उसके हर काम में नाक-भौं सिकोड़ता था। लेकिन काम इतना फुलप्रूफ होता कि वह विनय के ऊपर चिल्ला नहीं पाता था। मिल्की सहित वह सभी को काम में मदद करता था। मिल्की से उसकी दोस्ती कुछ ज्यादा ही गहरी होती जा रही थी। अब उनमें खूब बातें होती थीं। वे अब कामाख्या मन्दिर के आसपास के जंगलों में बैठकर एक-दूसरे को निहारते ही नहीं थे, बल्कि हर विषय पर बातें करते थे। विनय का असमिया ज्ञान बढ़ रहा था। मिल्की हमेशा उससे असमिया में ही बातें करती और विनय को न समझ आने पर उसे समझाती। दोनों के बीच में अब चुहलबाजी भी होती। कभी-कभी मिल्की विनय के असमिया का गलत उच्चारण करने पर उसके जोर से कान भी खींचती थी। अकेले में विनय भी बातों-बातों में प्यार से उसके गाल थपथपा देता। मिल्की के गाल लाल हो जाते। मिल्की की विनय के साथ दोस्ती मैनेजर विश्वास को रास नहीं आ रही थी। विश्वास अन्दर से मिल्की के बारे में अच्छा इरादा नहीं रखता था। वह उसे कई बार कम्पनी के गेस्ट हाउस में बुला चुका था, लेकिन मिल्की कभी उससे मिलने नहीं गयी। विश्वास जब मिल्की को तमाम कोशिशों के बाद भी हासिल नहीं कर पाया तो उसने विनय की टेबिल बदल दी। इसके बाद से वे अलग-अलग बैठने लगे थे। लेकिन अलग बैठने से उनकी दोस्ती में कोई फर्क नहीं आया, बल्कि और नजदीक होते चले गये। पहले विनय मिल्की की टेबिल पर लंच करता था। अब वे बाहर जा कर लंच करने लगे। कई बार तो दोनों एक साथ घूमने फिरने के लिए छुट्टी ले लेते। विश्वास के साँप लोट जाता। लेकिन वह कुछ करने में लाचार था। ऐसे ही एक दिन दोनों ने छुट्टी ली। दोनों ने मेघालय की राजधानी शिलांग जाने का फैसला किया। शिलांग गुवाहाटी से दो घंटे की दूरी पर था। सुबह दोनों पलटन बाजार के टैक्सी स्टैंड पहुँचे और एक शेयर टैक्सी में शिलांग के लिए रवाना हो गये। बुलबुल ने असम ट्रिब्यून के वहाँ के संवाददाता से कह कर शिलांग क्लब में लंच और दोपहर को आराम करने के लिए एक कमरे का इन्तजाम कर दिया था। शिलांग को पूरब का स्कॉटलैंड भी कहा जाता है। पहाड़ी पर बसे इस छोटे से राज्य में मौसम बिल्कुल शिमला की तरह हमेशा खुशगवार रहता

है। असम विभाजन से पहले तक शिलांग असम की राजधानी होती थी। 1972 में विभाजन के बाद मेघालय बना और शिलांग उसकी राजधानी बनी। मेघालय में तीन जनजातियों खासी, गारो और जयंतियाँ के लोग रहते हैं। इनमें खासी संख्या में सबसे ज्यादा हैं। खासी जनजाति के बारे में दिलचस्प बात यह है कि इनमें महिलाओं को घर का मुखिया माना जाता है। सारी सम्पत्ति और जायदाद उसी के नाम पर होती है। परिवार की सबसे बड़ी लड़की को जमीन-जायदाद का मालिक बनाया जाता है। यहाँ माँ का उपनाम ही बच्चे अपने नाम के आगे लगाते हैं। महिलाएँ बाहर का काम सँभालती हैं और पुरुष घर का।

मानसून के दौरान जब यहाँ बारिश होती है, तो पूरे शहर की खूबसूरती और निखर जाती है और शिलांग के चारों तरफ के झरने जीवन्त हो उठते है। शिलांग में एक से एक खूबसूरत चर्च हैं। म्यूजियम हैं। नीली झीलें हैं। खूबसूरत फूलों की अनगिनत प्रजातियाँ हैं।

शिलांग पहुँच कर पहले विनय और मिल्की पुलिस बाजार घूमे फिर शिलांग पीक गये। शिलांग पीक से उन्होंने शिलांग का नजारा देखा। इस पीक से खासी, जयंतिया और गारो हिल्स का नजारा बड़ा दिलचस्प लगता है। समय की कमी के कारण वे दोनों शिलांग के और दर्शनीय स्थल नहीं देख पाये। शिलांग क्लब पहुँच कर उन्होंने पहले से बुक कमरा लिया और लंच से पहले फ्रेश होने का फैसला किया। शिलांग क्लब के कमरे में बर्मा टीक का एथनिक फर्नीचर था। मिल्की बाथरूम में फ्रेश होने चली गयी और विनय वहाँ पड़ी एक आराम कुर्सी पर लगभग लेट गया। थोड़ी देर बाद मिल्की जब बाथरूम से निकली तो उसके बाल खुले हुए थे। उसने कमरे में रखे विशाल ड्रेसिंग टेबिल के सामने खड़े हो कर अपने बालों को सँवारना शुरू किया, तो शीशे से उसकी नजर विनय से चार हो गयी। मिल्की ने विनय को तिरछी नजर से देखा। उसने अपने होठों को तिरछा करते हुए अजीब सा मुँह बनाया। इस पर विनय ने भी उसे अपना मुँह टेढ़ा कर चिढ़ा दिया। मिल्की के अन्दर कुछ-कुछ हो रहा था। वैसे वह कई बार विनय के घर पर भी अकेले मिल चुकी थी। पर, एक-दूसरे का हाथ थामने और साथ-साथ बैठ कर बातें करने के अलावा उनमें हर प्रकार की दूरी थी। लेकिन शिलांग का मौसम ही कुछ बेईमान हो उठा था उस दिन।

मिल्की बालों का जूड़ा बनाकर उसे यों ही ढीला छोड़ते हुए विनय की आराम कुर्सी के पीछे आकर खड़ी हो गयी। आहिस्ता से उसने अपने हाथ विनय के कन्धों पर रख दिये। उसका दिल मचल उठा था। शिलांग के मौसम ने उसे कुछ इस तरह

मनचला बना दिया कि हमेशा लज्जा से अपनी नजरें झुकाए रखने वाली मिल्की ने विनय के कन्धों पर खुद को टिकाते हुए उसके माथे को हौले से उठाया और उन पर अपने खूबसूरत होठों एक चुम्बन जड़ दिया। विनय अपने भीतर ढेर सारी शरारत भरे बड़ी देर से मिल्की की हर अदा को अपने भीतर भर रहा था। मिल्की के होठों का स्पर्श पाते ही उसके सारे तार अन्दर से बाहर तक झनझना उठे। विनय को मिल्की का यह तोहफा बहुत अच्छा लगा। वह कई दिनों से मिल्की को प्रपोज करने की सोच रहा था, पर मिल्की हमेशा जिस तरह से अपने को समेटे रहती, उससे वह कभी साहस नहीं जुटा पाया था। आज मिल्की की ओर से पहल पाकर वह खुशी से भर उठा था।

मिल्की ने अपनी बाँहों का घेरा अब भी विनय के चारों ओर बना रखा था और उसकी आँखें विनय की आँखों के ऊपर थीं। सहसा विनय ने उसे झटके से अपनी ओर खींच लिया। कुछ इस तरह कि मिल्की, आराम कुर्सी पर बैठे विनय की गोद में गिर पड़ी। उसका ढीला जूड़ा खुल गया था और बाल उसके मुँह के सामने आ गये थे। विनय ने उसके मुँह को उठाकर अपने सामने कर लिया और एक-एक बाल को प्यार से पीछे समेटने लगा। मिल्की शर्म से उसके सीने में अपना मुँह छिपाने की कोशिश करने लगी। पर, वह चाह कर भी ऐसा कर न पाई। उद्दाम भावनाओं की आग दोनों के भीतर थी...दो चेहरे आमने-सामने हुए...कुछ इंच का फासला ...और फिर वह फासला भी मिट गया। माथे के चुम्बन की शीतल आग होठों की तपिश में तब्दील हो गयी...एक गहरे चुम्बन ने दोनों को बहुत करीब ला दिया ...जिसमें दोनों एक नये रिश्ते में बँध गये।

विनय की मैनेजर विश्वास से दूरी बढ़ती जा रही थी। दोनों के बीच खटपट भी तेज हो गयी थी। इसकी वजह थी मिल्की। विश्वास ने बिलो दि बेल्ट हिट करना शुरू कर दिया था। वह अब उसे अक्सर कम्पनी के प्रोजेक्ट रिपोर्ट बनाने के लिए आये दिन टूर पर भेज देता था। कभी हेलाकांडी, तो कभी नलबाडी। कभी कार्बीअलांग, दरांग और सिलचर जैसे दूर के इलाकों में। एक टूर में आने जाने में विनय को कई-कई दिन लगते थे। एक बार ऑफिस में बिना बताये मिल्की छुट्टी लेकर विनय के साथ टूर पर सिलचर गयी।

तीन लाख की आबादी वाला सिलचर शहर असम के बड़े शहरों में से एक है। पूर्वोत्तर के अन्य हिस्सों की तुलना में यहाँ के वातावरण में बारूदी गन्ध नहीं थी। असम के अन्य शहरों से यह ज्यादा शान्त था। वैसे भी असम भौगोलिक, सांस्कृतिक

और मानसिक रूप से दो हिस्सों में विभाजित है—ब्रह्मपुत्र घाटी और बराक घाटी। दोनों एक-दूसरे से पूरी तरह अलग। मौजूदा बांग्लादेश के सिलहट से अलग हो कर यह भारत में आया और दिलचस्प यह है कि चाय ढुलाई की सुविधा के लिए इसे असम से जोड़ा गया। बाकी बराक घाटी में ठेठ असमिया जीवन के रंग नहीं दिखते हैं। असम में होने के नाते यहाँ की सरकारी भाषा असमिया होनी चाहिए थी, लेकिन बांग्ला लागू करने के लिए चले एक बड़े आन्दोलन के बाद यहाँ सिलहटी बांग्ला बोली और लिखी जाने लगी। यही नहीं सिलचर जाने का जो सड़क मार्ग है उसमें सिर्फ दो घंटे असम पड़ता है बाकी दस घंटे मेघालय से बस गुजरती है। ट्रांसपोर्ट लाबी के कारण सिलहट तक ब्राडगेज रेलवे लाइन का काम बरसों से फाइलों में ही दफन है।

सिलहट में गर्मियों में भी जमकर बारिश होती है। फरवरी से सितम्बर माह तक झमाझम। धूप भी बहुत तीखी होती है यहाँ। आमतौर पर हर व्यक्ति के हाथ में एक छतरी होती है। बारिश से बचने के लिए नहीं बल्कि धूप से बचने के लिए। यहाँ काम धन्धा खास नहीं है। चाय के डिब्बे बनाने के छोटे मोटे उद्योग हैं। जीने के लिए कड़ी मेहनत मजदूरी करनी पड़ती है। बराक नदी की बाढ़ भी यहाँ के लोगों की तबाही में अक्सर अपना हाथ बँटाती रहती है। चाय उद्योग ही यहाँ के लोगों की जीवन रेखा है।

सिलचर से कुछ ही दूरी पर बांग्लादेश की सीमा प्रारम्भ हो जाती है। बराक नदी की धार दोनों देशों को बाँटती दिखती है। नदी के इस पार भारत की बार्डर सिक्योरिटी फोर्स लगी है तो दूसरी तरफ बांग्लादेश की बांग्लादेश राइफल्स। दोनों में बहुत याराना है। तस्करी में दोनों ही मिले हैं। फिर चावल की तस्करी हो या मानव की तस्करी। इस पार ढाका तक पहुँचाने वाले एजेंट सक्रिय हैं तो उस पार गुवाहाटी और दिल्ली तक पहुँचाने वाले। सिलचर वैसे भी बांग्लादेशियों की पसन्दीदा जगह है। सिलचर से जुड़े बांग्लादेश वाले हिस्से में गरीबी काफी है। कितने तो सुरक्षा बलों की मेहरबानी और सुविधा शुल्क दे कर रोज सिलचर में मजदूरी कर लौट जाते हैं। कितने जुगाड़ बनते ही सिलचर में ही झुग्गी-झोंपड़ी का इन्तजाम कर लेते हैं।

चुनाव के समय तो बांग्लादेशियों की पौ बारह होती है। एक दो दिन पहले ही दबंग राजनीतिज्ञ इन्हें अपना मेहमान बना लेते हैं। दारू से लेकर मछली की दावतें होती हैं। मतदान के दिन ये वोट डाल कर वापस लौट जाते हैं। इसकी बाकायदा उनको मजदूरी मिलती है। इस तरह कह सकते हैं कि भारतीय लोकतंत्र को मजबूत करने में बांग्लादेशियों की अहम भूमिका है। जरूरत पड़ने पर ये अपने उम्मीदवार

के लिए दबंगई भी कर लेते हैं। इमरजेन्सी में हत्या वगैरह करनी भी पड़ी तो इनमें से कुछ खास वो भी कर देते हैं और सीमा पार चल देते हैं। और बेचारी हमारी पुलिस हत्यारों को पहले खोजने का नाटक करती है फिर फाइल बन्द कर देती है।

हालाँकि सिलचर में ऐसा कुछ नहीं था जहाँ कुछ देखा जा सकता हो। मौसम तो अजीबोगरीब था ही वहाँ का। लेकिन इस बार विनय का सिलचर टूर पाँच दिनों का था। इतने दिन की दूरी मिल्की को मंजूर नहीं थी। मिल्की और विनय अब तक काफी नजदीक आ चुके थे। दिन के चौबीस घंटों में अधिक-से-अधिक समय वे एक-दूसरे के साथ बिताने की कोशिश करते थे। सुबह खिड़की से देखा-देखी के बाद दोनों ऑफिस के लिए साथ निकलते थे। बस में एक साथ बैठने की जगह न मिलने पर वे दूसरी बस पकड़ते थे। फिर ऑफिस के आठ घंटे साथ। उसके बाद साथ घर वापसी। कई बार, कई घंटे सिलपुखरी के तालाब के पास बैठ कर वक्त गुजारते और फिर घर जाते। असमिया नाटक देखते। नाम घर जाते। जू रोड पर कई किलोमीटर पैदल चलते। पैराडाइज रेस्तराँ में असमिया थाली खाते। दोनों की जिन्दगी में हरसिंगार खिल आये थे। खुश थे। रोमांचित थे। उनमें एक-दूसरे को अपना बना लेने की अब कुछ ज्यादा जल्दी हो गयी थी।

टू-बाई-टू बस से दोनों सिलचर सुबह-सुबह पहुँचे तो सीधे सरकिट हाउस गये। बुलबुल हजारिका ने सिलचर के डिप्टी कमिश्नर को कह कर उनके लिए पाँच दिन के लिए सरकिट हाउस बुक करा दिया था। जब से विनय उल्फा के लिए कूरियर का काम करने लगा था तब से बुलबुल उस पर कुछ ज्यादा ही मेहरबान हो गया था। फिर मिल्की भी उसकी चचेरी बहन थी। उसे पता था कि दोनों एक-दूसरे को पसन्द करते हैं।

सरकिट हाउस पुराने जमाने की एक इमारत में था। इमारत दो मंजिला थी। ग्राउंड फ्लोर में रिसेप्शन था। पहली मंजिल में उसे एक कमरा मिला। कमरे में बेड पर मच्छरदानी तनी थी। एक तरफ एक मेज और चेयर करीने से रखी थी। खिड़की के दूसरी तरफ एक एसी लगा था। बाहर गर्मी चरम पर थी। सूरज सिर पर चढ़ आया था। कमरे में घुसते ही विनय ने एसी खोल दिया। कमरे को ठंडा होने में थोड़ा वक्त लगा। रिसेप्शन पर उसने चाय पहले ही भेजने के लिए कह दिया था, सो चाय आ गयी। मिल्की और उसने चाय पी। शायद नौ बज चुके थे। विनय को प्रोजेक्ट रिपोर्ट बनाने के लिए साइट पर दस बजे रिपोर्ट करना था। उसने मिल्की से कहा—'मैं नहा-धो लेता हूँ और साइट पर निकल लेता हूँ। इसके बाद तुम अपना आराम से सब कुछ करती रहना। पूरा दिन तुम्हारे पास है।'

मिल्की ने उसकी बात पर हाँ में सिर हिला दिया और विनय बाथरूम में घुस गया। थोड़ी देर बाद वह सफेद शर्ट और ब्लू जीन्स में बाहर निकला। आमतौर पर वह फार्मल कपड़े ही पहनता था, लेकिन जब ऑफिस के बाहर उसे काम करना होता था, तो वह जीन्स पहनता था। जीन्स और सफेद शर्ट के कांबीनिशन में विनय को मिल्की ने भरपूर नजरों से देखा। मिल्की का दिल मचल उठा। उसने विनय को बाँहों में भर कर एक चुम्बन उसके माथे पर जड़ दिया। विनय ने चुम्बन पर कोई खास प्रतिक्रिया नहीं दी। बस इतना कह कर निकल गया–'तुम लंच मँगा कर खा लेना। मैं साइट पर ही कुछ खा लूँगा।'

विनय का इस तरह का व्यवहार मिल्की को अच्छा नहीं लगा। फिर उसने अपने को यह समझाते हुए मना लिया कि आज काम का पहला दिन है। विनय को सही समय पर पहुँचना था इसलिए उसने उसके चुम्बन के जवाब में चुम्बन नहीं दिया। इसी तरह पाँच दिन बीत गये। शाम को दोनों जरूर घूमने जाते थे। कई बार तो वह बाहर ही खाना खा कर सरकिट हाउस लौटते।

ऐसी ही एक शाम को दोनों बराक नदी के किनारे खड़े थे। इधर सीमा सुरक्षा बल के जवान मुस्तैद खड़े थे। नदी के दूसरे छोर पर एक ट्रक खड़ा था। उसमें चावल की बोरियाँ लदी थीं। बांग्लादेश राइफल्स के जवानों की देखरेख में छोटी-छोटी नावों में बोरियाँ लादी जा रही थीं। बारी-बारी एक-एक नाव सिलहट वाले किनारे पर लग रही थीं। इधर सीमा सुरक्षा बल का एक जवान उन्हें गिन रहा था। बोरी के हिसाब से लुंगी और सफेद बनियाइन पहना एक व्यक्ति सीमा सुरक्षा बल के जवान को कुछ रुपये दे रहा था। खुलेआम मिलीभगत से तस्करी जारी थी। इस दृश्य को देख कर मिल्की ने विनय से कहा था–तुम्हारे देश के सुरक्षा बल सिर्फ महिलाओं पर ही बहादुरी नहीं दिखाते हैं, बल्कि दूसरे देश से होने वाली तस्करी में भी शामिल रहते हैं।'

विनय के पास मिल्की के ऐसे सवालों का कभी भी कोई जवाब नहीं होता था। नतीजतन विनय चुप था। विनय को चुप देख कर मिल्की ने बात आगे बढ़ाते हुए पूछा–'ये तो चावल की तस्करी की बात है। बेगुनाहों को मारने वाले हथियार भी इन्हीं सुरक्षा बलों के सौजन्य से असम में आते होंगे?'

विनय ने इस सवाल का भी जवाब मिल्की को नहीं दिया। विनय मिल्की की बातों की उपेक्षा करते हुए सीमा सुरक्षा बल के ड्यूटी पर तैनात एक जवान के पास पहुँच गया। उसने उससे पूछा–'इन बोरियों में क्या है?'

'चावल है।' –जवान ने जवाब दिया।

'बिना इजाजत के ये कैसे देश में आ रहा है?' —विनय ने उस जवान से फिर पूछा—'आप लोगों की तैनाती तो यहाँ तस्करी रोकने के लिए है, फिर भी आप लोग इसे रोक नहीं रहे हैं।'

'हमें इस ड्यूटी के नाम पर क्या मिलता है। पुलिस तो खूब कमाती है। हमें देशभक्ति के नाम पर सिर्फ गोलियाँ मिलती हैं। तीन दिन से यहाँ खड़ा हूँ। घर से सैकड़ों मील दूर। वेतन के नाम पर चपरासी से भी कम वेतन मिलता है। नेता और दूसरे लूटते रहें और हमसे सत्यवादी हरिश्चन्द्र बनने की उम्मीद लगाई जाये। इस सीमा में वर्षों से ये हो रहा है। इसके बदले हमें थोड़े से पैसे मिल जाते हैं तो इसमें बुराई क्या है। ऊपर से नीचे तक सब मिले हैं। और फिर हम कोई हथियार तो नहीं मँगा रहे हैं। इन बोरियों में चावल है बस। ये चावल न आये तो सिलचर के लोग भूखे मर जाएँगे...'

जवान विनय को भाषण पिलाने में जुटा था कि बीच से ही विनय वहाँ से चलता बना। उसने मिल्की को साथ लिया और मारवाड़ी बासा में खाने के लिए चल पड़ा। रात को जब दोनों सरकिट हाउस लौटे तो दोनों के बीच कुछ ज्यादा बात नहीं हुई। गुड नाइट कर दोनों अपने बिस्तरों में सो गये। यहाँ यह बात जरूर बताने की है कि वे कमरे में अलग-अलग बेड में ही सोते थे। उनमें शारीरिक सम्बन्ध नहीं बने थे। उनकी सीमाएँ चुम्बन तक ही अभी तक सीमित थीं।

...विनय वैसे पार्टी वगैरह से परहेज करता था। लेकिन कम्पनी की उस पार्टी में उसे उस दिन जाना ही पड़ा। कम्पनी के एमडी ने उसे विशेष रूप से कहा था कि इस बार पार्टी में आने का तुम्हारा कोई बहाना नहीं चलेगा। इसी चक्कर में दिल्ली के मशहूर पाँच सितारा होटल हयात रेजन्सी में हुई पार्टी में वह गया था। देश-विदेश के कम्पनी से जुड़े पार्टनर पार्टी में मौजूद थे। कम्पनी को दक्षिण अफ्रीका में मिले बड़े ठेके के बाद मलेशिया में एक और बड़ा ठेका मिला था। उसी की खुशी में ये पार्टी थी। शैम्पेन खुलने के बाद लोग स्काच, कोनिअक, वाइन और वोदका ढकेलने में जुट गये थे। विनय को शराब में खास रुचि नहीं थी। लेकिन एमडी के दबाव में उसने वाइन का एक गिलास ले लिया था। इसके पहले एक आध बार उसने बुलबुल हजारिका का दिल रखने के लिए गुवाहाटी में अपने घर पर जिन पी थी। तब भी उसे उसको पी कर मजा नहीं आया था और आज भी वाइन पी कर उसे कोई मजा नहीं आ रहा था। अलबत्ता उसे थोड़ा-थोड़ा सुरूर जरूर हो गया था। सुरूर के चलते उसकी भूख मर गयी थी। वैसे वाइन एपीटाइजर का काम करती है लेकिन

विनय के अन्दर उसने इसके उलट काम किया था। वाइन पी कर उसकी भूख मर गयी थी। खाने में उसने एक प्लेट फ्रूट चाट और एक चाकलेट आइसक्रीम ही खायी थी।

इसके बाद वह रात लगभग साढ़े ग्यारह बजे घर लौट आया था। कपड़े चेंज करने के बाद उसने अपनी मेल चेक करने के लिए लैपटाप खोला। मेल चेक करने के बाद उसने फेसबुक में लागआन कर दिया। चैट लिस्ट में वैसे तो उसकी फेसबुकिया प्रिय सात सहेलियों में बबिता मालवीय, मिली गुप्ता, मिष्ठी बनर्जी और रितु कौर आनलाइन थीं। क्वालालंपुर में शायद सुबह के तीन बजे होंगे। विनय को समझ नहीं आया कि रितु कौर इस समय कैसे आनलाइन है। इतनी देर रात तो उसने उसके साथ कभी चैटिंग नहीं की थी। उसने सोचा कि हो सकता है कि उसने आज सोने के लिए स्लीपिंग टैबलेट न ली हो। सेपरेशन के बाद से वह सोने के लिए नियमित स्लीपिंग टैबलेट लेती थी। ऐसा वह विनय को चैटिंग में बता चुकी थी। रितु मलेशिया की राजधानी क्वालालंपुर में रहती थी। पंजाब की रहने वाली रितु कई सालों से वहाँ बस गयी थी। उसने वहाँ की नागरिकता भी ले ली थी। वह होटल बिजनेस में थी। इंडियन रेस्तराँ की वह एक चेन मलेशिया में चलाती थी। उसकी चेन का नाम था तंदूर। विनय ने बबिता, मिष्ठी और मिली को दरकिनार करते हुए रितु कौर से बात करने का निर्णय लिया।

विनय भी एक बार कम्पनी के काम से मलेशिया जा चुका था। उसे मलेशिया की राजधानी क्वालालंपुर बेहद शान्त और खूबसूरत शहर लगा था। इस्लामिक देश होने के बावजूद वहाँ इस्लामी आतंकवाद की बू तक नहीं थी। मलेशिया में इस्लाम का मतलब जेहाद नहीं अनुशासन था। पाकिस्तानियों की तुलना में भारतीय पर्यटकों का मलय लोग बहुत सम्मान करते है। क्वालालंपुर एयपोर्ट के इमीग्रेशन डिपार्टमेंट में सारे मलय मुस्लिम काम करते हैं, लेकिन भारतीय पासपोर्ट देखते ही उन्हें तुरन्त क्लियर कर देते हैं, जबकि पाकिस्तानियों को वो शक की निगाह से देखते हैं। उनके इमीग्रेशन में दस से बीस मिनट तक भी लग जाते हैं।

दक्षिण पूर्व एशिया के इंडोनेशिया, थाइलैंड, वियतनाम, कम्बोडिया आदि देशों की तुलना में मलेशिया काफी सुन्दर और शान्त है। मलय लोग कूल होते हैं। मलेशिया के बिजनेस में चीनियों का कब्जा है। चीनी लोग यहाँ ब्रोथल हाउस (रंडी खाना) से लेकर दूसरे सारे बड़े धन्धे चलाते हैं। चीनी के बाद हिन्दुस्तानियों का नम्बर आता है। हिन्दुस्तानियों में अधिकांश तमिल हैं। अंग्रेज तमिलों को रबर प्लांटेशन में काम करने के लिए हिन्दुस्तान से ले गये थे। इसके बाद वे वहीं बस

गये। तमिलों के बाद पंजाबियों का नम्बर आता है, जो मिडिल मैनेजमेंट में है। यहाँ भारतीयों की हालत पंजाब में कृषि का काम करने वाले बिहारी मजदूरों जैसी है। मलेशिया के सभी छोटे किस्म के रेस्तराँ और ढाबे हिन्दुस्तानी चलाते हैं। क्वालालंपुर के परचून की सारी दुकानों पर हिन्दुस्तानियों का कब्जा है। मलय लोगों को सरकारी नौकरियों में आरक्षण है। जनसंख्या के हिसाब से सरकार में भारतीयों का प्रतिनिधित्व नहीं है। मलय चीनियों को नापसन्द करते हैं। वे उन्हें क्रुक कहते हैं।

विनय क्वालालंपुर में सात दिनों तक रुका था। क्वालालंपुर में पाम की खेती ने उसे बहुत आकर्षित किया था। चारों तरफ पाम के पेड़ों से क्वालालंपुर इतना हरा भरा लगता है कि उसे असम की याद आ गयी थी। असम की हरियाली का सौन्दर्य दूसरे तरह का था लेकिन क्वालालंपुर की हरियाली भी किसी से कम नहीं थी। दोनों ही खास तरह का सुकून देती थीं। क्वालालंपुर एयरपोर्ट से वह मेट्रो से सीधे केएलसीसी (क्वालालंपुर सिटी सेंटर) पहुँचा था। दुनिया की शान कहे जाने वाले ट्विन टावर से करीब आधा किलोमीटर की दूरी पर स्थित संगरीला होटल में वह ठहरा था। केएलसीसी के आसपास ऊँची-ऊँची इमारतें हैं। सिटी सेंटर की पाँच किलोमीटर की परिधि में चौदह से अधिक पाँच सितारा होटल हैं। इतने पाँच सितारा होटल तो दिल्ली के कनाट प्लेस के आसपास में भी नहीं हैं। केएलसीसी के इलाके को देख कर कोई भी उसकी तुलना न्यूयार्क से कर सकता है। केएलसीसी का इलाका रातभर जगमग करता रहता है। नाइट लाइफ सुबह पाँच बजे तक चलती है। शाहरुख खान की फिल्मों के प्रति लोगों में दीवानगी है। दीवानगी इतनी कि आपको उनका नाम लेने पर शॉपिंग में छूट भी मिल सकती है। टैक्सी वाला पैसे लेने से भी मना कर सकता है।

इस्लामी देश होने के बावजूद वेश्यावृत्ति यहाँ खुल्लम-खुल्ला होती है। वेश्यावृत्ति और नाइट क्लबों की मलेशिया की अर्थव्यवस्था में महत्त्वपूर्ण भूमिका है। वेश्यावृत्ति यहाँ कायदे-कानून से होती है। इस पेशे में सत्तर प्रतिशत से ज्यादा लड़कियाँ चीनी हैं। दस से पन्द्रह प्रतिशत के बीच मलय मुस्लिम लड़कियाँ और अदर्स में इंडियन, रूसी आदि हैं। फिलीपीन्स, कम्बोडिया और थाइलैंड से लड़कियाँ यहाँ वेश्यावृत्ति करने आती हैं और चली जाती हैं। एयर होस्टेस भी इस धन्धे में हैं।

विनय के क्वालालंपुर दिन मजे से कट रहे थे। उसे देश भीतर देश की बीमारी का अटैक भी एक बार भी नहीं पड़ा था। काम की व्यस्तता के चलते शायद उसे इस बीमारी ने नहीं घेरा था। विनय देर रात केएलसीसी के पास स्थित प्रिंस होटल के सामने स्पाइस गार्डेन में डिनर करता था और थोड़ी देर बाद विंडो शापिंग कर वह

होटल में आकर सो जाता था।

उस दिन वह काफी देर तक सोया था। वजह थी दीवाली। मलेशिया में दीवाली को राष्ट्रीय अवकाश होता है। उसकी कम्पनी का ऑफिस बन्द था। दोपहर में उसने घूमने का मन बनाया और होटल के बाहर से उसने एक टैक्सी कर ली—क्वालालंपुर साइट सीन के लिए। रास्ते में टैक्सी वाले ने अंग्रेजी में उससे पूछा—'आप हिन्दुस्तानी हैं?'

'जी हाँ।'

'दीवाली मुबारक हो।' —हाँ में जवाब सुनने के बाद उसने ये शुभकामनाएँ दी थीं।

'तुम तो मुस्लिम हो तो तुम्हें दीवाली से क्या लेना-देना।' —विनय ने आश्चर्य के साथ पूछा।

'तो क्या हुआ। हमें नहीं लेना-देना तो आपको तो लेना-देना है उससे।' —विनय का जवाब टैक्सी वाले को पसन्द नहीं आया था। इसीलिए उसने इस तरह का जवाब दिया।

रात को वह सरारा नाइट क्लब भी गया। हालाँकि शराब और शवाब में उसकी दिलचस्पी नहीं थी, फिर भी वह नाइट क्लब के अनुभव को देखना चाहता था। रंग-बिरंगी बत्तियों के बीच लड़के-लड़कियाँ डांस में मस्त थे। म्यूजिक कानफाड़ू था। जाम पर जाम छलक रहे थे। विनय को वहाँ का माहौल जमा नहीं और वह वहाँ से जल्दी ही निकल गया। एक बार उसने ब्रोथल हाउस का अनुभव लेने का मन बनाया। वह ग्रीन एलीफेंट ब्रोथल के दरवाले तक गया भी। लेकिन उसकी आत्मा ने उसे ऐसा करने से इनकार कर दिया। बाद में वह स्पाइस गार्डेन में डिनर कर अपने होटल लौट गया था।

विनय के लैपटाप के स्क्रीन पर मिष्ठी और मिली के चैट बाक्स हैलो के साथ खुल चुके थे। लेकिन उसने उनको जवाब नहीं दिया। उसने रितु कौर के चैट बाक्स में हैलो टाइप किया। उधर से हैली के जवाब में हैलो लिख कर आया। साथ में रितु ने यह भी पूछा—'कैसे हैं आप?'

'मैं ठीक हूँ। आज आप इतनी देर तक जाग रही हैं?'

'बस, यूँ ही नींद नहीं आ रही थी तो फेसबुक पर आ गयी टाइम पास के लिए।' —रितु ने जवाब टाइप किया।

'नींद की गोली नहीं ली?'

'अब तो नींद की गोली भी असर नहीं करती है। मैं मलेशिया में बहुत दुखी हूँ। अपने देश लौटना चाहती हूँ।'

'आखिर अचानक देश लौटने की क्यों सोचने लगीं। आपका तो जमा जमाया बिजनेस है।'

'वो तो ठीक है। लेकिन यहाँ भारतीयों की इज्जत नहीं है। आप जब तक टूरिस्ट हैं तब तक सब ठीक है। यहाँ के हुए नहीं कि समस्याएँ शुरू हो जाती हैं।'

'ऐसे कैसे?'

'टूरिस्ट जब तक आप रहते हैं तो उनकी झोली में आप पैसा डालते रहते हैं। यहाँ के नागरिक हुए तो उन्हें लगता है कि आप उनके हिस्से से हिस्सा ले रहे हैं।'

'मुझे तो वहाँ रहते हुए ऐसा नहीं लगा। सारे मलय लोग तमीज से पेश आते थे।'

'आपको नहीं लगेगा। आप काम से आये थे और वापस लौट गये। अब देखिये मुझे मलय लोगों को ज्यादा वेतन देना पड़ता है। हम अपने हिन्दुस्तानी भाइयों को उतना वेतन नहीं दे पाते हैं।'

'ऐसा है...'

'जी हाँ, दो-तीन हजार रिंगीत (मलेशिया मुद्रा) में काम करने वाले ठीक से न खा सकते हैं और न ही जी सकते हैं। मैं तो सबसे कहती हूँ कि कोई विदेश में न जाए। दूर के ढोल सुहाने लगते हैं बस।'

'अपने देश में इतने रोजगार के अवसर कहाँ हैं?'

'जितनी मेहनत हम विदेश में रह कर करते हैं उतनी ईमानदारी से हम अपने देश में करें तो सब ठीक हो जाएगा। जिसको देखो मुँह लटकाये विदेश चल देता है।'

'बात में आपके दम है। लेकिन आपका बिजनेस तो जम चुका है। आपको तो तकलीफ नहीं होनी चाहिए वहाँ।'

'अपने लोगों को देख कर किसे नहीं तकलीफ होगी। बेशक मेरा बिजनेस जम गया है। लेकिन उस पर चीनी अंडरवर्ल्ड की नजर लग गयी है। रात-बिरात फोन आ रहे हैं कि मैं अपनी रेस्तराँ चेन को बेच दूँ। वरना...'

'ऐसा है। मलेशिया में ला एंड आर्डर नहीं है क्या?'

'ला एंड आर्डर है। हिन्दुस्तान से अच्छा है। रिश्वत की बीमारी तो अब अन्तरराष्ट्रीय हो गयी है। और चीनी अंडरवर्ल्ड पर ला एंड आर्डर नहीं चलता है। उनकी पहुँच बहुत ऊपर तक है।'

'चीनी अंडरवर्ल्ड इतना मजबूत है वहाँ?'

'छोड़िये इन बातों को। इसे तो मुझे अकेले ही झेलना पड़ेगा। कोशिश करूँगी कि मैं उसे झेल लूँ। और बताइये आजकल कविताएँ लिख नहीं रहे हैं आप!'

'कविताएँ दिन-प्रतिदिन मेरे से रूठती जा रही हैं। मेरे अन्दर की कोमलता और भावुकता लगता है मर गयी है। कई बार लगता है कि मैं इनसान हूँ या नहीं हूँ।'

'इनसान न समझने की ये नयी बीमारी हुई है आपको क्या? देश भीतर देश देखने वाली बीमारी आपकी खत्म हो गयी क्या?'

विनय को रितु का ये सवाल अच्छा नहीं लगा। उसने चैट बाक्स में यह टाइप कर दिया—'चलिए अब सोते हैं। चार बज गये होंगे। कल सुबह ऑफिस भी जाना है। गुड नाइट।'

गुड नाइट के जवाब का इन्तजार किए हुए विनय ने फेसबुक से लागआउट कर दिया और लैपटाप को शट डाउन कर सोने अपने बेड पर चला गया।

...राजधानी एक्सप्रेस मुगलसराय स्टेशन के बाद मीर्जापुर को भी पार कर चुकी थी। इलाहाबाद आने वाला था। इलाहाबाद ट्रेन रुकती नहीं थी। इसलिए इलाहाबाद को लेकर विनय में कोई उत्साह नहीं था। वह अपनी अतीत की फिल्म के दृश्यों में मशगूल था।

मिल्की और विनय की दोस्ती या प्यार कहें परवान चढ़ रहा था। दुर्गा पूजा का समय था। असम के चाय बागानों में इस वक्त उत्सव का समय होता है। विनय और मिल्की ने तय किया कि वे डिब्रूगढ़ जा कर दो दिन चाय बागानों को देखेंगे। डिब्रूगढ़ के चाय बागान लो लैंड में हैं, जबकि दार्जलिंग में चाय का उत्पादन हाई लैंड में होता है। असम की चाय का नशा ही अलग है। कड़क और असरदार। दो लाख हेक्टेयर से ज्यादा जमीन में यहाँ चाय की खेती होती है। चाय उद्योग असम की आर्थिक रीढ़ है, लेकिन एक्साइज टैक्स का फायदा कोलकाता को मिलता है। असम में चाय की खेती की सम्भावना पर 1823 में राबर्ट ब्रूस की नजर पड़ी। उसने यहाँ के मौसम को चाय उत्पादन के लिए उपयुक्त समझा और बाद में ब्रूस की मौत के बाद ब्रूस के भाई ने इस काम को बढ़ाया। असम के चाय बागान बेहद खूबसूरत हैं। करीने से पंक्तिबद्ध चाय के पौधे किसी का भी मन मोह लेते हैं। चारों तरफ हरियाली-ही-हरियाली दिखती है। उनके पीछे खड़े पहाड़ और कहीं-कहीं नदियाँ चाय बागानों का सौन्दर्य और बढ़ा देते हैं। चाय बागान में काम कर रहे मजदूर अपने पीछे एक बड़ी डलियाँ बाँधते हैं और सिर पर धूप से बचने के लिए जापी पहनते

हैं। चाय तोड़ना भी एक कला है। ऊपर से सिर्फ दो पत्तियाँ ही तोड़ी जाती हैं। चाय तोड़ती महिलाएँ गीत भी गुनगुनाती रहती हैं। उनकी चाय बागानों में उपस्थिति फूलों पर मडँराने वाले भौंरों जैसी दिखती है।

विनय और मिल्की जब डिब्रूगढ़ के एक होटल में पहुँचे तो उन्हें पता चला कि चाय बागानों में मजदूर बगावत पर उतरे हैं। माहौल बेहद गर्म है। चाय बागानों के तीन अधिकारियों की हत्या मजदूरों ने बोनस के सवाल पर कर दी है। चाय बागानों का प्रबन्धन करने वालों का कहना था कि विश्व बाजार में चाय के दाम गिरने से उन्हें इस बार लाभ नहीं हुआ है, इसलिए वे दशकों से चली आ रही बोनस देने की परम्परा को जारी रखने में असमर्थ हैं। चाय बागानों में मूलतः मध्यप्रदेश, झारखंड, पश्चिम बंगाल, उड़ीसा और बिहार के आदिवासी काम करते हैं। एक शताब्दी से यहाँ रहते हुए इन आदिवासियों की पहचान अब चाय जनजाति के रूप में होने लगी हैं। तमाम आधुनिकीकरण के बाद भी चाय उद्योग पूरी तरह से मानव श्रम पर ही आधारित है। मजूदरों के बिना इस उद्योग की परिकल्पना ही नहीं की जा सकती है।

मजदूरों की बगावत के कारण चाय बागानों में पूजा के समय होने वाले सभी आयोजन रद्द कर दिए गये थे। अन्यथा मुर्गे की लड़ाई से लेकर झूमर नृत्य से समाँ बँध जाता था। हालाँकि विनय और मिल्की को डिब्रूगढ़ जाने से पहले हल्की भनक थी कि चाय बागानों में सब ठीकठाक नहीं है, लेकिन स्थिति इतनी बुरी होगी, इसका अन्दाजा उन्हें नहीं था। उल्फा भी चाय बागान के मजदूरों की माँगों का समर्थन कर रहा था। उल्फा कैडरों के लिए चाय बागान आश्रय के बड़े स्थल थे। चाय बागान मालिकों को झुकाने के लिए ही उल्फा ने तीन अधिकारियों की हत्या की थी। हत्या उल्फा ने की थी लेकिन पुलिस बेगुनाह मजदूरों को पकड़ ले गयी थी। इससे भी मजदूरों में भयानक गुस्सा था।

दो दिन में स्थिति बदलने वाली नहीं थी। इसलिए विनय और मिल्की ने काजीरंगा राष्ट्रीय पार्क जाने का फैसला किया। मिल्की ने डिब्रूगढ़ के एक एसटीडी बूथ से बुलबुल को फोन कर पार्क के गेस्ट हाउस में एक कमरा बुक कराने के लिए आग्रह किया। बुलबुल ने उसे आश्वासन दिया कि वहाँ का एक सीनियर फारेस्ट आफिसर उसकी जान-पहचान का है। कमरा बुक हो जाएगा। दोनों डिब्रूगढ़ से टैक्सी लेकर काजीरंगा अभ्यारण्य के लिए रवाना हो गये।

काजीरंगा अभ्यारण्य दुनिया में एक सींग के गैंडों के लिए जाना जाता है। यह अपनी विशिष्टता के चलते दुनिया का अकेला ऐसा संरक्षित क्षेत्र है जहाँ एक सींग

के गैंडों के अलावा एशियाटिक जंगली भैंसे, एशियाई हाथी, स्वाम्पर हिरन, और रायल बंगाल टाइगर्स बड़ी संख्या में है। हाथी कार्बी पहाड़ियों से लेकर काजीरंगा तक आते-जाते हैं। इनके परम्परागत गलियारे हैं। इन गलियारों में इनसानों द्वारा कब्जा किए जाने के कारण अब ये हाथी खेतों और बस्तियों में घुस कर खूब ऊधम मचाते हैं। बाढ़ आने पर कई बार विचित्र दृश्य यहाँ दिखते हैं। भाईचारे की ऐसी मिसाल तो इनसानों के बीच में भी नहीं मिलती है, जब ये पशु संकट में होते हैं। बाढ़ से बचने के लिए एक ही साथ एक टीले पर टाइगर, हिरन, खरगोश और मोर आदि आश्रय लेते हैं। तब कोई हिंसा इनके बीच नहीं होती है।

विनय ने काजीरंगा पहुँच कर फारेस्ट आफिसर मुकुल तुमाली से सम्पर्क किया। उसने बुलबुल का जिक्र कर कमरे के लिए उससे आग्रह किया। बुलबुल का नाम सुनते ही तुमाली ने दोनों को बैठने के लिए कहा। फिर एक सेवक को बुलाकर दोनों को पार्क के अन्दर बने एक गेस्ट हाउस में रवाना कर दिया। इसी के साथ तुमाली ने कहा—'आज आप लोग आराम कर लें और कल फारेस्ट डिपार्टमेंट की एक जीप आपको अभ्यारण्य घुमा देगी।'

दोनों रेस्ट हाउस पहुँचे। गुवाहाटी नम्बर की दो-तीन कारें गेस्ट हाउस के बाहर खड़ी थीं। शायद कारों में आये लोग भी पूजा की छुट्टियों में काजीरंगा पार्क में घूमने आये होंगे। शाम का धुँधलका अभी छाया नहीं था। सूरज जैसे-जैसे ढल रहा था वैसे-वैसे आसमान में कालिमा छाने लगी थी। चौकीदार चिमनियों को जलाने में जुटा हुआ था। मिल्की ने चौकीदार से पूछा—'ये चिमनियाँ क्यों जला रहे हैं आप?'

'कहने को तो बिजली है यहाँ, पर वो कभी-कभी ही आती है। चिमनी के बिना रेस्ट हाउस में काम नहीं चलता है।' —चौकीदार ने चिमनी जलाते-जलाते जवाब दिया।

'खाने का इन्तजाम रेस्ट हाउस में है कि उसके लिए भी कहीं जाना होगा?' —मिल्की ने चौकीदार से फिर सवाल किया।

'यहाँ तो दाल चावल और सब्जी मिलती है। इसके अलावा कुछ खाना है तो पास में एक छोटा सा बाजार है, वहाँ खा सकते हैं।' —चौकीदार ने दो चिमनियों को उठाते हुए जवाब दिया।

दोनों कमरे के अन्दर जब पहुँचे तो वहाँ अँधेरा था। अँधेरा बहुत घना नहीं था। आँखें स्थिर होने के बाद ही कुछ दिखने की स्थिति बन सकती थी। इसी बीच चौकीदार चिमनी ले कर अन्दर आता दिखा। कमरे में हल्का सा प्रकाश हुआ। चिमनी रखने के बाद चौकीदार चला गया। कमरे में दो खाट थीं। दोनों में

मच्छरदानियाँ लगी थीं। मच्छरदानियाँ काफी गन्दी थीं। लगता था कि खाट पर बिछी चादर भी कई दिनों से धुली नहीं थी। तकियों के अन्दर की रूई कई हिस्सों में सिमट गयी थी। एक खास तरह की सीलन की महक भी कमरे में थी। लेकिन इससे बेहतर जगह काजीरंगा में और हो नहीं सकती थी रात गुजारने के लिए इसलिए विनय और मिल्की ने यह सब देखने के बाद एक दूसरे को बस सवालिया निशान के साथ देखा और कमरे को लेकर कोई चर्चा करना उचित नहीं समझा।

अगले दिन ब्रेकफास्ट कर के विनय और मिल्की तैयार हो कर रेस्ट हाउस की लान में टहल रहे थे। तभी एक खाकी वर्दी पहने फारेस्ट गार्ड ने आ कर विनय को बताया—'तामुली साहब ने जीप भेजी है।'

'हम तो तैयार हैं। कब चलना होगा?' —विनय ने फारेस्ट गार्ड को जवाब दिया।

'अभी चलना होगा। देर करने से फिर अभ्यारण्य में जानवर नहीं दिखेंगे।' —फारेस्ट गार्ड के यह बताने के बाद दोनों उसके पीछे हो लिये।

जीप जंगल की ओर बढ़ने लगी थी। मिल्की ने आज मेखला चादर की जगह विनय का दिल्ली से लाया हुआ पंजाबी शूट पहना हुआ था। पिंक पंजाबी शूट मिल्की पर बहुत फब रहा था। उसने आज अपने लम्बे बाल खुले छोड़ दिये थे। माथे पर उसने पिंक कलर की ही नन्ही-सी बिंदिया लगा रखी थी। विनय तिरछी नजर से उसे बार-बार निहार रहा था। इसी बीच फारेस्ट गार्ड ने एक सींग वाले एक मादा गैंडे को उसके बच्चे को दिखाया। मिल्की मादा गैंडे के बच्चे को देख कर बच्चे की तरह खुशी में उछल पड़ी। थोड़ी दूर पर फारेस्ट गार्ड ने एक झाड़ी के बीच बंगाल रायल टाइगर्स को दिखाने की कोशिश की। लेकिन विनय और मिल्की को वह दिखा नहीं। इस पर फारेस्ट गार्ड ने अपने गर्दन में लटकी दूरबीन को मिल्की को दे कर झाड़ियों में देखने के लिए कहा। इस बार मिल्की को उसके शरीर का एक हिस्सा बस दिखा। पीले रंग के ऊपर खिंची काली लकीरें। हिरनों के झुंडों को फुदकते और जंगली भैंसों को कीचड़ में आराम फरमाते देखने के बाद वे दोनों रेस्ट हाउस लौट आये। वापसी में फारेस्ट गार्ड ने उनसे कहा था—'आपका दिन बहुत लकी था। आपको यहाँ रहने वाले सारे जानवर देखने को मिल गये। वरना कई बार ऐसा होता है कि दिन भर घूमने के बाद भी एक भी जानवर नहीं दिखता है।'

दोपहर का लंच करने के बाद दोनों ने थोड़ी देर आराम किया और शाम होने से थोड़ा पहले वे रेस्ट हाउस से दो किलोमीटर की दूरी पर स्थित बाजार गये। बाजार के आसपास कुछेक घर थे, जिनमें स्थानीय लोग रहते थे। बाजार में एक जुलूस

निकल रहा था। जुलूस में फारेस्ट डिपार्टमेंट के लोग अपनी वर्दी में थे। कुछ स्थानीय लोग भी जुलूस में शामिल थे। एक स्वाम्प हिरन का सिर एक जीप में रखा हुआ था। कुछ युवा जंगली भैंसे, रायल बंगाल टाइगर, गैंडे और हाथी के मुखौटे लगाये थे। दोनों को माजरा समझ में नहीं आया कि यह जुलूस आखिर किसलिए और क्यों निकाला जा रहा है। इस पर विनय ने चाय की दुकान के पास खड़े एक व्यक्ति से पूछा—'ये जुलूस किस बात के लिए है?'

'काजीरंगा पार्क में आजकल अवैध शिकार बढ़ गया है। शिकारी गैंडों की सींग और टाइगरों और हाथियों के दाँत के लिए जानवरों को मार रहे हैं। स्थानीय लोग भी हिरनों को मार कर खा रहे हैं। लोगों में अवैध शिकार के खिलाफ जनजागरण करने के लिए ये जुलूस निकला जा रहा है।' —बाबुल अली ने बताया। अली स्थानीय गाइड हैं और अभ्यारण्य में पर्यटकों को घुमाते हैं। फारेस्ट डिपार्टमेंट से उन्हें गाइडगिरी करने का लाइसेंस भी मिला हुआ है।

बाबुल अली की बातें सुन कर विनय चौंका। वह सोचने लगा कि इतने फारेस्ट गार्डों के होने के बाद भी शिकारी शिकार कर लेते हैं। उसने बाबुल अली से फिर सवाल किया—'ये शिकारी कहाँ से आते हैं और इन्हें बेगुनाह जानवरों को मारने में क्या लाभ होता है?'

'पशु तस्कर प्रायः अभ्यारण्य की सीमा से लगे नगालैंड और कार्बी पहाड़ियों से रात के अँधेरे में आते हैं और अपना काम कर चले जाते हैं। मान्यता है कि एक सींग के गैंडे की सींग की औषधि खाने से सेक्स पावर बढ़ती है, जबकि ये बात सरासर गलत है। गैंडों की सींग की औषधीय उपयोगिता नहीं है। बावजूद इसके अन्तरराष्ट्रीय बाजार में एक सींग की कीमत लाखों रुपये है। लेकिन जब से अब बड़े साहब आये हैं तब से शिकार में कमी आयी है। वे स्थानीय लोगों को शिकार के नुकसान के बारे में समझा रहे हैं। तस्करों को जेल भिजवा रहे हैं।'

काजीरंगा के पार्क के पास का बाजार इतना छोटा है कि कुछ भी बेहतर खाने के लिए नहीं मिलता है वहाँ। इसीलिए विनय और मिल्की रेस्ट हाउस आ गये और उन्होंने वहीं डिनर लिया। राजधानी एक्सप्रेस इलाहाबाद स्टेशन पार कर कानपुर पहुँचने वाली थी और विनय की न खत्म होने वाली फिल्म उसकी आँखों में चली जा रही थी। एक के बाद एक दृश्य...

ग्यारह

...विनय दिन पर दिन चिड़चिड़ा होता जा रहा था। उसे नहीं समझ आ रहा था कि उसका नर्म स्वभाव कैसे चिड़चिड़ेपन में बदल रहा है। चिड़चिड़ापन उसके काम पर असर डाल रहा था। एक आध बार कम्पनी के एमडी ने उसे काम को लेकर टोका भी था। काम को लेकर पहले उसकी कोई शिकायत नहीं थी। वह अब भुलक्कड़ भी हो रहा था। वह चीजों को भूल जाता था। कई बार वह पैंट की चैन बन्द करना और टाई की नाट कसना भी भूल जाता था। उम्र के साथ देश भीतर देश का दौरा और मिल्की की याद उसे अब कुछ ज्यादा ही सताने लगी थी। ऐसे में उसने फैसला किया कि थोड़े दिन के लिए वह अपने माता-पिता को दिल्ली बुला लेता है। खाने-पीने की रोज-रोज की हाय-हाय खत्म हो जाएगी। माँ के हाथ का खाना मिलेगा तो गिर रहा स्वास्थ्य भी ठीक हो जाएगा। अकेलापन भी कम हो जाएगा। यही सोच कर उसने प्रयागराज एक्सप्रेस के दो टिकट अपने पिता को कूरियर से भिजवा दिये।

रातभर फेसबुक में घुसे होने के चलते विनय सुबह आठ बजे के बाद ही उठता था। कई बार उसे और देर हो जाती थी। ऐसे में वह तैयार हो कर बिना ब्रेकफास्ट किए हुए ही ऑफिस चला जाता था। सुबह टाइम पर न उठ पाने के डर से उसने उस दिन सोचा कि आज रात को वह नहीं सोएगा और माता-पिता को स्टेशन से लाने के बाद सोएगा। वैसे भी उस दिन रविवार था। छुट्टी का दिन। रात को अपनी प्रिय दलिया खाने के बाद पहले तो वह ऑफिस की कुछ मेल लिखने में लगा रहा। बाद में उसने अपनी आदत के अनुसार फेसबुक पर लागआन कर लिया। उसकी फ्रेंड्स लिस्ट इतनी बड़ी थी कि जब भी वह लागआन करता, ढेर सारे अनचाहे चैट बाक्स उसके स्क्रीन पर उभर आते। किसी में हैलो होता, किसी में हाय तो किसी में आप कैसे हैं जैसे औपचारिक सवाल। पहले तो विनय शिष्टाचारवश सबके बाक्स

में जा कर लिख देता था 'बिजी'। इसके बाद एक-एक करके गैर-जरूरी चैट बाक्स बन्द हो जाते थे। इसके बाद भी कुछ बिजी के सवाल पर भी सवाल कर देते थे कि लगता है आजकल आप नाराज हैं जो ठीक से बात नहीं करते हैं। इस तरह के सवालों का वह फिर जवाब नहीं देता था।

इन तमाम चैट बाक्सों के बीच में उसे अहमदाबाद में रहने वाली मिष्ठी बनर्जी का चैट बाक्स भी दिखा। उसमें गुजराती में लिखा था—'केम छो।'

—विनय ने भी गुजराती में जवाब दे दिया—'मजा मा।'

यह थोड़ी अजीब लगने वाली बात हो सकती है कि एक बंगाली लड़की गुजराती लिख रही है। असल में मिष्ठी के पिता गुजरात में आईआईएम में प्रोफेसर हो कर अहमदाबाद आये थे। लम्बे समय तक आईआईएम में रहने के कारण मिष्ठी का जन्म अहमदाबाद में हुआ और पढ़ाई-लिखाई भी। बचपन से गुजरात में रहने के कारण उसे गुजराती आ गयी थी। अच्छी गुजराती। वैसे वह बांग्ला भी धारा प्रवाह बोलती थी। वैसे तो अहमदाबाद में बंगाली परिवार बहुत कम हैं। लेकिन जितने भी हैं उनमें एक खास तरह की नेटवर्किंग हैं। दुर्गा पूजा और अन्य बंगाली त्योहारों में वे सामूहिक रूप से मिलते-जुलते रहते हैं। अहमदाबाद में एक पूजा पंडाल बंगाली समुदाय का भी होता है। उसमें बांग्ला नाटक, बाउल संगीत के साथ रवीन्द्र संगीत के भी कार्यक्रम होते हैं। दुर्गा प्रतिमा बनाने वाले और ढोल बजाने वालों को विशेष रूप से कोलकत्ते से बुलाया जाता है। वैसे अहमदाबाद के बंगाली परिवार अपने बच्चों की शादी-ब्याह के लिए कोलकत्ते का ही रास्ता पकड़ते हैं। गुजरातियों से शादी-ब्याह के बहुत कम उदाहरण मिलते हैं अहमदाबाद में।

मिष्ठी का परिवार अहमदाबाद के पाश सेटेलाइट इलाके में रहता है। उसके पिता ने रिटायरमेंट से पहले ही सेटेलाइट में एक बड़ा फ्लैट ले लिया था। कमोबेश गुजरात को तरक्कीपसन्द और शान्त राज्य मानने के चलते ही उन्होंने अहमदाबाद में बाकी का जीवन बिताने का फैसला किया था। लेकिन गुजरात दंगों के दौरान अल्पसंख्यकों पर किए गये जुल्म से वह दुखी हो उठे थे। वह इस बात से कुछ ज्यादा दुखी थे कि इन दंगों में गुजरात सरकार पर्दे के पीछे से शामिल थी। दंगों के बाद से वह लगातार अहमदाबाद छोड़ कर कोलकत्ते में बसने की सोचने लगे थे। लेकिन इसी बीच उनकी एकलौती बेटी मिष्ठी की एक बड़ी फार्मा कम्पनी में अच्छे पैकेज में नौकरी लग गयी थी। मिष्ठी का कॅरियर न खराब हो इसलिए उन्होंने कोलकत्ते में बसने के अपने फैसले को फिलहाल स्थगित कर रखा था। लेकिन यह तय कर लिया था कि जैसे ही मिष्ठी की शादी वह कर देंगे तो अपना बोरिया-बिस्तर

अहमदाबाद से लपेट लेंगे। वैसे मिष्ठी की उम्र तीस पार थी, लेकिन वह शादी के लिए तैयार नहीं थी। उसका कहना था कि अभी उसे यूएसए में और पढ़ाई करनी है। उसके बाद ही वह शादी-ब्याह के बारे में सोचेगी।

'केम छो' और 'मजा मा' के बाद मिष्ठी और विनय के बीच बातचीत शुरू हो गयी। विनय ने अपने चैट बाक्स में लिखा—'गुजरात के लोग भी क्या दिल्ली को अपने देश की राजधानी नहीं मानते हैं? वहाँ भी देश के भीतर एक देश है क्या?'

'मैं समझी नहीं।' —मिष्ठी ने सवाल के प्रति अनभिज्ञता जताते हुए लिखा।

'असम के लोग दिल्ली को अपने देश की राजधानी नहीं मानते हैं। वे ब्रह्मपुत्र के पार की दुनिया को विदेश कहते हैं और वहाँ के लोगों को विदेशी मानू।'

'आखिर ये सवाल क्यों?'

'ये सवाल इसलिए कि गुजरात में भी तो मुसलमानों को विदेशी की तरह समझा जाता है। उन्हें मारा जाता है। असम में भी चिकेन नेक के पार के लोगों के साथ ऐसा ही होता है। गुजरात के मुख्यमंत्री नरेन्द्र मोदी बात-बात पर 'मेरे गुजरात' शब्द का प्रयोग करते हैं, जैसे वह उनकी निजी जागीर हो।'

'असम के बारे में तो मैं नहीं कुछ कह सकती। अलबत्ता गुजरात में इसके पीछे भगवा राजनीति है। और मोदी इसी भगवा राजनीति का एक खूँखार चेहरा है। सत्ता के लिए वह कुछ भी कर सकते हैं।'

'आप मोदी को खूँखार कह रही हैं। वे तो गुजरात के विकास पुरुष हैं।'

'सत्ता में काबिज होने के बाद का ये बदला हुआ उनका मुखौटा है। दंगों में जिस तरह से उन्होंने दंगाइयों की मदद की थी, वह कोई विकास पुरुष नहीं करता है। वैसे भी गुजरात आजादी के बाद से ही तरक्की पसन्द राज्य रहा है। यहाँ के लोग इंटरपेनियोर होते हैं। शुरू से ही गुजरात की जीडीपी देश के अन्य राज्यों से ज्यादा रही है।'

'तो मोदी का विकास एक नाटक है या कुछ और।'

'विकास ऐसा है कि बेरोजगारों की लम्बी फौज है यहाँ। सौराष्ट्र के बहुत सारे हिस्से में लोग पीने के पानी के लिए तरसते हैं। महिलाओं के स्वास्थ्य के आँकड़े भी चौंकाने वाले हैं। शिशु मृत्यु दर भी अन्य राज्यों की तुलना में यहाँ कम नहीं है। शिक्षा का स्वास्थ्य भी बहुत अच्छा नहीं है।'

'तो गुजरात के लोग देश के अन्दर देश नहीं देखते हैं।'

'मुझे तो ऐसा नहीं लगता है। गुजराती मुसलमानों को छोड़कर सब कुछ पसन्द करते हैं। दिल्ली भी और कन्याकुमारी भी। वैसे बहुत से गुजराती ऐसे भी हैं, जो

दंगा-फसाद को अच्छा नहीं मानते हैं, जिनकी आवाज नक्कारखाने में तूती जैसी है।'

'फिर भी एक सवाल यह है कि गाँधी के गुजरात में इतनी बड़ी हिंसा कैसे हुई।'

'ये तो गाँधी ही जाने या फिर मोदी। वैसे तुम्हारे इस सवाल में दम है कि गुजरात में भी क्या देश के भीतर देश है। साबरमती नदी के गाँधी आश्रम वाला हिस्सा मुझे दंगों के समय एक अलग देश की तरह लगता है और उसके पार वाला दूसरे देश की तरह। हमारी तरफ दंगों में माल से लेकर थियेटर सब चलते हैं। सामान्य जिन्दगी होती है। उस पार मातम और सन्नाटा पसरा होता है। तब लगता है कि अहमदाबाद दो देश में विभाजित है।'

'इतना बुरा माहौल होता है दंगों के दौरान वहाँ?'

'जी हाँ। उन दिनों वहाँ के बच्चे दूध के लिए भी तरस जाते हैं। साबरमती के पार धुआँ ही धुआँ दिखता है। लोग अपने दड़बों में बन्द रहते हैं।'

'हमारी बातें बहुत गम्भीर होती जा रही हैं। फिर कभी इस बात पर बात करेंगे। और सुनाइये आपके यूएएस जाने की योजना का क्या चल रहा है?'

'तैयारी चल रही है। वीजा के लिए एप्लाई कर दिया है। अगले महीने तक हो जाने की उम्मीद है।'

'अमेरिकी वीजा की बात आपने की है तो याद आया कि आपके राज्य के मुख्यमंत्री को वहाँ का वीजा क्यों नहीं मिला।'

'इसलिए नहीं मिला कि अमेरिकी सरकार गुजरात के दंगों में उनका हाथ मानती है। उसका मानना है कि वहाँ आ कर वह विषैली बातें कर अमेरिका का भी माहौल खराब करेंगे।'

'तो अमेरिका में क्या पढ़ने की योजना है।'

'कम्प्यूटर में एडवांस कोर्स करना है।'

'आपने तो एम.एससी. फ़ार्मा से किया है। फिर कम्प्यूटर की पढ़ाई क्यों?'

'फार्मा फील्ड में एडवांस कम्प्यूटर की स्टडी बहुत महत्त्वपूर्ण है। इस कोर्स को करने के बाद किसी भी फार्मा कम्पनी में मुझे बहुत बड़े पद पर काम मिल जाएगा।'

'तो पढ़ाई के बाद अमेरिका में ही बस जाने का इरादा है या फिर देश में लौटने का?'

'वहाँ क्यों बसूँगी। मैं इंडिया लौट कर आऊँगी। मैं अपने माता-पिता की अकेली सन्तान हूँ। ऐसे में लड़के का फर्ज भी तो मुझे निभाना होगा न।'

'ये अच्छी बात है कि आप अपने माता-पिता के बारे में इतना पाजिटिव सोचती हैं। वैसे तो आजकल लड़कों के लिए माता-पिता भार की तरह हो गये हैं। शेटल

हो जाने के बाद लड़के अपने माता-पिता को ऐसे निकालते हैं, जैसे दूध से मक्खी निकाली जाती है।'

'ऐसा भी नहीं है कि हर लड़का ऐसा करता है। महानगरों में जरूर इस तरह का चलन बढ़ा है। लेकिन गाँवों और छोटे शहरों में माता-पिता का अभी भी वैसा ही सम्मान है, जैसा कि श्रवण कुमार के जमाने में था।'

चैट बाक्स में यह लिखने के बाद मिष्ठी ने यह भी लिखा—'काफी रात हो गयी है। कल मुझे एक प्रेजेंटेशन देना है ऑफिस में। फिलहाल आज इतना ही। गुड नाइट।'

विनय ने भी अपने चैट बाक्स में उसे गुड नाइट लिख कर विदा ले ली। सुबह होने में अभी वक्त था। विनय अभी अपने को मिष्ठी के साथ जोड़े रहना चाहता था। लेकिन वह चली गयी। वह गूगल इमेज खोल कर असम की तस्वीरें देखने लगा। सर्च स्पेस में मिल्की डेका नाम टाइप किया। सर्च रिजल्ट में मिल्की बरुआ दिखी। मिल्की बरुआ उल्फा के कमांडर इन चीफ परेश बरुआ की माँ हैं। परेश बरुआ नामी आदमी हैं, तो उनकी माँ भी नामी हो गयी और सर्च रिजल्ट में उनकी तस्वीर आ गयी। मिल्की डेका कोई नामी शख्सियत तो थी नहीं कि उसकी तस्वीर सर्च रिजल्ट में निकले। इसके बाद वह गूगल अर्थ में जा कर उसने पुबसरणिया पहाड़ को फोकस किया। इमेज को बड़ी कर वह अपने घर को देखने लगा। इसके बाद वह मिल्की के घर की इमेज को बड़ा कर देखने लगा। उसे उसका घर तो दिखा लेकिन वो खिड़की नहीं दिखी, जिससे वह मिल्की को अपने घर से देखता था। उसने फिर उस सड़क पर फोकस किया, जिसमें मिल्की के साथ वह रोज ऑफिस जाता था। इसके बाद कामाख्या मन्दिर के आसपास का जंगल, पैराडाइज रेस्तराँ, डिब्रूगढ़ के चाय बागान, काजीरंगा पार्क, शिलांग पीक आदि पर क्रशर ले जाकर मिल्की के साथ बिताये अपने दिनों को याद करता रहा।

असम की गूगल अर्थ में सैर करते-करते सुबह के पाँच बज गये थे। विनय की आँखों में नींद भर आयी थी। वह सोना चाहता था लेकिन माता-पिता को लेने स्टेशन जाना था। इसलिए वह उठ गया और फ्रेश होने के लिए बाथरूम में चला गया। फ्रेश होने के बाद उसने घर से बाहर निकल कर टहलने का फैसला किया और वह सोसायटी के पार्क में चक्कर लगाने लगा। सुबह के छह बजने पर उसने अपनी कार निकाली और स्टेशन की ओर चल पड़ा।

उसके माता-पिता घर आ गये थे, लेकिन विनय के देश भीतर देश देखने की बीमारी जस की तस बनी हुई थी।

बारह

...कानपुर से रवाना होने के बाद राजधानी एक्सप्रेस इटावा के आउटर पर आ कर खड़ी हो गयी थी। यात्रियों में ट्रेन के रुकने को लेकर बेचैनी हो रही थी। सब एक दूसरे का चेहरा ताक रहे थे। पहली बार विनय के सामने बैठे सांगानेरिया ने उससे चोंच लड़ाते हुए पूछा था—'भाई साहब, गाड़ी क्यों रुक गयी?'

'पता नहीं।' —विनय ने उपेक्षा के साथ उसका जवाब दिया था। इसके बाद वह डिब्बे के दरवाजे के पास आकर खड़ा हो गया था। कई यात्री ट्रेन से उतर कर इंजन की ओर जा रहे थे, तो कुछ वापस आ रहे थे। कोच कंडक्टर से विनय को पता चला कि थोड़ी दूर पर एक मालगाड़ी पटरी से उतर गयी है। दो-तीन घंटे लग जाएँगे पटरी को क्लियर होते हुए। इसके बाद विनय अपनी बर्थ पर लौट आया था और अपनी डायरी खोलकर कुछ लिखना चाहता था। उसकी डायरी उसकी स्मृतियों से भरी थी। मिल्की की एक-एक मुलाकात और अहसास उसमें दर्ज थे। उल्फा के साथ उसके नाजुक रिश्ते की कई कहानियाँ भी उसमें थीं। कलम तो उसने निकाली लिखने के लिए लेकिन वह चली नहीं, तो वह डायरी के पन्ने पलटने लगा। उसकी नजर डायरी के एक पन्ने पर आकर अटक गयी—

सेना के ऑपरेशन बजरंग और राइनों के बाद उल्फा की ताकत कमजोर जरूर हुई थी। लेकिन खत्म नहीं हुई थी। समय के साथ धीरे-धीरे उसने फिर अपनी ताकत बढ़ा ली थी। उसने अपनी उपस्थिति दर्ज करते हुए असम में कई जगह धमाके किये थे। सुरक्षा बलों के कैम्पों पर भी उसने राकेट लांचर से राकेट दाग कर अपनी ताकत का अहसास एक बार फिर सरकार को कराया था। ऐसे में सुरक्षा बल एक और बड़े ऑपरेशन की तैयारी करने में जुटे थे। पूर्वोत्तर के सातों राज्यों की पुलिस महानिदेशकों

की बेहतर समन्वय के लिए बैठक भी गुवाहाटी में हुई थी। बैठक में आईबी और सेना के अधिकारी भी शामिल हुए थे। बैठक में तय हुआ था कि उल्फा की हथियार लाइन को खत्म किया जाए। इसी के साथ नगा हिल्स और ऊपरी असम के कैम्पों पर हमला किया जाए। म्यामार, बांग्लादेश और भूटान में चल रहे उसके शिविरों को खत्म करने के लिए केन्द्र सरकार वहाँ की सरकारों पर दबाव बनाए। इस रणनीति के बाद सुरक्षा बलों ने म्यामार सीमा और बांग्लादेश सीमा पर चौकसी बढ़ा दी थी। इस चौकसी के बाद सुरक्षा बलों ने उल्फा और बोडो विद्रोही संगठनों को हथियार सप्लाई करने वाले कई बड़े तस्करों को पकड़ा भी था। सुरक्षा बलों को इसी दौरान सूचना मिली थी कि म्यामार से प्रशिक्षण लेकर उल्फा कैडर का एक बड़ा दस्ता मिजोरम के रास्ते असम में घुसने की तैयारी में है। सुरक्षा बलघात लगा कर म्यामार सीमा में बैठे रहे और दस्ता मिजोरम से घुस कर पहाड़ी रास्ते से असम में घुस गया। दस्ते ने परम्परागत रूट नहीं लिया था, बल्कि इतना लम्बा रास्ता लिया था कि सुरक्षा बल उसके बारे में सोच भी नहीं सकते थे। दस्ते के सदस्य चार-चार के समूह में अलग-अलग मार्ग पर चल रहे थे। ऐसे ही एक चार सदस्यों वाले दस्ते की मुलाकात करीमगंज के खासियापुनजी के जंगल में असम राइफल्स के जवानों के साथ हो गयी। दोनों तरफ से जबर्दस्त गोलाबारी हुई। अन्ततः चारों उल्फा कैडर मारे गये और उनके पास से भारी गोला-बारूद मिला। मृत उल्फा कैडरों से मोर्टार, कई शक्तिशाली बम, पाँच कारबाईन और कई वायरलेस सेट बरामद किए गये।

सुरक्षा बलों के दबाव के चलते उल्फा ने नयी रणनीति पर काम करना शुरू किया। बांग्लादेश में बैठे उसके नेतृत्व ने तय किया कि वह अब हथियार बांग्लोदश से बाया धुबड़ी फिर जलपाई गुड़ी मँगाएँगे। नेपाल के रास्ते भी हथियार जलपाई गुड़ी लाये जा सकते थे। जलपाई गुड़ी से बोडो विद्रोहियों की मदद से असम के ऊपरी इलाकों में उपस्थित उल्फा कैम्पों तक पहुँचाये जा सकते थे। इस रणनीति की सूचना वाला उल्फा का एक पत्र गुवाहाटी के खानापाड़ा में रहने वाले विवेक ब्रह्मा, जो बोडो विद्रोहियों का सम्पर्क सूत्र था, को पहुँचाने का काम विनय ने किया था। यह उसका पहला उल्फा का काम था, जिसे बुलबुल ने उससे कराया था। हिन्दी भाषी होने के नाते उस पर किसी को शक नहीं हुआ और वह पत्र पहुँचा कर पुबसरणिया अपने घर लौट आया था। हालाँकि विवेक ब्रह्मा पर गुप्तचर एजेंसी नजर लगाए हुए थी। लेकिन विनय की किस्मत अच्छी थी कि वह गुप्तचर एजेंसी के रडार पर नहीं चढ़ा। वरना तो जहाज बना कर उसकी जो पूछताछ होती, उसे वह जिन्दगी भर याद रखता। जेल में कब तक सड़ना पड़ता इसका भी वह अन्दाजा नहीं लगा सकता था। पत्र

देने के बाद तो विनय का उल्फा जल्दी-जल्दी इस्तेमाल करने लगा था। पत्र के अलावा पिस्टल वगैरह छोटे हथियार भी वह इधर से उधर करने लगा था।

इस बीच उसने असमिया ठीक से सीख ली थी। अच्छे से वह असमिया समझने लगा था और बोलने लगा था। मिल्की ने भी अब उसे विदेशी मानू की जगह असमिया भूमिपुत्र मान लिया था। विनय उल्फा के लिए इसलिए काम करने लगा था कि वह मिल्की को अपने असमिया होने का सबूत दे सके। वह यह जता सके कि उसके लोगों की लड़ाई में वह भी शामिल है। विनय को पता नहीं क्यों इस बात का एहलाम था कि मिल्की भी उल्फा की अंडरकवर कैडर है। लेकिन यह सच नहीं था। पंजाब कमांडो की ज्यादती के बाद बेशक वह उल्फा की लड़ाई को शिद्दत से समर्थन देने लगी थी, लेकिन वह उसकी गतिविधियों में शामिल नहीं थी। यदि बुलबुल हजारिका की माने तो उसने विनय को यही बताया था कि मिल्की भी उल्फा के लिए कूरियर का काम करती है। इसीलिए वह शायद तैयार भी हो गया था उल्फा का काम करने के लिए। वैसे भी नक्सल समर्थक का बैकग्राउंड होने की वजह से वह उल्फा की लड़ाई को गलत नहीं मानता था। उसे भी दिखता था कि बाहर से आने वाला हर शख़्स यहाँ से कमाता ही है और लगाता कुछ नहीं है। यदि असम के लोग बाहरी व्यक्तियों को विदेशी और लुटेरा कहते थे तो उसे यह गलत नहीं लगता था।

ट्रेन अभी भी इटावा के आउटर पर खड़ी थी। शायद अभी पटरी क्लियर होने में और वक्त था। वह डायरी के पन्ने पलटता जा रहा था कि उसकी नजर उसकी पहली असमिया कविता पर पड़ी, जिसका हिन्दी अनुवाद कुछ इस तरह होगा–

तुम आती जाती हो मेरे अन्दर साँस की तरह
तुम मेरे अन्दर बजती हो सितार की तरह
मेरे रक्त में ऐसे मचलती हो
जैसे कोई अबोध बच्चा अपनी माँ की गोद में हो
तुम मेरे रक्त में ऐसे प्रवाहित होती हो
जैसे ब्रह्मपुत्र नदी अपने तटों को तोड़ती हुई चल रही हो
तुम मेरे अन्दर ऐसे मचलती हो
जैसे अपने प्रियतम से बिछड़ी नागिन...

विनय की यह पहली असमिया में लिखी कविता थी। इस कविता को जब उसने असमिया में लिख कर मिल्की को दिया था, तो वह लगभग उछल ही गयी थी। उसके

दिल में हलचल मच गयी थी। कई तूफानों ने उसे घेर लिया था। उसने उस कविता को सोने से पहले कई बार पढ़ा था। वह उसमें 'तुम' में अपने को देख रही थी। उसके अन्दर ब्रह्मपुत्र नदी सचमुच घुस गयी थी। सोच के उसके सारे तटबन्ध वह तोड़ रही थी। नागिन की तरह वह मचल रही थी। अबोध बच्चे की तरह धमाचौकड़ी कर रही थी। उसके मनोभावों को समझा नहीं जा सकता था। सपने में भी वह कविता दोहरा रही थी। वैसे इस तरह की कविताएँ बाद में विनय ने और लिखीं। लेकिन वह कविताएँ उसकी हिन्दी कविताओं के स्तर की कभी नहीं बन पायीं। यह बात दीगर है कि गुवाहाटी के एक पुराने असमिया अखबार में बुलबुल ने उसकी ऐसी कई कविताएँ छपवाईं। लेकिन असमिया भाषा में वह वैसी पहचान नहीं बना पाया जैसी कि हिन्दी की युवा कविता में उसकी बनी थी।

डायरी का अगला पन्ना...

उस दिन उस घटना ने भी विनय को बेहद परेशान किया था। कुछ चेहरे पर कालिख पुते लोगों को पुलिस और भीड़ पीटते हुए सडकार पर ले जा रही थी। यह बात सिलपुखरी के आसपास की रही होगी। पूछने पर विनय को पता चला था कि ये भोली-भाली असमिया लड़कियों को कोठों में बेचते हैं। मुम्बई कमाठीपुरा और दिल्ली के जीबी रोड से कुछ असमिया लड़कियों को वेश्यावृत्ति के धन्धे से एक एनजीओ ने मुक्त कराया था। इन लड़कियों की उम्र 18 साल से कम थी। मुक्त कराई गयी लड़कियाँ असम के खैलापारा और नुसलपारा की रहने वाली थीं। ये सभी लड़कियाँ गुवाहाटी के आसपास घरेलू नौकरानी का काम करती थीं। इन्हें बड़े प्रलोभनों को देकर पिटने वालों ने दिल्ली और मुम्बई पहुँचाया गया था। ये लड़कियाँ असम से निकली तो थीं उज्ज्वल भविष्य की चाह में लेकिन जिस्मफरोशों ने इन्हें वेश्यालयों में मोटी रकम ले कर बेच दिया था। लड़कियों को मुम्बई-दिल्ली भेजने वाले लोग चिकेन नेक के पार के रहने वाले थे। असमिया लोगों की जुबान में विदेशी मानू।

असम में मानव तस्करों ने एक बड़ा नेटवर्क कायम कर लिया है। इनके एजेंट मुम्बई से लेकर दिल्ली तक सक्रिय हैं। मानव तस्करी करने वाले गैंग में महिलाएँ भी सक्रिय हैं। हालाँकि सुबह विनय ने असमिया लड़कियों को वेश्याएँ बनाने के बारे में एक खबर असमिया अखबार प्रतिदिन में पढ़ी थी। उस खबर में खुलासा किया गया था कि कैसे ये भोली-भाली असमिया लड़कियों को फँसाता है और इसके तार बांग्लादेश से नेपाल तक कैसे जुड़ते हैं। खबर के अनुसार जिस्मफरोश गिरोह

पहले गरीब और बेसहारा लड़कियों की पहचान करता है। गिरोह के सदस्य इनसे मेलजोल बढ़ाते हैं। उनकी छोटी-मोटी जरूरतों को पूरा करते हैं। इस प्रक्रिया के दौरान वे उन्हें बाहर जाने के लिए प्रेरित करते हैं। लड़की के मान जाने के बाद उसे मोटी रकम लेकर बेच दिया जाता है।

धन्धे से मुक्त रजनी बर्मन ने बताया कि गिरोह की एक महिला ने उसे अच्छी नौकरी दिलाने का वायदा किया और बाद में वह उसे दिल्ली ले गयी। कुछ दिन उसे दिल्ली के पहाड़गंज के एक सस्ते होटल में रखा गया और बाद में सौदा पटने के बाद उसे बेच दिया गया। खबर में इस बात का भी खुलासा किया गया था कि जिस्मफरोशी के नक्शे पर असम तेजी से उभर रहा है। बांग्लादेशी और नेपाली लड़कियों की तस्करी के लिए भी असम मुफीद जगह बनती जा रही थी। असम के सीमाएँ कई जगह नेपाल और बांग्लादेश से जुड़ती हैं। इन सीमाओं को पार करने में ज्यादा मशक्कत नहीं करनी पड़ती है। धुबड़ी के पास तारविहीन बांग्लादेश की सीमा और सिलीगुडी के पास नेपाल सीमा से ये लड़कियाँ लाई जाती हैं और इन्हें फिर आगे बेच दिया जाता है। इन क्षेत्रों पर सीमा सुरक्षा बल की तैनाती भी खास नहीं है। और जो तैनात हैं वे भी ऐसे मामलों में आँखें मूँदे ही रहते हैं। भूख और गरीबी की मार झेल रही ये लड़कियाँ इस धन्धे में शामिल हो जाती हैं। लड़कियों के रिश्तेदारों को जिस्मफरोश दो से पाँच हजार देते हैं और उन्हें वे एक से दो लाख रुपये में आगे बेचते हैं।

विनय ने अपनी डायरी में इस घटना को लेकर दुख और आक्रोश जताया था। उसने उसमें लिखा था कि असम की लड़कियों का क्या गुनाह था जो उन्हें बेचा गया। इसी के साथ उसने लिखा था यही सब वजह है कि उल्फा असम को एक आजाद देश बनाना चाहता है। काश प्राकृतिक संसाधनों और रमणीक स्थलों से भरपूर असम सुरक्षा बलों, केन्द्र की असम विरोधी नीतियों, लुटेरे व्यापारियों और जिस्मफरोशों से मुक्त हो जांता।

रेल पटरी पर आवागमन शुरू हो चुका था। ट्रेन खरामा-खरामा चल पड़ी थी। इटावा पार करते ही ट्रेन ने अपनी रफ्तार पकड़ ली थी। विनय डायरी में ही मशगूल था। उसकी आँखें डायरी के एक और पन्ने पर गड़ गयीं...

उस दिन बारिश खूब हो रही थी। काले बादलों के बीच बिजली कड़क रही थी। बारिश और बिजली की जुगलबंदी के बीच पेड़ झूम रहे थे। विनय और मिल्की ने बारिश का लुत्फ उठाने के लिए कामाख्या मन्दिर के आसपास के जंगल में घूमने

का मन बनाया और वे सरकारी बस से वहाँ पहुँच गये थे। जंगल में छतरी लिए वे पगडंडी में चल रहे थे कि अचानक एक तेज हवा के झोंके ने दोनों की छतरियाँ उनके हाथों से छीन लीं। तेज हवा के प्रवाह से छतरियाँ पेड़ पर जा कर फँस गयीं। इसके बाद बारिश ने कुछ पलों में ही भिगो दिया था दोनों को। मिल्की के लम्बे बालों से पानी टप-टप गिर रहा था। वह अपने बालों को बार-बार निचोड़ रही थी, लेकिन पानी अनवरत उससे निकलता ही जा रहा था। अन्त में उसने बालों को अपने हाल पर छोड़ दिया था। इस बीच विनय ने छतरी को पेड़ से निकालने की नाकाम कोशिश की थी।

मिल्की ने उस दिन सफेद रंग की काटन की साड़ी पहनी थी। साड़ी में लाल रंग का बार्डर था। साड़ी उसने नाभि के नीचे से बाँधी थी। उसकी कमर का एक बड़ा हिस्सा साड़ी के बीच से दिख रहा था। बारिश का पानी उसकी साड़ी से ऐसे चू रहा था जैसे साड़ी में किसी नदी का उद्गम हो। भीगने के कारण साड़ी उसके शरीर से चिपक गयी थी। उसके पूरे शरीर की बनावट के एक-एक कटाव को देखा जा सकता था। वह सफेद भीगी साड़ी में खूबसूरती के साथ तराशी संगमरमर की जीवन्त प्रतिमा की तरह लग रही थी। उसके होठ सुर्ख हो रहे थे। उसकी मृगनयनी जैसी कटीली आँखें विनय को देख कर शरारती मुद्रा में आ गयी थीं। वह उसे तीखी नजर से लगातार देख रही थी। विनय भी उसकी नाभि में नजर गड़ाये हुए था। उसकी नाभि का आकार उसकी आँखों में आकाश गंगा का रूप ले चुका था। जिसमें सारे ग्रह तेजी से चक्कर लगा रहे थे। विनय की आँखें उल्काओं से टकरा रही थीं। इस टकराहट से एक मीठी आवाज निकल रही थी, जो विनय के कानों में बज रही थी। उसका दिल धड़क रहा था। उसकी साँसें गरम हो गयी थीं। हाथ-पाँव में एक खास तरह का कम्पन महसूस हो रहा था। उधर मिल्की भी आवेग से भरी जा रही थी।

दोनों के बीच यह पहला मौका था जब दोनों इस तरह एक दूसरे को देख और महसूस रहे थे। हजारों वीणाओं का संगीत उनमें बज रहा था। दोनों राग प्रेम की रचना के लिए उद्वेलित थे। तेज बौछार ने जब मिल्की के मुँह में एक जोर का थपेड़ा लगाया था तो उसका पल्लू उसके कन्धों से नीचे गिर गया था। बारिश के कारण लगभग बन्द हो चुकी आँखों के साथ वह अपने पल्लू को उठाने के लिए नीचे झुकी तो मिट्टी पर रखा उसका पाँव फिसल गया। और वह सीधे विनय की बाँहों में आकर झूल गयी। विनय ने करीने से उसे सँभाल लिया था। इस सँभाल में वह आधी झुकी सी विनय की बाँहों में झूल गयी। साड़ी का पल्लू उसके वक्षों से पूरा हट कर जमीन

को छू रहा था। मिल्की के सफेद महीन ब्लाउज के भीतर का हर उभार विनय की आँखों के इतना करीब था कि वह उसकी साँसों को साफ-साफ महसूस कर रहा था। मिल्की उसकी असमिया कविता की नायिका सी उसके सामने साकार थी। उसके लम्बे गीले बाल नागिन की तरह मचल रहे थे। उसकी साँसें उफनती नदी की तरह उसकी साँसों को तरंगित कर रही थीं। मिल्की चाहती तो उस पल अपने को विनय से अलग कर सकती थी, लेकिन उसने ऐसा नहीं किया। वह अपनी आँखें बन्द किए यों ही विनय की बाँहों के घेरे में एक नयी अनुभूति पाने को बेताब थी। विनय मिल्की को संतूर की तरह बजाने लगा। उसके माथे से लेकर नाभि तक। कभी वह वक्ष राग बजाता, तो कभी ओष्ठ राग। उसकी अंगुलियाँ उसके वक्ष राग में उलझतीं तो कभी प्रेम की तान नाभिराग को छेड़ देतीं। विनय ने हौले-हौले उसे ऊपर से नीचे तक चूमा यह सिलसिला तब तक रहा, जब तक वे निढाल नहीं हुए। फिर दोनों होठों-से-होठ सटाये लम्बे समय तक प्रेम के आनन्द राग की जुगलबन्दी में मस्त हो गये। वे बार-बार इसे दोहराते और असीम सन्तोष राग को पाते। बाहर की बारिश उनके भीतर की अग्नि को बढ़ाने में मदद कर रही थी, यह प्रकृति का अजीब विरोधाभास था। उनके अन्दर तब चेतना लौटी जब बारिश थम चुकी थी और तोतों के एक झुंड ने आकाश में उड़ान भरी थी।

यह विनय और मिल्की के अन्तरंग मिलन का पहला मौका था, जब वे एक-दूसरे में इस तरह लीन हुए थे। इससे पहले चुम्बन और चुटकी काटा काटी तक ही दोनों का स्पर्श सीमित था। इस मिलन में दोनों ने एक-दूसरे के एक-एक अंग को अन्दर तक महसूस किया था। इस मिलन में ही विनय ने पहली बार मिल्की से कहा था—'मैं तुम्हारे बिना नहीं रह सकता हूँ। मैं तुम्हें अपना जीवन साथी बनाना चाहता हूँ।'

मिल्की ने विनय के इस प्रस्ताव के जवाब में उसे और कस कर जकड़ लिया था और उसके होठों को जोर से काट लिया था। मिल्की की इस तरह स्वीकृति का अन्दाज विनय को और रोमांचित कर गया था।

राजधानी एक्सप्रेस अलीगढ़ स्टेशन की सीमा पर पहुँच रही थी...

माता-पिता के दिल्ली आ जाने के बाद विनय में थोड़ा अनुशासन जरूर आया था। लेकिन उसमें देश भीतर देश देखने की बीमारी के बाद आयी भूलने की आदत में कुछ सुधार नहीं हो रहा था। वह अपनी याददाश्त दुरुस्त रखने के लिए हर काम

को एक नोटपैड में नोट करने लग गया था। वह छोटे-बड़े काम को नोट पैड में लिख लेता। दूध लाने से लेकर प्रोजेक्ट रिपोर्ट बनाने तक के काम को। बावजूद इसके उसके बहुत से जरूरी और गैर-जरूरी काम रोज की दिनचर्या में छूट ही जाते थे।

रात के भोजन के बाद उस दिन वह अपनी माँ से दुलरा रहा था। उसने अपनी माँ से अपनी भूलने वाली आदत का जिक्र किया। बूढ़ी माँ ने जब ये सुना तो वह घबरा गयी। वह जानती थी कि विनय की याद्दाश्त ऐसी थी कि उसके दिमाग में किताब की किताब छप जाती थी। लेकिन उसे इसका कोई इलाज सूझ नहीं रहा था। वह अपने पुरखों के किसी भी नुस्खों को याद कर इस आदत का तोड़ नहीं खोज पायी। वैसे जब विनय को दाँतों में कभी दर्द होता था तो वह उसे लौंग पीस कर दर्द वाले दाँत में दबा लेने की सलाह दे देती थी। पेट से पिचकारी छूटने पर वह केले खिला देती थी। पैर में मोच आने पर वह उसमें हल्दी-चूना गर्म कर लगा देती। इस समस्या का जब उसे कोई तोड़ नहीं सूझा तो उसने टप से कह दिया—'बेटा शादी कर लो। कब तक इन्तजार में बैठे रहोगे। घरवाली साथ रहेगी तो जीवन पटरी पर आ जाएगा। मेरी भी तो पोता-पोती देखने की बड़ी इच्छा है। बिरादरी में तुमको लेकर मुझे क्या-क्या सुनना पड़ता है। तुमने मेरी कभी कोई बात नहीं मानी पर एक बार ये बात मान लो बेटा।'

माँ की ये बात सुन कर विनय को थोड़ा अजीब लगा। उसने माँ से अपनी पकड़ ढीली कर ली। इसके बाद अपने सिर को उसने उनकी गोद से हटा लिया और कोई जवाब दिये बिना वह अपने बेड की ओर जाने लगा। इस बीच टेबिल पर रखा लैपटाप उसकी आँखों में चमका। लेकिन उसने साइबर वर्ल्ड में जाने से अपने को रोकते हुए असली जिन्दगी में बने रहने का फैसला किया।

बेड पर लेटे हुए माँ की शादी की बात उसके अन्दर नश्तर की तरह चुभने लगी। एक बार फिर वह पुबसरणिया के पहाड़ में पहुँच गया था। मिल्की के घर के बाहर जगमग थी। हजारों जलते-बुझते बड़े-छोटे बिजली के बल्ब उसके घर को रौशन कर रहे थे। मुख्य द्वार पर ताजे फूलों और केले के पत्तों का वन्दनवार बनाया गया था। कुछ दूर पर स्थित विनय के घर में भी चहल-पहल थी। बुलबुल हजारिका की सक्रियता कुछ ज्यादा थी। विनय के ऑफिस के दोस्त वहाँ जमा थे। विनय ने अपने माता-पिता को भी अपने शादी के मौके पर बुलाया था, लेकिन गैर-जाति में उसके शादी करने के कारण, उन्होंने विवाह समारोह में शामिल होने से मना कर दिया था। माता-पिता के न होने की टीस उसे सता रही थी। असमिया रीति-रिवाज के अनुसार शादी से पहले लड़की लड़के के घर जाती है। और लड़के की माँ लड़की की

माँग सिन्दूर से भरती है। इसलिए भी माँ का न होना उसे खास तरह से खल रहा था। विवाह असमिया वैदिक रीति से होना था। विनय को उसके बारे में कोई जानकारी नहीं थी। इसीलिए बुलबुल हजारिका की सक्रियता काफी थी। वही नाऊ, बारी, कहार और स्त्रियों के काम में जुटा था। विनय ने क्रीम कलर का असमिया सिल्क का कुर्ता और पाजामा पहन रखा था। कुर्ते के ऊपर सिल्क का दुपट्टा था। गेंदे और बेले के फूलों की एक मुकुटनुमा माला बुलबुल ने उसके सिर पर बाँध दी थी। असमिया सेहरा कह सकते हैं इसे। वह मुकम्मल असमिया वर लग रहा था।

उधर मिल्की के घर में भी तैयारियाँ जोरो पर थीं। मिल्की की माँ तो थी नहीं। लेकिन उसके रिश्तेदारी की महिलाएँ वहाँ जमा थीं। उपटन लगा कर स्नान कराने के बाद बुलबुल की सगी बहन उसे सजाने में जुट गयी थी। उसने पारम्परिक असमिया परिधान मेखला चादर पहनी थी। सिल्क की। चादर पर खूबसूरत गोल्डन कलर की छोटी-बड़ी बूटियाँ थीं। मेखला और चादर दोनों में बार्डर में भारी काम किया हुआ था। रात को लगाई हुई मेहँदी उसके हाथों में तीखी हो कर चमक रही थी। भौं के चारों तरफ सफेद बिंदियों की कतार बुलबुल की बहन ने बना दी थी। आँखों में तीखा काजल था, जो उसकी आँखों को और मारक बना रहा था।

विनय की बारात जब एक फर्लांग की दूरी पर मिल्की के घर के सामने पहुँची थी तो उसके पिता और मामा ने उसका स्वागत किया था और बाद में गोद में उठा कर वे उसे अन्दर ले गये थे। खाने-पीने की रस्मअदायगी के बाद एक मंडप में विवाह की रस्म पूरी हुई थी। इसके बाद दोनों हमेशा के लिए एक-दूजे के हो गये थे। सामाजिक मुहर के साथ।

शादी के बाद हनीमून के लिए विनय ने मिल्की से शिमला चलने के लिए कहा था। लेकिन मिल्की ने विनय के भारी दबाव के बाद भी इसके लिए मना कर दिया था। उल्टे मिल्की ने शिमला की जगह शिलांग का प्रस्ताव किया था। फिर दोनों में बाद में तय हुआ था कि फिर कभी वो घूमने दिल्ली चलेंगे। दिल्ली का नाम सुनते ही मिल्की के कान खड़े हो गये थे। वह दिल्ली नहीं जाना चाहती थी। या यूँ कहें कि वह असम से बाहर कही नहीं जाना चाहती थी, तो बेहतर होगा। बावजूद इसके उसने विनय का दिल रखने के लिए कह दिया था कि कभी वक्त मिला तो जरूर चलेंगे।

दोनों शादी के बाद आराम से रह रहे थे। साथ ऑफिस जाते और आते। खुल्लम-खुल्ला घूमते। मौज मस्ती करते। ऐसे ही खूबसूरत दिन कट रहे थे दोनों के। धीरे-धीरे विनय की ट्रेनिंग का समय पूरा हो रहा था। तीन साल ऐसे कट जाएँगे

विनय ने कभी सोचा भी नहीं था। अन्ततः वह वक्त भी आ गया जब विनय की ट्रेनिंग खत्म हो गयी। उसने दिल्ली जाने की तैयारियाँ शुरू कर दीं। विनय की दिल्ली की तैयारियों से मिल्की खुश नहीं थी। वह चाहती थी कि विनय ताउम्र गुवाहाटी में ही उसके पास रहे।

विनय अपने अतीत की इन यादों में खोया हुआ था। नींद वैसे भी उसे कम आती थी। शादी के इन दृश्यों ने उसे एक बार फिर विचलित कर दिया था। उसे लगा कि उसे साइबर वर्ल्ड में ही शान्ति मिल सकती है। इसके बाद वह बेड से उठकर सीधे लैपटाप के पास आ गया और फेसबुक पर लागआन हो गया। मैसेज बाक्स में एक मैसेज का संकेत था, तो उसने मैसेज पर क्लिक किया। बबिता मालवीय का सन्देशा था उसमें। उसे आश्चर्य हुआ कि इतने दिनों बाद बबिता को उसकी कैसे याद आ गयी। बीती बार जब उससे उसकी बात हुई थी, तो एक प्रकार के झगड़े के साथ चैट खत्म हुई थी। इस दौरान कई बार उसने बबिता को लागआन देखा लेकिन कोई बात नहीं की थी उसने। बबिता ने भी बातचीत की पहल नहीं की थी। असल में विनय ने बबिता से प्रेम निवेदन कर दिया था। विनय अपनी हर फेसबुकिया सहेली से प्रेम निवेदन कर देता था। देश भीतर देश के सवाल को तो वह उनसे लगभग हर बार पूछता ही था। फेसबुकिया सहेलियों से उसका प्रेम निवेदन उसकी कोई छिछोरी हरकत नहीं थी। हर सहेली से बातचीत के दौरान उसे सामने मिल्की होने का भ्रम होता था। वह उन्हें मिल्की का अवतार समझ कर बात करता था या फिर मिल्की होने के भ्रम के चलते। कविता का सन्देशा उसने खोल लिया था—

'मैं सोच रही थी कि ऐसा क्यों होता है कि जब-जब हम बात करते हैं, उससे या तो आपको दुःख पहुँचता है या मुझे...तो मुझे ये समझ आया कि आप मुझसे प्रेम करते हैं और मैं आपको मित्र मानती हूँ। यही समस्या की जड़ है। 'आप लड़ाई कर सकती हैं किन्तु प्रेम नहीं' ऐसा एसएमएस किया था आपने जबकि मैं आपसे कह चुकी हूँ कि वो यदि होना होगा तो होगा...अभी तो नहीं है....मुझे आप जैसा मित्र पाकर खुशी हुई है किन्तु ऐसा लगता है बहुत स्वाभाविक और सहज सा रिश्ता हमारे बीच सम्भव नहीं...इसीलिए मुझे लगा हम मेल के जरिये जुड़े रहे वो अधिक बेहतर है....वर्ना आप भी दुखी होते रहेंगे और मैं भी...इसीलिए आपको लागआन देखने के बाद भी मैं बात नहीं करती हूँ...आपकी कविताएँ हो रही हैं कि नहीं... आज मेरा गला खराब है। सिटीजाइन टेबलेट खाई हुई है, सो जल्दी नींद आएगी रात को...आप बहुत व्यस्त भी रहते हैं वर्ना आपसे एक मामले पर राय लेनी थी...आपसे

एक बार मिलने का मन जरूर है...देखिये कब और कैसे हो पाता है...'

उसे बबिता का मैसेज पढ़ कर बड़ा अजीब लगा। उसने सोचा कि वह तो खुद ही प्रेम करती थी। रोमांटिक एसएमएस और मेल करती थी। अब सती सावित्री बन रही है। उसने गुस्से में उसके सन्देशे का जवाब यूँ दिया—'मैं आपसे क्यों प्रेम करने लगा। मेरे पास तो मिल्की है। मेरी जीवनसंगिनी। उसके रहते मैं क्यों प्रेम करने लगा आपसे। मुझे लगता था कि मेरी बातों से आपका दिल हल्का होता है तो मैं आपकी भाषा में आपकी सोच के हिसाब से जवाब देता रहा। इसीलिए मैं आपके साथ यात्रा में मौन रख कर चलता रहा। अब आप प्रेम की आड़ में दोस्ती का पाखंड कर रही हैं। आप मेरी परीक्षा ले रही हैं क्या? वैसे आपसे न तो मुझे प्रेम था और न है और न ही आगे अब दोस्ती रखनी है। बस आज से ये रिश्ता यहीं से खत्म हुआ।'

इस जवाब के बाद उसने बबिता को अपनी फ्रेंड्स लिस्ट से अनफ्रेंड कर दिया। बाद में बबिता के उसके मोबाइल पर कई मैसेज और काल आयी पर उसने किसी का कोई जवाब नहीं दिया।

बबिता के मैसेज का जवाब देने के बाद विनय चैट लिस्ट चेक करने लगा। उसमें उसकी दो फेसबुकियाँ सहेलिया थीं। कोकिला पात्रा और सोनिया दहिया। उसने सोनिया दहिया के चैट बाक्स में लिखा—'हैलो।'

काफी देर जवाब न मिलने पर उसने फिर कोकिला के चैट बाक्स में लिखा—'हैलो।'

'हैलो...हैलो...कैसा है आप?' —कोकिला ने इतनी हड़बड़ी में हैलो का जवाब दिया, जैसे वह विनय के हैलो का इन्तजार कर रही थी।

'कोलकत्ते में बारिश बहुत हो रहा है। मौसम बहुत अच्छा है यहाँ। आप यहाँ होता तो घूमने जाता।' —कोकिला ने विनय को रोमांटिक अन्दाज में छेड़ते हुए लिखा। वैसे कोकिला विनय पर कुछ ऐसे फिदा थी कि मानो वह उससे विवाह कर लेगी। कई बार देर रात को उसने साइबर सेक्स करने का भी प्रस्ताव विनय के सामने रखा था। उसे उत्तेजित करने के लिए उसने अपनी कई अर्धनग्न तस्वीरें भी इस प्रक्रिया में भेजी थीं। एक आध बार उसने उसके साथ साइबर सेक्स करने की कोशिश भी की थी, लेकिन विनय की तरफ से उचित जवाब नहीं मिला था।

'बारिश तो यहाँ भी हो रही है। मद्धिम-सी। लेकिन मेरा मन घूमने के लिए नहीं हो रहा है।' —विनय ने कोकिला के रोमांटिक मूड को यह लिख कर ठेस पहुँचाई, ताकि वह और किसी विषय पर बात करे। वैसे भी वह मिल्की की याद में इस तरह लीन था कि उसे किसी लड़की का कोई प्रस्ताव स्वीकार नहीं था। विनय

मिल्की से सचमुच बहुत प्यार करता था। वह उसके बिना रह नहीं सकता था शायद।

'तो किस चीज का मन हो रहा है मेरे सोना-मोना का?' —कोकिला ने फिर उसे छेड़ना चाहा।

'दुनिया छोड़ने का मन हो रहा है। संन्यास लेना चाहता हूँ।' —विनय ने यह लिख कर कोकिला के रोमांटिक मूड की हवा निकाल दी।

'चलो मैं भी ले लेता हूँ।'

'तुम तो रहने दो। तुम तो जंगल में भी किसी का ध्यान बाँट सकती हो...'

'वैसे तो मैं पहले ही तुम्हें बता चुका हूँ कि मैं बौद्ध भिक्षुणी बनना चाहता हूँ। मैं भी भागदौड़ की जिन्दगी से त्रस्त आ चुका हूँ।' —विनय की बात काटते हुए कोकिला ने लिखा।

'तुम्हें कौन-सा दुख आ गया जो तुम भिक्षुणी बनना चाहती हो।'

'घर से लेकर ऑफिस तक स्त्री गुलाम ही है। भिक्षुणी बन कर मैं एक स्वतन्त्र स्त्री बनना चाहती हूँ।'

'तुम तो बौद्ध मठ में जाकर वहाँ रहने वाले भिक्षुओं की तपस्या भंग कर दोगी। तुम स्वतन्त्रता का और कोई रास्ता खोजो। जिसमें जीवन का हर सच अपने रंग के साथ मौजूद हो।'

'स्वतन्त्रता के लिए एक औरत को क्या करना चाहिए?' —उसने सवाल किया।

'स्त्री सृष्टि की जननी है। तुम अपने सृजन धर्म को त्यागोगी तो पृथ्वी बंजर हो जायेगी।'

'हमारा सृजन ही हमारा गुलामी का सबसे बड़ा कारण है। जिस पुरुष को एक स्त्री जन्म देती है, वही उसका गुलामी का सबसे बड़ा कारण बनता है। ऐसे सृजन से स्त्री का तो कोई भला नहीं होता है न।'

'इसके बावजूद एक स्त्री जो सृजन कर सकती है, उसे किसी भी ग्रह का कोई और प्राणी नहीं कर सकता। तुम अपने सृजन के धर्म से मत डिगो। श्रम से संन्यास भी डरता है।'

'तो फिर तुम क्यों संन्यास लेना चाहते हो?'

'मैं जीवन से पलायन करना चाहता हूँ। मैं जीवन से डर रहा हूँ। मेरा पुरुषार्थ चुक गया है। संन्यास मेरे डर का मुखौटा हो सकता है शायद।'

'तुमने ही तो कहा कि श्रम से संन्यास डरता है, तो फिर...तुम्हारी एक कविता

भी है न–

दुख है
दुख के आगे भी बहुत कुछ है
मोक्ष प्राप्त करने के लिए
अरण्यों में जाना
केशों को विस्तार देना
केसरिया धारण और कन्दमूल जरूरी नहीं है
वैतरणी पार करने के लिए
अरे भाई
काम करते आदमी से
तो भूत भी भागते हैं।'

'हाँ, ये मेरी ही कविता है। लेकिन अब मुझे कविताओं से भी डर लगने लगा है।'

'अरे छोड़ो ये सब। हम सबको इसी पृथ्वी पर रहना है और अपने-अपने तरह से दुख-सुख को जीना है।' –बहस को गम्भीर होते देख कोकिला ने उसे हल्का बनाते हुए ये बात लिखी।

'तुम सही कह रही हो। हमें इस पृथ्वी पर रहना है और एक दिन मर जाना है। मृत्यु से बड़ा सत्य कोई और नहीं है। सन्त और संन्यासी सबको एक दिन मरना पडता है।'

कोकिला को बात करते हुए काफी देर हो गयी थी। शायद दो बज रहे होंगे। उसे सुबह ऑफिस जाने के लिए जल्दी उठना होता है, सो उसने बात पर विराम लगाते हुए इतना ही चैट बाक्स पर लिखा–'अब बस। बहुत देर हो गयी है। फिर मिलते हैं सोना-मोना। गुड नाइट।'

विनय को नींद आ नहीं रही थी, वह कोकिला से और बात करना चाहता था। लेकिन वह चैट बाक्स में उसे रुकने के लिए कहता कि उससे पहले ही कोकिला लागआउट कर गयी। इसके बाद विनय ने चैट बाक्स में नजर दौड़ाई। उसकी कोई और सहेली लागआन नहीं थी, सो उसने गूगल न्यूज खोल दिया। टाप स्टोरीज सेक्शन में खबर थी–'मिसिंग उल्फा मेम्बरस किल्ड आफटर भूटान आपरेशन।'

खबर पढ़ कर विनय थोड़ा चौंका। उसने महसूस किया कि दिल्ली के अखबारों ने उल्फा के खिलाफ चलाए गये अभियान की खबरों को भी प्रमुखता से नहीं छापा।

वरना उसे आपरेशन की जानकारी जरूर होती। वह भूटान में भूटान रायल आर्मी द्वारा चलाए गये आपरेशन आल क्लीयर की खबरों को नेट पर खोजने लगा। एक के बाद एक खबर वह तेजी से पढ़ रहा था। खबरों का सार यही था कि असम से जुड़ने वाली भूटान की सीमा में आतंकवादियों के मौजूद तीस शिविरों को फौज ने खत्म कर दिया है। इन शिविरों में उल्फा के अलावा एनडीएफबी और कामतापुर लिबरेशन आर्मी के शिविर थे। ये शिविर भूटान की असम, पश्चिम बंगाल और अरुणाचल प्रदेश से मिलने वाली पूरी सीमा पर फैले हुए थे। उल्फा ने भूटान में शिविर तब से ही बनाने शुरू कर दिये थे, जब उसे आतंकवादी संगठन बताकर प्रतिबंधित कर दिया गया था। भूटान के शिविरों में लगभग 3000 से ज्यादा भूमिगत विद्रोही रह रहे थे। सभी विद्रोही आधुनिक हथियारों से लैस थे। इन शिविरों में प्रशिक्षण स्कूलों के साथ शूटिंग रेंज भी थे। यहाँ से प्रशिक्षित भूमिगत विद्रोही भूटान सीमा को पार कर असम में तैनात सुरक्षा बलों पर गुरिल्ला हमलों को अंजाम दे कर लौट आते थे। खबरों में बताया गया था कि आपरेशन शुरू करने से पहले भूटान सरकार ने अखबारों में विज्ञापन छाप कर भूटान से इन विद्रोहियों से उनका देश छोड़ जाने की अपील की थी। उसका असर जब इन संगठनों पर नहीं हुआ तो भूटान रायल आर्मी के जवानों ने इनके शिविरों में हमला बोल दिया था। आपरेशन के दौरान लगभग डेढ़ सौ के आसपास भूमिगत विद्रोहियों को अपनी जान से हाथ धोना पड़ा था। जो बच कर भाग निकलने में सफल हुए थे, उन्हें भारतीय सीमा में फौज का निशाना बनना पड़ा था। कुछ खबरें इस तरह की भी थीं कि उल्फा ने भूटान सरकार से आपरेशन रोकने के लिए अपील की और असम बन्द का भी आवाहन किया। आल क्लीयर आपरेशन ने उल्फा की कमर तोड़ दी थी। बांग्लादेश में बैठे उल्फा नेतृत्व में त्राहि-त्राहि मच गयी थी। तमाम खबरों को पढ़ते-पढ़ते विनय की जब एक और खबर पर नजर पड़ी तो वह घबरा गया। यह खबर थी—आपरेशन के दौरान उल्फा के राजनीतिक सलाहकार भीमकान्त बढगोहाई गिरफ्तार। असल में विनय के घबराने की वजह यह थी कि एक बार वह उल्फा का बतौर कूरियर भीमकान्त से मिला था। उसने उल्फा के कमांडर इन चीफ परेश बरुआ का एक सन्देशा भीमकान्त तक पहुँचाया था। उस मुलाकात में भीमकान्त ने उससे उनका नाम पूछा था और जेब से नीले कवर वाली एक डायरी निकाल कर उसमें लिख लिया था। बस इसी बात से वह घबरा रहा था कि यदि भीमकान्त की डायरी मिली तो विनय नाम के शख्स की खोज होगी और वह पकड़ा जाएगा। लेकिन आपरेशन को खत्म हुए एक माह के आसपास हो गया था, लेकिन अभी तक उसके घर पर किसी सुरक्षा एजेन्सी ने

दस्तक नहीं दी थी। खबर पढ़ने के बाद उसके मन में यह विचार आया कि अब तक कोई नहीं आया तो अब कौन आएगा। वैसे भी विनय नाम का दुनिया में वह अकेला तो नहीं है। हजारों विनय हैं दुनिया में। और वह फिर असमिया भी नहीं है, जो पुलिस उस पर शक करे। यही सोच कर उसने भीमकान्त की खबर के असर को अपने दिमाग में कम करने की कोशिश की। लेकिन फिर उसे बुलबुल हजारिका की दोस्ती और मिल्की डेका से उसकी शादी की बात याद आयी। वह सोचने लगा कि बेशक वह असमिया नहीं है, लेकिन असमिया लड़की से तो उसने शादी की ही है। यह बात दिमाग में आने के बाद एक बार फिर उसके दिमाग में हलचल मचने लगी। लेकिन अन्त में वह इस बात पर टिक गया कि दुनिया में हजारों विनय हैं वह अकेला विनय नहीं है। असमिया लड़की से शादी करना उसका कोई गुनाह नहीं है। कोई भी किसी से शादी कर सकता है। वैसे भी इस देश का संविधान अपने नागरिकों को देश में कहीं जाने आने और बस जाने और किसी से भी विवाह की इजाजत देता है। इसी के साथ एक बार उसके दिमाग में यह बात आयी कि संविधान बेशक रहने बसने की इजाजत देता है लेकिन लूटने की इजाजत तो नहीं देता है। और यह भी बात उसके जेहन में आयी कि हम तो असम को अपना समझते हैं लेकिन वहाँ रहने वाले अधिकांश लोग हमें विदेशी क्यों मानते हैं? क्या असम को हमारे अपना मानने में कोई खोट है या फिर चालाकी?

तेरह

...राजधानी एक्सप्रेस अलीगढ़ पार कर दिल्ली की ओर बढ़ रही थी। दिल्ली अब ज्यादा दूर नहीं थी। विनय अपनी डायरी के पन्नों को पलटे जा रहा था। कभी वह डायरी के आगे वाले हिस्से में पहुँच जाता था तो कभी एकदम शुरुआती दिनों की यादों वाले पन्ने में। अन्ततः उसने गुवाहाटी से चलने से पहले लिखे पन्नों पर अपनी नजर टिका दी। इन पन्नों में दर्ज घटना में देश भीतर देश देखने की उसकी बीमारी का पूरा ब्योरा था—उस दिन थी तो पूर्णमासी की रात। चाँद नीलांचल पर्वत और पुबसरणिया पहाड़ के बीचोबीच स्थित था। पूरी तरह से उजास बिखेरते हुए। उसकी रोशनी में पुबसरणिया के पहाड़ से शहर के हर छोटे-बड़े हिस्से को देखा जा सकता था। ऊँची इमारतों के चलते ब्रह्मपुत्र नदी वहाँ से नहीं दिखती थी बस। वरना उसमें पूर्णमासी में होने वाली हलचल को भी महसूस किया जा सकता था। लेकिन पूर्णमासी की रात विनय के जीवन में अमावस की रात बन कर आयी थी। अँधेरा और सिर्फ अँधेरा। अमावस की रात के समय आने वाले भूकम्पों की हलचल उसके अन्दर उठ रही थी। उसके अन्दर हजारों बादल फट रहे थे। अन्दर-ही-अन्दर वह भीग रहा था। कामाख्या के जंगलों में बारिश में उसने और मिल्की ने जो प्रेम राग की जुगलबन्दी की थी, ठीक उसके विपरीत अनुभव था यह उसके लिए। उस मिलन में जो वीणा के तार उनमें बजे थे, उनके तार टूट गये थे। राग बेताला हो कर बज रही थी उसके अन्दर। पूर्णिमा के चाँद की रोशनी ने उसकी आँखों में अँधेरा ऐसा भर दिया था कि उसे कुछ नहीं दिख रहा था। रास्ते गायब हो गये थे।

पूर्णिमा की उस शाम ने उसके अन्दर अमावस का अँधेरा भरा था। दिल्ली जाने से पहले की बात है। विनय अपनी तैयारी कर रहा था। बार-बार वह मिल्की से भी अपनी पैकिंग करने के लिए कह रहा था। लेकिन मिल्की उसकी बात पर कोई

तवज्जो नहीं दे रही थी। असल में उसे दिल्ली जाना ही नहीं था। वह गुवाहाटी और असम की सीमाओं के बाहर जाने की कल्पना ही नहीं कर सकती थी, जाने की बात तो दूर थी। उसे दिल्ली जाना होता तो वह संगीत नाटक अकादमी के निमन्त्रण पर बिहू परफारमेन्स के लिए जरूर जाती। या फिर विनय से शादी के बाद उसके शिमला में हनीमून के प्रस्ताव को मान लेती। ब्रह्मपुत्र नदी के पार की दुनिया उसके लिए पूरी तरह से अजनबी थी। वह गुवाहाटी में खुश थी। ब्रह्मपुत्र नदी के पार की दुनिया से शायद उसका छत्तीस का आँकड़ा था। पार जाने की बात सोचते ही वह विषाद से भर जाती थी। ब्रह्मपुत्र पार उसके लिए परदेस जैसा था। वह वहाँ से आने वाले यात्रियों को भी परदेसी से ज्यादा कुछ नहीं मानती थी। वह उन्हें लुटेरा भी समझतो थी। उसके मन में ये बात गूँजती थी, जब बाहर से आने वाले लोग यहाँ से वापस जाते हैं तो कहते हैं कि हम अपने देश जा रहे हैं। ब्रह्मपुत्र पार से आये पंजाब कमांडो की उसके साथ की गयी बदसलूकी ने भी उसके मन पर ब्रह्मपुत्र पार के लोगों के प्रति शक और बढ़ा दिया था। सिलचर से सटी बांग्लादेश सीमा पर ब्रह्मपुत्र पार से आयी सुरक्षा बलों की बटालियन की मौजूदगी में मानव तस्करी ने भी उसके अन्दर गहरी चोट की थी। इसके अलावा एक और घटना थी, जिसने ब्रह्मपुत्र पार के लोगों को उसकी निगाह में आततायी, लुटेरा, स्त्री विरोधी और न जाने क्या-क्या बना दिया था। विनय से भी प्यार जताने और उससे शादी करने में उसे लम्बा समय लगा था। वह लव एट फर्स्ट साइट नहीं था। उसने विनय को जब तक असमिया नहीं बना लिया था, तब तक उसने अपना स्पर्श तक करने की भी इजाजत उसे नहीं दी थी। शादी भी इसीलिए उसने असमिया रीति-रिवाज से उससे की थी। उसे विनय के अन्दर एक शताब्दी पहले असम में आये और यहीं के हो गये ज्योति प्रसाद अग्रवाल की छवि दिखती थी। अग्रवाला उसके आईकन थे। अग्रवाला ने असमिया संस्कृति और सिनेमा में अहम योगदान दिया था। उन्होने पहली असमिया फिल्म बनाई थी। उसने अपने तई पूरी तरह ठोक बजाकर विनय को असमिया बना दिया था। वह असमिया में कविताएँ लिख रहा था। असमिया गीत गा रहा था। वह मिल्की की धुन पर पूरी तरह नाच रहा था। मिल्की का मानना था कि विनय के अन्दर ब्रह्मपुत्र पार के लोगों के सारे गुण-अवगुण असमिया आचार-विचार, साहित्य-संस्कृति और जीवन-शैली में दफन हो चुके हैं। वह छत्तीस कैरेट का असमिया मानू बन गया है। विदेशी मानू वाले उसमें कोई तत्व नहीं बचे हैं। उसे यह भी विश्वास हो गया था कि विनय उसे छोड़ कर अब कभी अपने देश नहीं जाएगा। फिर वह असम की आजादी के लिए उल्फा की मदद भी कर रहा था।

बुलबुल हजारिका ने इस बात की जानकारी मिल्की को दे दी थी। लेकिन तीन साल की ट्रेनिंग खत्म होने के बाद जब उसने दिल्ली वापस जाने का फैसला किया, तो मिल्की को बहुत बड़ा धक्का लगा था। वह सोच रही थी कि मैनेजर विश्वास के दो माह बाद रिटायरमेंट के बाद उसकी जगह कम्पनी उसे रख देगी। ये बात दीगर है कि उसकी खुद की महत्त्वाकांक्षा थी कि वह विश्वास के कमरे में बैठे। इसीलिए वह काम को लाहे-लाहे करने के बजाय मेहनत और लगन से करती थी। ट्रेनिंग के तुरन्त बाद किसी ब्रांच के मैनेजर बनाने की कम्पनी में परम्परा नहीं थी और अभी विनय इस लायक भी नहीं हुआ था। मैनेजरी के लिए अभी उसको कम्पनी में और पापड़ बेलने थे।

उस शाम जब विनय और मिल्की बेंतवाली कुर्सियों में आमने-सामने बैठे तो विनय ने उसके पैरों के बीच अपना पैर फँसाने की कोशिश की थी। लेकिन उसने अपने पैरों को पीछे की ओर समेट लिया था और कुर्सी थोड़ी पीछे कर ली थी। विनय को मिल्की का यह व्यवहार अच्छा नहीं लगा था। दोनों में बाततीत की शुरुआत कुछ इस तरह से हुई—

'तो तुम दिल्ली चलने के लिए तैयारी क्यों नहीं कर रही हो?' —विनय ने खामोशी को तोड़ते हुए सवाल किया था मिल्की से। मिल्की ने उस सवाल का कोई जवाब नहीं दिया। उसने कमरे की छत में तेज रफ्तार से चल रहे पंखे पर अपनी नजर गड़ा कर विनय के सवाल की अनसुनी कर दी। इस पर विनय ने फिर उसी सवाल को दोहराया। इस बार मिल्की ने सिर्फ इतना ही कहा—'मैं आपके साथ नहीं जाने वाली...'

'क्या मैं जान सकता हूँ कि तुम क्यों नहीं चलोगी दिल्ली?' —विनय ने मिल्की की बात बीच से काटते हुए पूछा।

'हमारे आचार-विचार, भाषा-बोली, साहित्य-संस्कृति सब अलग हैं। हम अपने ही लुटेरों के बीच नहीं रह सकते हैं।' —मिल्की ने मुद्दे को दार्शनिक बनाते हुए कहा।

'ये तो कोई बात नहीं हुई। मैं भी तो असमिया आचार-विचार, साहित्य-संस्कृति और भाषा-बोली को नहीं जानता था। लेकिन मैंने सब सीखा।'

'बाहर से आने वाले लोग यह सब सीख कर हमारा बनने की कोशिश करते हैं, लेकिन उनकी नजर हमारे संसाधनों की लूट पर ही रहती है। वह असम को अपना देश कभी नहीं कहते हैं। इसे वे परदेस ही कहते हैं और जब अपने घर जाते हैं तो कहते हैं कि वे देश जा रहे हैं।'

'मैंने तो ऐसा नहीं किया न। तुम आगे बढ़ना चाहती हो। दिल्ली में तुम्हारी योग्यता का भरपूर इस्तेमाल हो पायेगा। तुम्हारी तरक्की के लिए नये रास्ते खुलेंगे।'

'मुझे ऐसी तरक्की नहीं चाहिए, जहाँ मैं अजनबियों के बीच में रहूँ। और रही तुम्हारी बात तो अब तुम्हारे जाने के फैसले के बाद मेरी धारणा तुम्हारे बारे में बदल रही है।'

'आखिर असम के बाहर के लोगों से ऐसी नफरत तुम्हारे अन्दर क्यों है? उन्होंने आखिर तुम्हारा क्या बिगाड़ा है?'

'हमें बर्बाद किया है। हमारे लोग बेरोजगार हैं। हमारी झोंपड़ियों को तोड़कर उन पर अपने लिए पक्की इमारतें बनाई हैं। हमारे वक्षों को तुम्हारे कमांडो ने मसला है। हमारी लड़कियों के साथ बलात्कार किये हैं। उन्हें जिस्म की मंडी में बेचा है। असम के लिए लड़ने वाले बेगुनाहों को गोलियाँ मारी हैं। हमारे जर, जमीन और जंगलों को लूटा है। यही नहीं हमारी पहचान को नष्ट करने की कोशिश की है। और तो और...'

मिल्की ने वाक्य पूरा करने से पहले अपनी जुबान पर लगाम लगा दी। शायद वह अपने अन्दर की कोई खास टीस को आवेग में बोलना चाहती थी। लेकिन किसी अनजाने भय के चलते उसने वाक्य अधूरा ही छोड़ दिया था।

'तुम्हारे अन्दर असम के बाहर के लोगों के प्रति बेवजह घृणा है। एक बार चल कर देखो कि दुनिया कितनी खूबसूरत है। देखा कि तुम जैसा सोचती हो वैसी नहीं है।' —विनय ने उसे समझाते हुए कहा।

'कभी नहीं। मैं असम की धरती में ही मरूँगी। मुझसे छल न करो। मुझे पता है कि तुम लोग यहाँ से लड़कियों को ले जाकर क्या करते हो।' —मिल्की ने हिकारत से जवाब दिया।

'तो क्या तुम मानती हो कि असम हिन्दुस्तान का हिस्सा नहीं है? दिल्ली तुम्हारी देश की राजधानी नहीं है?'

'हाँ, दिल्ली तुम्हारे देश की राजधानी होगी मेरे लिए नहीं। वैसे असम में लाखों लोग यही मानते हैं कि तुम लोगों ने असम पर कब्जा कर लिया है। और इसीलिए हमारे लोग अपनी धरती को आजाद कराने के लिए शहीद हो रहे हैं। नक्शे में किसी भूखंड को शामिल कर लेने से वह किसी देश का हिस्सा नहीं बन जाता है।'

'असम नक्शे में ही नहीं है। हर साल केन्द्र सरकार असम के लिए अरबों रुपये देती है विकास के लिए।'

'पता है। वो पैसे तुम्हारे सुरक्षा बलों पर खर्च होते हैं, जिन्होंने हमारी शान्ति हमसे

छीन ली है। और जो बचता है उसे असम में रहने वाले तुम्हारे एजेंट लूट लेते हैं।'

'तो तुम्हारा अन्तिम फैसला है कि तुम मेरे साथ दिल्ली नहीं जाओगी। मैं तुम्हारा जीवन साथी हूँ कोई विदेशी नहीं।'

'मैं यही सोचती थी कि तुम अब असमिया संस्कृति में रच बस गये हो। लेकिन विदेशी तो विदेशी ही रहा। तुमने भी अन्य विदेशियों की ही तरह असम को और मुझको धोखा दिया है। मैं तुम्हारे साथ तुम्हारे देश नहीं जाऊँगी।'

'तो तुम ये मानती हो कि देश के भीतर असम तुम्हारा एक अलग देश है।'

'हाँ, यह देश भीतर देश है, जिस पर दिल्ली ने हमारी मर्जी के विपरीत कब्जा कर रखा है। विश्वास नहीं है तो इतिहास को जाकर खँगाल लो।'

इस निर्णय के ऐलान के बाद मिल्की उठी और पुबसरणिया पहाड़ में विनय के घर के पास स्थित अपने घर की ओर चली गयी। विनय उसके जाने को हतप्रभ देखता रह गया। उसे इतना भी वक्त नहीं मिला कि वह उसे रोक सकता। वह मिल्की को बहुत प्यार करता था। वह हर हाल में उसके साथ रहना चाहता था। लेकिन दिल्ली जाना उसके लिए मजबूरी थी। उसका कॅरियर वहाँ था। उसके माँ-बाप की गरीबी थी, जो उसे दिल्ली जाने के लिए मजबूर कर रही थी। मिल्की के जाने के बाद उसने सोचा कि चलो अभी अकेले चलते हैं। इस दौरान वह जब अपने को अकेला महसूस करेगी तो उसे ले जाएगा। वैसे भी उसके मन में वह अन्धविश्वास बना हुआ था कि जो एक बार ब्रह्मपुत्र नदी पार करता है, उसे सात बार उसे पार करना ही पड़ता है। इसी अन्धविश्वास की आड़ में उसने दिल्ली जाने का फैसला किया था।

विनय ने डायरी के अन्तिम पन्नों का एक-एक सफा पढ़ लिया था। उसकी आँखों से गंगा-जमुना बह रही थीं। स्याही से डायरी लिखी गयी होती तो आँसुओं से पन्ने के पन्ने धुल जाते। उसे याद आया कि जब वह पुबसरणिया से चला था तो मिल्की उसे विदा भी नहीं करने आयी थी। बुलबुल हजारिका ने उसे बताया था कि वह उससे मिलना नहीं चाहती है और दो दिन से कुछ खा नहीं रही है। रो रही है। सिर्फ रो रही है।

राजधानी एक्सप्रेस गाजियाबाद स्टेशन को पार कर रही थी। इस घटना ने ही विनय को देश भीतर देश देखने की बीमारी लगाई थी। जिसका इलाज लुकमान हकीम के पास भी नहीं था। वह अभी यह सोच ही रहा था कि जल्द ही वह गुवाहाटी जा कर मिल्की को मना लाएगा कि ट्रेन नयी दिल्ली स्टेशन पर खड़ी हो गयी। उतरने के लिए मारामारी होने लगी।

चौदह

दिल्ली पहुँचने के बाद से विनय देश भीतर देश के सवाल से बार-बार जूझ रहा था। वह इस सवाल का जितना जवाब खोजता, उतना ही वह उसमें उलझता जाता। मिल्की के बिना उसने अपने जीवन की परिकल्पना नहीं की थी। इसलिए उसे कुछ ज्यादा ही उसके वियोग का दुख हो रहा था। मिल्की के वियोग ने उससे धीरे-धीरे उसकी एकाग्रता, लगन और मेहनत छीन ली थी। काम में मास्टर होने के बावजूद समय के गुजरने के साथ-साथ वह उसमें भी कमजोर पड़ता जा रहा था। मिल्की उसे अन्दर-अन्दर तोड़ रही थी। दीमक की तरह वह उसकी शान्ति और सुकून को चाट रही थी। साइबर वर्ल्ड उसके खालीपन का सबसे बड़ा साथी बन गया था। साइबर वर्ल्ड में भी फेसबुक। ऐसा नहीं है कि विनय ने मिल्की को समझाने की कम कोशिशें की हों, उसने उसे बहुत समझाया पर वह दिल्ली न आने के अपने फैसले पर अड़ी रही। वह इस दौरान चार बार गुवाहाटी भी गया। लेकिन उसे सफलता नहीं मिली। हर बार मिल्की का एक ही जवाब होता था—'तुम ही यहाँ क्यों नहीं रुक जाते हो।'

ब्रह्मपुत्र सात बार पार करने के अन्धविश्वास के हिसाब से अब उसके पास दो और मौके थे गुवाहाटी जाने के। यानी वह नहीं भी चाहता तो उसे दो बार तो ब्रह्मपुत्र पार करनी ही थी। वह हर गुवाहाटी यात्रा में यही सोचता था कि अगली बार तो वह मिल्की को समझा ही लेगा। चौथी बार की यात्रा में उसने मिल्की को मोबाइल सेट भी दिया था ताकि वह उससे हर क्षण बात करता रहे। लेकिन असम में मोबाइल की कनेक्टविटी भी ऐसी थी, जैसे दिल्ली की पूर्वोत्तर राज्यों के साथ। मोबाइल कम्पनी का दावा था कि पाताल से लेकर आसमान तक उसका फोन चलता है। लेकिन सच यह था कि वह गुवाहाटी में भी ठीक से नहीं चल पा रहा था।

गुवाहाटी से बाहर जाने के वक्त उसकी स्थिति किसी लाश जैसी हो जाती थी।

उधर मिल्की का भी इन्तजार लम्बा होता जा रहा था। मिल्की अन्तर्मुखी होती जा रही थी। वह अपने मौन से बतियाती थी। मिल्की का दृढ़ विश्वास था कि विनय एक दिन जरूर लौटेगा। लेकिन विनय की कुंडली में गुवाहाटी में शायद बसना लिखा नहीं था। बाहर से बेशक उसकी विनय के प्रति बेरुखी दिखाई देती हो, लेकिन उसके भीतर का हरापन उसके लिए आज भी तरसता था। विनय से पिछली चार मुलाकातों में वह भले ही उसके सामने उससे कोई बात नहीं करती, पर दिल्ली को परदेश मानने वाली मिल्की ने अपने विनय को देसी बनाने में कोई कसर नहीं छोड़ी थी। हर बार विनय के जाने के बाद वह छिप-छिप कर घंटों रोती थी। विनय को उसने बेइन्तहा प्यार किया था। उसकी आत्मा का पोर-पोर विनय के साथ गुजारे पलों के अहसास से भरा था।

उसे अक्सर याद आता, जब विनय ने पहली बार अपनी गहरी नजरों से उसे भरपूर देखा था और नजर का वह रोमांच ही उसे उसका बना गया था। जब विनय ने पहली बार उसकी लटों को सँवारते हुए उसके होठों को पहली बार स्पर्श किया था तो उस रात वह अपने घर पर रात की रानी की तरह भीतर-ही-भीतर सुगन्ध से भरी-भरी रही थी। उसे अब नींद कम आती थी। विनय के साथ उसने कितनी रातें दाम्पत्य सुख की अठखेलियों के बीच बिताई थीं। रात होते ही वे सारे दृश्य उसके बिस्तर पर पसर जाते थे और वह खुद अचकचाकर उठ बैठती। सन्नाटे से उसे डर लगने लगा था। ऑफिस में भी उसका दिल नहीं लगता था। विनय की परछाईं यहाँ भी उसका पीछा करती रहतीं। विनय की टेबिल अब भी खाली थी। अनायास वह कई बार काम करते-करते विनय की टेबिल के पास आकर खड़ी हो जाती, मानो विनय वहीं बैठा हो। वह वहाँ खड़े हो कर कुछ बुदबुदाती। ऑफिस के लोगों को उससे सहानुभूति थी। उसके बारे में सब लोग जानते थे कि शादी के कुछ महीनों के बाद विनय उसे छोड़कर अपने देश चला गया। नींद न आने के चलते उसने नींद की गोलियाँ लेनी शुरू कर दी थीं। सिर्फ इन्हीं के सहारे वह कुछ घंटे सो पाती थी।

मिल्की अब भी ऑफिस से छुट्टी लेती कई बार। वह हर उस जगह जाती, जहाँ विनय के साथ उसका जाना होता था। कामाख्या के जंगल उसकी प्रिय जगह थे और उसके अकेलेपन के सबसे बड़े साथी। वह घंटों उस जगह बैठी रहती, जहाँ विनय ने उसके साथ समय गुजारा था। पेड़ और पहाड़ के हर हिस्से से वह बतियाती। मिल्की का विश्वास बार-बार यथार्थ से टकराता और हर बार उसके विश्वास की हार होती और यथार्थ जीतता। विनय के वापस न आने का यथार्थ।

उसकी इस दशा पर सबको दया आती। सब कुछ सहते हुए भी मिल्की के लिए दिल्ली हमेशा परदेश ही रहा और विनय परदेशी। एक पल के लिए भी अपना असम छोड़ने की बात उसके दिल ने नहीं स्वीकारी। यथार्थ से बार-बार हारने के बाद भी उसे विश्वास था कि कभी-न-कभी उसका प्रेम उसके पास लौट आएगा। शायद यही सोच कर वह ऑफिस के काल ब्वाय हरिहर यादव से अक्सर अन्तर्देशीय पत्र मँगवाती। पोस्ट ऑफिस से पत्र आते जरूर, पर उन्हें पोस्ट करने का फरमान कभी हरिहर यादव को उसने नहीं दिया। उस पर कुछ लिखा जाता था कि नहीं, इस बात की जानकारी भी ऑफिस में किसी को नहीं थी। लेकिन वह अन्तर्देशीय पत्र अक्सर मँगाती।

पन्द्रह

दिन, महीने और साल बीत रहे थे।

विनय की डायरियाँ भर रही थीं। फेसबुक में उसके दोस्तों की लिस्ट लम्बी हो रही थी। कविता उससे विमुख हो रही थी। चाह कर भी वह कविताएँ गढ़ नहीं पा रहा था। पुरानी डायरियों को जब भी वह निकालता, उसका हर सफा कहीं न कहीं मिल्की से जुड़ता था। बुलबुल हजारिका भी कई पन्नों में होता। बुलबुल को उल्फा से सम्बन्ध रखने के नाम पर उस पर एनएसए लगा कर जेल में बन्द कर दिया गया था। बुलबुल विनय का एकमात्र ऐसा स्रोत था जो मिल्की की खोज-खबर देता रहता था। बुलबुल की गिरफ्तारी के बाद असम के मीडियाकर्मी बहुत गुस्से में थे। धरना, प्रदर्शन और जुलूस सब कुछ हुआ। लेकिन बुलबुल को उससे कोई राहत नहीं मिली। बताते हैं कि बुलबुल को सुरक्षा एजेन्सियों ने बहुत मारा पीटा था उल्फा के राज उगलवाने के लिए। थर्ड डिग्री टार्चर से उसके दायें आँख पर काफी चोट आयी थी और उसने कम देखना शुरू कर दिया था। बुलबुल असम ट्रिब्यून का नामी पत्रकार था। उसके लेखों से गुवाहाटी से लेकर दिल्ली हिलती थी। गुवाहाटी में एक पत्रकार की गिरफ्तारी पर दिल्ली के पत्रकार संगठनों ने भी ज्यादा दिलचस्पी नहीं ली थी। इन संगठनों का व्यवहार भी वैसा ही था जैसा कि दिल्ली का पूर्वोत्तर के राज्यों के साथ था। बुलबुल की गिरफ्तारी ने मिल्की के अन्दर ब्रह्मपुत्र पार के लोगों के प्रति और घृणा और गुस्सा भर दिया था। उसकी नफरत की माला में बुलबुल की एक और कड़ी जुड़ गयी थी। मिल्की ने मानव अधिकार संगठन मानव संग्राम समिति से बुलबुल को छुड़ाने के लिए गुवाहाटी हाईकोर्ट में याचिका दायर करने के लिए

सम्पर्क किया था। समिति ने मिल्की की मदद की थी। समिति के माध्यम से मिल्की ने गुवाहाटी के एक वकील के जरिये याचिका दायर करवाई थी। याचिका में उसकी गिरफ्तारी को गैर-कानूनी बताया गया था। कानूनी लड़ाई का सारा खर्चा मिल्की उठा रही थी। लम्बी लड़ाई के बाद सिर्फ तारीख पर तारीख लगती रहीं और बुलबुल को रिहाई नहीं मिल सकी। अभी वह मुकदमा गुवाहाटी हाईकोर्ट में विचाराधीन है। मुकदमे की हर तारीख मिल्की के जीवन में 'विदेशी मानुओं' के प्रति और नफरत पैदा करती है।

अकेलेपन के दिनों में एक रात को सोनिया दहिया की विनय को बहुत याद आयी। सोनिया की बातचीत से विनय काफी प्रभावित था। वह विनय के देश भीतर देश के सवाल पर अच्छे से बात करती थी। उसने भी विदेश में रहते हुए वहाँ का दंश झेला था। देश के लिए वह तरसी थी। बमुश्किल वह देश लौटी थी इंडोनेशिया से। इंडोनेशिया में ही उसके पति ने वहाँ की एक लड़की के कारण उसे तलाक दे दिया था। अपने गाँव रोहतक में जाने पर उसे पाबन्दी थी। प्रेम विवाह और वह भी गैर-जाति में विवाह के लिए उसके फौज में मेजर रहे दादा ने मौत की सजा देने का ऐलान कर रखा था। पंचायत भी उसके खिलाफ हो गयी थी। दादा तो उसके मर चुके थे, लेकिन पंचायत ने अपना फैसला नहीं बदला था। रात के अँधेरे में वह चोरी-चोरी अपनी माँ से मिलने रोहतक जरूर आया-जाया करती थी।

विनय ने फेसबुक लागआन कर सोनिया को चैट लिस्ट में खोजने की कोशिश की। वह लागआन नहीं थी। बीते काफी समय से सोनिया विनय को लागआन नहीं दिख रही थी। विनय ने सोचा कि उसके मैसेज बाक्स में उसे मैसेज कर उसका हालचाल के बारे में पूछ लेते हैं। जब कभी भी वह फेसबुक पर लागआन करेगी तो जवाब जरूर देगी। लेकिन विनय में आज उससे बात करने को लेकर कुछ ज्यादा ही बेचैनी थी। इसीलिए उसने उसे उसके मोबाइल पर फोन करने की सोची। विनय ने सोनिया का नम्बर डायल किया। पूरी घंटी बजने के बाद भी फोन नहीं उठा। इसके बाद उसने दोबारा डायल किया। घंटी बजते-बजते जब बन्द ही होने वाली थी कि उधर से फोन उठ गया। विनय ने फोन पर हैलो कहा।

'कौन?' —उधर से किसी उम्रदराज महिला की आवाज ने विनय के कानों को एक अजनबीपन का अहसास दिया। विनय और सोनिया गाहे-बगाहे एक-दूसरे को फोन करते रहते थे, इसलिए दोनों एक-दूसरे की आवाज पहचानते थे।

'क्या मैं सोनिया से बात कर सकता हूँ?' —विनय ने उस अजनबी महिला

से कहा।

'आप कौन?' –उस महिला ने उत्तर देने के बजाय फिर सवाल किया।

'मैं सोनिया का दोस्त हूँ और दिल्ली में रहता हूँ।' –विनय ने अपना परिचय देते हुए कहा।

'क्या काम है उससे?' –अजनबी महिला ने अपनी भर्राई हुई आवाज में पूछा।

'कुछ काम नहीं। बस कुछ सुख-दुख की बात करनी थी उससे। वह मेरी अच्छी दोस्त है।'

'मैं सोनिया की माँ बोल रही हूँ...'

'नमस्ते।' –उसकी माँ आगे कुछ कहती कि उससे पहले ही विनय उनकी बात को काट कर बोला।

'नमस्ते बेटा। तुम्हारा नम्बर इस मोबाइल में सेव है, इसलिए उठा लिया। वरना तो इसमें न जाने कैसे-कैसे फोन आते थे अब तक...'

'माता जी, सोनिया क्या घर में नहीं है?' –एक बार फिर उसने सोनिया की माँ की बात काट कर सवाल किया।

'घर पर क्या बेटा वो अब इस दुनिया में ही नहीं है...'

'क्या हुआ मा जी उसके साथ? क्या वह बीमार थी? यहाँ नहीं है तो वह कहाँ गयी?' –विनय ने बेलगाम होते हुए सच्चाई जानने के लिए सोनिया की माँ से एक साथ इतने सवाल दाग दिये।

'क्या बतायें बेटा, पंचायती फरमान के चलते वह रोहतक घर नहीं आ सकती थी। एक रात वह मुझसे चोरी-छिपे मिलने आयी थी, तो पंचायत के लोगों ने उसे पकड़ लिया और चमरिया गाँव की बैठक में बन्द कर दिया। इसके बाद अगले दिन जब पंचायत हुई तो पंचों ने फैसला सुनाया कि उसकी शादी दूसरी गोत के एक बेकार लड़के से करा दी जाए। बेचारी ने फैसला पंचायत में मान लिया, वरना वह उसे पेड़ पर फाँसी लटका देते...।' –सोनिया की माँ बोले जा रही थी और विनय चुपचाप हतप्रभ सुनता जा रहा था।

'...बेटा, वह पंचायत में तो कुछ बोली नहीं, लेकिन जब रोहतक लौटी तो उसने अपने दादा की पिस्तौल से अपने सिर पर गोलियाँ दाग लीं और इस दुनिया से चलती बनी...।'

विनय धैर्य से सोनिया की माँ की बात सुन रहा था। सोनिया की माँ उससे शायद और कुछ भी बताना चाहती थी, लेकिन विनय ने यह कह कर कि 'जान कर बड़ा दुख हुआ' फोन काट दिया। फोन काटने के बाद विनय सोचने लगा कि मूँछों

के लिए अभी भी लड़कियों को कत्ल कर दिया जाता है या फिर उन्हें मरने के लिए मजबूर होना पड़ता है। इतनी तरक्की के बाद भी अभी तक लोग जीवन और समानता और व्यक्तिगत निर्णय का सम्मान करना नहीं सीखे हैं। आखिर तरक्की के क्या मायने हैं?

विनय सोनिया के बारे में यह सब सोच ही रहा था कि उसके कम्प्यूटर स्क्रीन पर मिष्ठी बनर्जी का चैट बाक्स खुला हुआ दिखाई दिया। उसमें हैलो लिखा था। जवाब में उसने भी हैलो लिख दिया। उधर से लिखा आया—'खुशखबरी है।'

सोनिया की खबर से विनय का मन भर आया था। उसने मिष्ठी की खुशखबरी की खबर को खुशी भाव से नहीं लिया। वैसे वह चाहता तो यह था कि वह सोनिया की पूरी घटना के बारे में मिष्ठी से चर्चा करे। लेकिन उसके सवाल के आगे उसने सोनिया के सवाल को अपने अन्दर ही जज्ब कर लिया। उसने मिष्ठी को जवाब में लिखा—'क्या खुशखबरी है?'

'मेरा अमेरिका का वीजा लग गया है। अब मैं अपनी हाई स्टडी वहाँ पूरी करूँगी।' —मिष्ठी ने चहकने के अन्दाज में लिखा।

'दैट्स वेरी गुड।' —विनय के जवाब में गर्मजोशी नहीं थी।

'तुम यहाँ होते तो मैं तुम्हारा पेट मिठाइयों से भर देती।'

'तुमने कह दिया तो समझ लो मैंने खा ली। कब तक जाना है?'

'अगले माह जाना है। लेकिन दौड़ भाग अभी से जारी है। असल में पापा मेरे जाने से पहले ही अहमदाबाद का मकान बेच देना चाहते हैं। मकान तो वह दंगों के बाद ही बेच देते लेकिन अहमदाबाद में मेरी नौकरी के कारण वह ऐसा नहीं कर सके। अगर उनका बस चलता तो वह कब का कोलकाता चले गये होते। दंगों में उनके खास दोस्त अब्दुल मेमन को दंगाइयों ने मार दिया था। पापा इस बात से भी बहुत दुखी हैं कि दंगाइयों ने बली दक्कनी जैसे महान कवि की मजार पर मन्दिर बना दिया। वह यहाँ अब कतई नहीं रहना चाहते हैं। पापा आजकल गुजरात को देश के दंगों की राजधानी कहते हैं।'

'तुम्हारे पापा शायद सही सोचते हैं। गुजरात में भगवा ब्रिगेड ने जिस तरह का तांडव किया, उससे उसकी तरक्की पसन्द छवि को बड़ा धक्का पहुँचा है...'

'पापा भी यही बात कहते हैं। वह अपने दोस्त अब्दुल मेमन को बहुत प्यार करते थे। उन दोनों के बीच दाँत-काटी रोटी जैसा रिश्ता था। मेमन साहब कॉलेज टीचर थे। खुले विचारों के पक्षधर थे। लेकिन गुजरात में मोदी राज में भगवा विचार के अलावा कोई विचार रखने की सजा मौत है।'

'लेकिन एक बात है कि वो चाहे जो सोचते और करते हों, लेकिन दिल्ली को देश की राजधानी मानते हैं। असमियों की तरह वह अपने राज्य को अलग देश नहीं समझते हैं।'

'फिर तुम एक देश में दो देश की बात लेकर बैठ गये। तुम्हारे पास और कोई विषय नहीं होता है क्या?'

'तो क्या मैं फार्मा पर बात करूँ। जिस सत्य को मैंने देखा है और महसूस किया है, उसी पर तो बात करूँगा न मैं। मैं परीलोक के बारे में तो बात नहीं कर सकता हूँ न।'

'चलो-चलो रहने दो अब। बहुत हो गयीं आज बातें। जाने से पहले तुम्हें फोन करूँगी। दिल्ली से गयी तो एयरपोर्ट मिलने आना।'

'ठीक है। जरूर आऊँगा अगर तब तक जिन्दा रहा तो...'

'जिन्दा क्यों नहीं रहेंगे? आखिर इसमें मरने की बात कहाँ से आ गयी?'

'मैं जिन हालातों में जी रहा हूँ वह मरने के ही समान हैं। खैर छोड़ो इन सब बातों को। अभी से अमेरिका यात्रा के लिए शुभकामनाएँ।'

भूटान में आल क्लियर आपरेशन के बाद असम में उल्फा की कमर टूट चुकी थी। उल्फा ने अपनी ताकत दिखाने की गरज से आम लोगों पर हमले और तेज कर दिये थे। अपहरण की घटनाएँ बढ़ गयी थीं। आम असमिया भी उल्फा धमाकों का शिकार हो रहे थे। नयी भर्ती के लिए कैडर मिल नहीं रहे थे। उधर बांग्लादेश से खबरें ऐसी आ रही थीं कि उल्फा सेंट्रल कमेटी में सरकार से बातचीत के सवाल को लेकर उसमें मतभेद उभर रहे थे। उल्फा के स्वयंभू कमांडर इन चीफ परेश बरुआ की मनमानी जोरों पर थी। इंटेलीजेंस ब्यूरो के हवाले से खबरें छप रही थीं कि परेश बरुआ ने वहाँ शिपिंग से लेकर कई और क्षेत्र में अपना कारोबार फैला लिया है। अब वह बांग्लादेश और पाकिस्तान की खुफिया एजेन्सियों की हाथ की कठपुतली बन गया है। उल्फा के कई बड़े नेताओं को बांग्लादेश में भारत सरकार के दबाव में गिरफ्तार कर जेलों में डाल दिया गया है।

उधर दूसरी तरफ उल्फा के सरेंडर कैडरों, जिन्हें सुल्फा के नाम से जाना जाने लगा था, ने खुलेआम आतंक का राज चला रखा था। सरेंडर करने के बाद अपनी सुरक्षा के नाम पर उन्हें अपने हथियार रखने की मंजूरी असम सरकार ने दे रखी थी। प्रफुल्ल कुमार मोहंता की सरकार के समय इन सुल्फाइयों से सरकार ने उल्फा की कमर तोड़ने के लिए उसके कैडरों के नजदीकी रिश्तेदारों की हत्याएँ भी करवाई थीं।

बाद में एक रिपोर्ट में सरकार और सुल्फाइयों के गठजोड़ का खुलासा भी हो गया था। सुल्फाइयों ने असम के बाहर के व्यापारियों को अपना निशाना तो बनाया ही था, असमिया कारोबारियों को भी उन्होंने नहीं छोड़ा था। बेलतल्ला के कोयले व्यापार में दत्ता कोवांर ने पूरी तरह से कब्जा कर लिया था। फल, फूल, आलू, प्याज, बस और शराब हर सिंडीकेट में अविनाश फूकन, मुनीस नवीस जैसे सल्फाइयों की पत्ती थी। विरोध करने पर किसी को भी ये एके 47 का निशाना बना देते थे। उल्फा को सल्फाइयों और सुरक्षाबलों दोनों से अब लड़ना पड़ रहा था। नतीजतन बदहवासी में वह आतंक फैलाने की मुद्रा में आ गया था। आतंक और अस्थिरता फैलाने के लिए उल्फा पर पाकिस्तानी खुफिया एजेन्सी आईएसआई का उस पर दबाव भी था। उसकी आतंकी कार्रवाइयों में बच्चे, जवान, बूढ़े और औरतें मर रही थीं। हिन्दी भाषियों पर भी हमले तेज कर दिये थे उसने। असम में गैर-कानूनी तरीके से रह रहे बांग्लादेशियों का सवाल उसके लिए बेमानी हो गया था। बांग्लादेशियों को निकालने के लिए ही असम आन्दोलन हुआ था। उसी आन्दोलन की कोख से असम गण परिषद पैदा हुई थी और उसकी सरकार राज्य में बनी थी। उल्फा की अन्धी कार्रवाइयों के चलते धीरे-धीरे असमवासियों में बेचैनी होने लगी थी। असमिया समुदाय का एक बड़ा तबका उल्फा के खिलाफ हो कर उसकी कार्रवाइयों की निन्दा करने के लिए आगे आ गया था।

भूटान रायल आर्मी के आपरेशन के बाद उल्फा ने एक और चाल चली थी केन्द्र सरकार को गुमराह करने के लिए। उल्फा चेयरमैन अरविंद राजखोवा ने समस्या के समाधान के लिए बातचीत का पासा फेंका था, ताकि बातचीत के दौरान एक बार चुपके-चुपके फिर उल्फा को खड़ा कर दिया जाए। सिविल सोसायटी के कुछ लोगों ने असम में शान्ति स्थापित करने के सवाल पर दिल्ली में बात शुरू की थी। सिविल सोसायटी के सदस्यों के रूप में जिन लोगों ने बातचीत में हिस्सा लिया था, उनमें से अधिकांश लोग उल्फा के ओवर ग्राउंड फेस थे। इसके बाद बातचीत के लिए उल्फा की तरफ से जेलों में बन्द उसके नेताओं की रिहाई की शर्त रखी गयी थी। वायदा किया गया था कि रिहाई के बाद वे भागेंगे नहीं और फिर सीधी बातचीत होगी। इस झाँसे में आकर केन्द्र ने थोड़े दिन के लिए उल्फा के साथ एकतरफा युद्ध विराम कर दिया था। लेकिन युद्ध विराम के दौरान उल्फा अपनी ताकत बढ़ाने में जुटा रहा और बातचीत कोई सार्थक दिशा नहीं पकड़ सकी। नतीजतन सुरक्षा बलों ने उल्फा के खिलाफ एक बार फिर अभियान शुरू कर दिया। उधर उल्फा बड़ी कार्रवाई की तैयारी करता रहा और वार्ता टूटने के करीब एक साल बाद उसने असम

को दहला दिया। उसने लगातार तेरह विस्फोट किए जिसमें 77 लोग मारे गये और 300 से ज्यादा लोग घायल हुए। इसमें असमिया लोग भी बड़ी संख्या में मरे और घायल हुए। अब तक उल्फा के खिलाफ राज्य में माहौल बनने लगा था। उल्फा का चेहरा बेनकाब हो गया था। वह पूरी तरह से आततायी संगठन हो गया था, जिसका जमीनी आधार खत्म हो रहा था।

विनय असम में घट रहे सारे घटनाक्रम को नजदीक से देख और महसूस कर रहा था। उसे लग रहा था कि मिल्की के दिल की पीर इन घटनाओं के बाद तो पिघल रही होगी। उसके अन्दर ये बात जरूर घर कर रही होगी कि जो असम की आजादी के लिए लड़ रहे हैं, उनके दिलों में असमिया लोगों की जान की कोई कीमत नहीं है। उसने समय निकाल कर एक बार फिर गुवाहाटी जाने का फैसला किया। यह ब्रह्मपुत्र से जुड़े अन्धविश्वास के तहत उसकी छठी यात्रा थी। दिल्ली से उसने मिल्की के लिए कई सुन्दर सूट खरीदे। मेकअप का सामान लिया। मिल्की के पिता के लिए भी उसने बेहतरीन काटन की धोती और चिकन का कुर्ता लिया। मिठाई खरीदी। वह पूरी तैयारी से मिल्की को मनाने गुवाहाटी के लिए रवाना हुआ। समय बचाने के लिए इस बार वह ट्रेन से नहीं हवाई जहाज से गया। वह उसे अपने आने की सूचना देना चाहता था, लेकिन मिल्की ने तो मोबाइल को कफन पहना कर बक्से में बन्द कर दिया था। तमाम कोशिशों के बावजूद विनय का मिल्की से सम्पर्क नहीं हो पाया। नतीजतन उसने गुवाहाटी के अपने ऑफिस के काल ब्वायज हरिहर यादव को अपने आने की सूचना को मिल्की तक पहुँचाने के लिए कहा। उसने अपने सन्देशे में यह भी कहा कि यदि सम्भव हो तो वह उसे एयरपोर्ट पर लेने आये।

मिल्की एयरपोर्ट नहीं आयी। विनय की आँखों ने उसको वहाँ खूब खोजा। उल्टे हरिहर यादव जरूर ऑफिस की कार के साथ बाहर मिला। हरिहर को देख कर विनय को हैरत हुई। उसने तो कार के लिए कहा नहीं था, फिर भी वह कार ले कर आया था।

विनय ऑफिस की कार में सीधे पुबसरणिया पहाड़ में स्थित मिल्की के घर गया। उसे मिल्की से मिलने की जल्दी थी। कालबेल दबाने के बाद मिल्की की जगह उसके पिता ने दरवाजा खोला था। सामने मिल्की के पिता को देख कर उसे दुख हुआ था। फिर भी उसने मिल्की के पिता के पाँव छुए। वह चाहता था कि जब दरवाजा खुले तो मिल्की उसके सामने हो। वैसे वह यह भी चाहता था कि मिल्की एयरपोर्ट उसे लेने आये। चाहने से हर चीज मिल जाती तो दुनिया में युद्ध ही न होते। शायद इनसान की कुछ अतिरिक्त पाने की इच्छा ही युद्ध का कारण बनती

है। विनय और मिल्की की अपनी-अपनी इच्छाओं ने दोनों के बीच एक अघोषित युद्ध छेड़ रखा था।

मिल्की के इस व्यवहार से विनय को संकेत मिल गया था कि अभी उसका पारा उतरा नहीं है। विनय बाहर वाले कमरे में सोफे पर बैठ गया और मिल्की का इन्तजार करने लगा। थोड़ी देर बाद मिल्की उसके सामने प्रकट हुई। उसकी आँखें धँस गयी थीं। आँखों के चारों तरफ कालिमा छा गयी थी। शरीर उसका कृशकाय हो चुका था। शायद उसके सौन्दर्य को किसी अदृश्य चुड़ैल की नजर लग गयी थीं। होठों पर गुलाबीपन अनुपस्थित था। उन पर एक पपड़ी ने जगह बना ली थी। नींद की गोलियों और समय पर खाना न खाने से उसकी ये हालत हो गयी थी। इसमें विनय से उसके विक्षोभ की भी महत्त्वपूर्ण भूमिका थी। कुछ ऐसा ही विनय का हाल था। वह भी ऐसा लग रहा था जैसे किसी बुलन्द इमारत को भूकम्प के झटकों ने इतना हिलाया कि वह अपनी बुलंदियाँ छोड़ खँडहर में तब्दील हो गयी हो।

मिल्की सामने के सोफे पर नजरें झुकाकर बैठ गयी। मिल्की का विश्वास टूटा नहीं था। उसे अब भी आस थी कि एक दिन विनय उसके पास लौट आएगा। लेकिन उसके विश्वास की चमक उसकी आँखों से धीरे-धीरे खत्म जरूर हो रही थी। ऐसा ही विश्वास विनय के अन्दर था कि मिल्की एक दिन उसकी बात मानकर उसके साथ रहने दिल्ली चल देगी। दोनों के बीच विश्वासों की लड़ाई गहराती गयी। थी। लेकिन दोनों के विश्वास इतने मजबूत थे कि टूटने का नाम ही नहीं ले रहे थे। उनके भीतर बहने वाला प्रेम का दरिया अब भी गहरा था, बस दोनों अपनी-अपनी सतह पर डूब रहे थे। थोड़ा-सा हाथ पकड़ते तो पार उतर जाते...पर ऐसा हुआ नहीं।

विनय ने सीधे अपनी बात शुरू करने के बजाय उसे थोड़ा घुमाते हुए सवाल किया—'बुलबुल के बारे में सुना था। बड़ा दुख पहुँचा। क्या आज हम लोग उससे जेल में मिलने चल सकते हैं?'

मिल्की ने उसके इस सवाल के जवाब में सिर्फ उसे तिरछी नजरों से देखा और उसके कथन की सत्यता को परखने लगी। जवाब न मिलने पर विनय ने फिर उससे पूछा—'क्या मैं बुलबुल से नहीं मिल सकता हूँ?'

इस बार मिल्की ने अपना मौन तोड़ा था—'वकील साहब से बात करनी होगी। आज तो सम्भव नहीं है। देर हो चुकी है। मुलाकात सुबह ही होती है। फिलहाल आप नहा-धो लीजिए और खाना खा लीजिए।'

इतना बोल कर मिल्की सोफे से उठ कर किचेन की ओर चल दी थी। बातचीत

के दौरान विनय उसके एयरपोर्ट न आने की वजह पूछना चाहता था। लेकिन उसने इसका मौका ही नहीं दिया। वैसे विनय के लिए यह खुशी की बात थी कि पिछली गुवाहाटी यात्राओं के दौरान वह इस तरह उससे कभी नहीं बोली थी। उसके हर सवाल का जवाब वह हाँ-हूँ या फिर ना-नू में ही देती थी। विनय को लगा कि शायद मिल्की में परिवर्तन हो रहा है।

अगले दिन दोनों को बुलबुल हजारिका से मिलने जेल जाना था। विनय की रात करवट बदलते हुए गुजरी। मिल्की ने उसके जाने के बाद से दूरी बना ली थी। सुबह मिल्की ने चाय के दौरान विनय को बताया--'बुलबुल की आज तारीख है। वह कोर्ट में आएगा। वकील साहब ने कहा है कि हम वहीं उससे मिल लें।'

दोनों तैयार हो कर एक आटोरिक्शा में सवार हो कर गुवाहाटी हाईकोर्ट की ओर चल दिये। आटोरिक्शा में दोनों एक अजनबी की तरह बैठे थे। दोनों जब ऑफिस जाते थे तो चिपक कर बस में बैठने का कोई मौका नहीं छोड़ते थे। हाईकोर्ट परिसर में विनय की मुलाकात बुलबुल से हुई। विनय और मिल्की को देख कर बुलबुल भावुक हो उठा। उसने अपनी आँखों में आये आँसुओं को थामने की भरपूर कोशिश की, फिर भी उसकी आँखों की कोरें गीली ही हो गयीं। विनय ने उसे आश्वासन दिया कि वह दिल्ली में सुप्रीम कोर्ट के बड़े वकील से बात करेगा।

छोटी-सी मुलाकात के बाद दोनों हाईकोर्ट परिसर से बाहर आ गये। मिल्की घर वापस जाना चाहती थी। लेकिन विनय ने कामाख्या मन्दिर का आटो कर लिया। मिल्की ने इसका प्रतिरोध नहीं किया और आटोरिक्शा में बैठ गयी। दोनों ने मन्दिर में कामाख्या देवी के दर्शन किये। दोनों के जुड़े हाथों ने देवी से एक ही मन्नत माँगी—'देवी हमें अलग मत करो। हम एक-दूसरे के बिना जी नहीं पाएँगे।'

दर्शन के बाद विनय के पाँव जंगल की ओर बढ़ गये। उस जंगल की ओर जहाँ दोनों ने बारिश में प्रेम राग की जुगलबंदी की थी। मिल्की भी उसके पीछे हो ली। दोनों के बीच पगदंडी पर काफी फासला था। पुराने दिनों में वे छोटी पगदंडी में साथ-साथ टकराते हुए चलते थे। विनय अपनी शुरुआती जंगल की यात्राओं को याद करने लगा, जब वे घंटों एक-दूसरे को चुपचाप देखते बैठे रहते थे। कुछ नहीं बोलते थे। बाद की जंगल यात्राओं के बारे में सोचने की उसके अन्दर हिम्मत नहीं बची थी। बक्ष राग से लेकर नाभि राग तक बजाने की स्मृतियाँ शायद उसके लिए इतिहास की चीज हो गयी थीं।

दो दिन गुजर चुके थे। अगले दिन विनय को दिल्ली वापस जाना था। जाने से एक दिन पहले उसने मिल्की से दिल्ली चलने के लिए फिर कहा—'देखो मिल्की,

मैं तुम्हारे बिना नहीं रह सकता हूँ। तुम मेरे साथ दिल्ली चलो। अपना घर सँभालो। वैसे भी शादी के बाद लड़कियाँ अपने मायके में नहीं रहती हैं।'

मिल्की ने विनय के सवाल की अनदेखी कर दी और तेज चल रहे पंखे को निहारती रही। वह पंखे की पंखुड़ियों के साथ घूम रही थी। उसको चक्कर जैसा अहसास हुआ। उसकी आँखों के सामने अँधेरा छाने लगा। मिल्की से जवाब नहीं मिलने पर विनय ने एक बार फिर उससे पूछा—'तुम्हें दिल्ली रहने में क्या परेशानी है?'

विनय के एक बार फिर किए गये सवाल ने मिल्की की चेतना वापस कर दी। वह आने-जाने के सवाल में उलझना नहीं चाहती थी। वह कई बार पहले ही अपने फैसले को विनय को बता चुकी थी कि वह किसी भी कीमत में जाने के लिए तैयार नहीं है। दिल्ली उसके लिए विदेश है। वहाँ उसके अपने देश की मिट्टी और गन्ध अनुपस्थित है। बावजूद इसके मिल्की को लगा कि उसे विनय के सवाल का जवाब देना चाहिए—'मैं आपको कह चुकी हूँ कि मैं वहाँ नहीं जा सकती। आपको मेरे साथ रहना है तो यहीं क्यों नहीं रह जाते हैं। मैनेजर विश्वास की सीट कितने महीनों से खाली है।'

'मुझे पता है विश्वास की सीट खाली है। लेकिन वह मेरी योग्यता से कम है और यहाँ तरक्की के रास्ते तंग हैं।' —विनय ने मिल्की के सवाल का तार्किक उत्तर दिया।

'तुम्हें तरक्की चाहिए तो तुम वहाँ रहो। मैं यहाँ अपने अकेलपन में खुश हूँ। तुम्हें मेरे और तरक्की में एक ही चीज चुननी है।' —विनय की तार्किकता का मिल्की ने तोड़ इस तरह किया।

विनय निरुत्तर था। उसने मिल्की को चलने के लिए बहुत समझाने की कोशिश की। लेकिन मिल्की का फैसला चट्टान की तरह अडिग था। विनय बड़ी उम्मीदों से गुवाहाटी आया था। उसे लग रहा था कि जिस तरह उल्फा टूट गया है उसी तरह लम्बी जुदाई में मिल्की भी टूट गयी होगी, लेकिन मिल्की के बारे में यह सच नहीं था। उसमें ब्रह्मपुत्र पार के लोगों के प्रति घृणा कम नहीं हुई थी। अन्ततः विनय को अपनी छठी गुवाहाटी यात्रा में भी सफलता नहीं मिली। वह निराश मन से दिल्ली के लिए रवाना हो गया। हमेशा की तरह इस बार भी चलते वक्त मिल्की उसके सामने नहीं आयी थी। और हर बार की तरह मिल्की की रात आँसुओं से भीग गयी, जिसे विनय इस बार भी नहीं देख पाया।

सोलह

दिल्ली लौटकर विनय अपने काम में जरूर लग गया था, लेकिन काम में उसका मन अब बिल्कुल नहीं लगता था। जो एमडी उसे अपनी कम्पनी का हीरा बताते थे, वह उसे अब गोबर का चोथ कहने लगे थे। विनय अपने को सँभालने की निरन्तर कोशिश करता था, लेकिन उससे अनजाने में कोई न कोई गलती हो ही जाती थी। भुलक्कड़ी ऐसी थी कि वह कुछ का कुछ समझ लेता था और उसका जवाब भी कुछ उसी अन्दाज में अजीबोगरीब तरीके से देता था। असली दुनिया उसके लिए बेमानी सी हो गयी थी। साइबर वर्ल्ड में वह जी रहा था, जो एक नकली दुनिया थी। ऐसी दुनिया जिसमें लड़के-लड़कियाँ बन जाते हैं और लड़कियाँ लड़का बन जाते हैं। लड़कियों की शक्ल में कई तो 'गे' होते हैं, तो कई कालगर्ल अपना धन्धा चलाती मिल जाती हैं। झुमरी तलैया का रहने वाला मुम्बई का बताता है, तो बेरोजगार अपने को डाक्टर-इंजीनियर कह कर अपना परिचय देता है। सब कुछ गड्ड-मड्ड होता है इस वर्ल्ड में। इस सच को जानने के बाद भी विनय साइबर वर्ल्ड में ही जीने लग गया था। एक नकली दुनिया में। जिन्दगी के असल सच से भागते हुए।

विनय अपने लैपटाप पर गूगल न्यूज की हेड लाइन्स पढ़ने के बाद फेसबुक लागआन करके बैठा था। उसके स्क्रीन पर मिली गुप्ता, रितु कौर और गार्गी बधवार के चैट बाक्स में लिख कर आया—कैसे हैं, हाउज लाइफ, हाय। हालचाल पूछने का सबका अलग अन्दाज था। विनय ने तीनों चैट बाक्स में एक ही लाइन लिखी—'मेरी ठीक रहने और बनने की कोशिशें जारी हैं।'

'विनय, मुम्बई में मेरे साथ बहुत बुरा हुआ।' —गार्गी बधवार ने विनय के उत्तर पर कोई टिप्पणी दिए हुए अपनी बात शुरू कर दी।

'क्या हुआ?' –विनय ने आश्चर्य जताते हुए लिखा।

'मुम्बई की फिल्म इंडस्ट्री धोखेबाजों की नगरी है।' –गार्गी ने विषाद भरे मन से लिखा।

'वो तो मैंने पहले ही तुमसे कहा था कि वहाँ भाग्य वाले ही बचते हैं। एक दिन में वह राजा बना देती है और एक ही दिन में रंक। वैसे तुम्हारे साथ ऐसा क्या हुआ, जो तुम इतनी विचलित हो?'

'मेरे साथ वहाँ बड़ा धोखा हुआ। मेरा सब कुछ लुट गया। एक इज्जत थी उसकी बलि भी ले ली इस इंडस्ट्री ने।'

'कैसे?' –विनय ने फिर आश्चर्य जताते हुए लिखा।

दूसरे चैट बाक्स में मिली गुप्ता ने लिखा–'देखा बिहार में नीतीश का सुशासन?'

'अब क्या खराबी हो गयी है वहाँ के सुशासन में।' –विनय ने मिली से सवाल किया।

'बचा क्या है यहाँ। गरीबों को मिलने वाले बीपीएल कार्ड में जो अनाज मिल रहा है, उसकी एक तो कीमत दोगुनी है और वह खाने लायक नहीं है। उसे जानवर के सामने भी डाल दें तो वह भी खाने से इनकार कर दे। लेकिन बिहार के मीडिया को यह सब नहीं दिखता है।' –मिली ने अपने नेताई वाले अन्दाज में लिखा।

'तो आप लोग इसका विरोध करो।' –विनय ने मिली को सलाह दी।

'विरोध करने की सजा यहाँ मौत है। पहले यहाँ लालू के गुंडों का राज था अब नीतीश के ईमानदार गुंडों का है। राजधानी पटना की हालत गाँव से भी बदतर है। बिजली-पानी सिर्फ वीआईपी लोगों के लिए है। फिर भी नीतीश कहते हैं मेरा बिहार महान।'

गार्गी के चैट बाक्स में भी कुछ पंक्तियाँ चमक रही थीं–'एक साउथ इंडियन प्रोड्यूसर ने मुझे अपनी नयी फिल्म के लिए कस्टयूम डिजाइन के लिए मीटिंग पर बुलाया था। उसने मुझे कोल्ड ड्रिंक में नशे की गोलियाँ पिला दीं। इसके बाद उसने मुझे रात भर झिंझोड़ा। निचोड़ा। मैं नशे की हालत में प्रतिरोध भी नहीं कर पायी। सुबह उसने फिल्म का मुझे कांट्रेक्ट थमा दिया। मैं बेहोशी की हालत में गेस्ट हाउस लौट आयी थी। बाद में पता चला कि वह नकली प्रोड्यूसर था। उसका कोई प्रोडक्शन हाउस नहीं था। मैं अखबार का विज्ञापन पढ़ कर उसके पास गयी थी।'

'ये तो बहुत बुरा हुआ तुम्हारे साथ।'–विनय ने अफसोस जताते हुए लिखा।

रितु कौर भी अपनी बेबसी बताने के लिए तैयार थी। उसने अपने चैट बाक्स में लिखा—'मैं चीनी माफिया को अपना तन्दूर रेस्तराँ की चेन बेच रही हूँ। मेरे पास अब कोई रास्ता नहीं है। मैं अपने देश लौटने की तैयारी कर रही हूँ। वहाँ पूरी जिन्दगी इसी बात पर लगा दूँगी कि कोई परदेस न जाए।'

'क्वालालंपुर पुलिस तुम्हारी मदद नहीं कर रही है?' —विनय ने रितु से सवाल किया।

'मलेशिया में चीनियों के आगे सरकार की नहीं चलती है। चीनियों ने समानान्तर सरकार बना रखी है। वैसे भी हिन्दुस्तानी यहाँ गुलाम की तरह आये थे और अभी भी गुलाम की ही तरह रह रहे हैं।' —रितु ने अपने दुख को बयान करते हुए लिखा।

रितु और गार्गी की तुलना में मिली की अँगुलियाँ कुछ तेज चलती थीं। इसलिए उसके सवाल-जवाब जल्दी-जल्दी विनय के लैपटाप पर उभर रहे थे। इसी बीच कोकिला पात्रा का चैट बाक्स भी विनय के स्क्रीन पर उभर गया—'तुम्हारे हिसाब से चौंतीस साल का लाल आतंक बंगाल से खत्म हो गया। लेकिन मैं बता देता हूँ कि ममता बनर्जी ज्यादा दिन नहीं चलेगा। जिस तरह से वामपंथियों को डराया-धमकाया जा रहा है, उससे ममता बनर्जी की सरकार ज्यादा-से-ज्यादा तीन साल ही चल पाएगा।'

'हारने के बाद बेशक तुम लोग चाहे जो कहो, वहाँ की जनता ने तुम लोगों को नकार दिया है। कुछ वक्त इन्तजार करना चाहिए आप लोगों को। ममता के पास कोई जादुई छड़ी नहीं है, जो वाम मोर्चे के कुशासन को पलक झपकते ही खत्म कर देगी।' —विनय का कोकिला पात्रा के सवाल पर यह जवाब था।

'बिहार में 2जी और सीडब्लूजी से भी बड़े घोटाले हो रहे हैं। बिहार घोटाला प्रदेश बन गया है। कोई हमारे ऊपर ध्यान नहीं दे रहा है। हमारे शिक्षा मन्त्री ऐसे हैं जो दसवीं भी पास नहीं हैं। बिहार की राजधानी पटना को बताने के बजाय दिल्ली बताते हैं। अन्धेर नगरी चौपट राजा वाले हालात हैं यहाँ।' —मिली अपने चैट बाक्स में कुछ-कुछ इसी तरह अपनी भड़ास निकाले जा रही थी।

'सिंगूर और नन्दीग्राम की जमीन ममता ने किसानों को वापस करने का फैसला किया है। देखियेगा टाटा मुकदमा दायर करेगा। ममता की तुनकमिजाजी बंगाल में

नहीं चलेगा। हम लोग जल्द ही उसे किनारे लगा देगा।' —कोकिला पात्रा भी अपने चैट बाक्स में लिखे जा रही थी।

लेकिन विनय ने दोनों पर तवज्जो देना बन्द कर दिया था। वह रितु और गार्गी से सहानुभूति व्यक्त करना चाहता था। इसलिए वह उन्हीं दोनों के सवालों का ही जवाब दे रहा था।

'मुम्बई फिल्म इंडस्ट्री की अजीबोगरीब रीति है। वहाँ गाशिप, स्कैंडल्स और औरतों को लेकर सिर्फ बकवास होती रहती है। कुछ लोगों का ही उस पर कब्जा है। उन्हीं की चार-चार पीढ़ियाँ इंडस्ट्री में लगी हैं। नये टैलेंटेड लोगों को वहाँ सिर्फ अन्तहीन रास्तों पर चलते रहना पड़ता है। कोई एक आध नया ही मौका पा पाता है। मैं मुम्बई को अपने सपनों की नगरी मानती थी। लेकिन उसने ही मेरा सब कुछ लूट लिया।' —गार्गी ने मुम्बई के बारे में लिखा।

'जो होना था वो हो लिया। कूल हो जाओ अब। इन्दौर में रह कर एक बार फिर अपनी राह तलाशो।' —विनय ने गार्गी को सुझाव देते हुए कहा।

'विनय मैं बहुत जल्दी ही इंडिया आ रही हूँ। तुमसे जरूर मिलूँगी। तुमसे मेरा मिलने का बहुत दिल है।' —रितु कौर ने विनय को क्वालालंपुर छोड़ने के अपने फैसले को बताते हुए लिखा।

'कोई रास्ता नहीं बचा है वहाँ कि तुम अपनी रेस्तराँ चैन को बचा सको?' —विनय ने गार्गी से सवाल किया।

'मैं अकेली हूँ न। वैसे भी गुलामों की जिन्दगी गुजारते हुए यहाँ बहुत दिन हो गये हैं। वैसे कहने को तो यहाँ गगनचुम्बी इमारतें हैं। माल्स हैं। और न जाने क्या-क्या है। लेकिन वो सब दिखावे के लिए है। इस्लामी देश होने के बावजूद यहाँ वेश्यावृत्ति से लेकर जुआ तक हर बुरी चीज होती है। दूर के ढोल सुहावने वाली बात है।' —रितु कौर ने अपनी लाचारगी जाहिर करते हुए लिखा।

विनय रितु कौर और गार्गी से काफी देर चैटिंग करता रहा। उसने दोनों को बहुत समझाया। अपना उदाहरण भी दिया। मिल्की की कथा भी सुनाई। देश भीतर देश देखने की अपनी बीमारी के बारे में भी बताया। यह सब करते हुए बहुत रात हो गयी। विनय ने उनसे विदा ली और किचेन में जाकर एक गिलास दूध पिया। वैसे खाना बनाने वाली बाई उसके लिए घिया की सब्जी, रायता और रोटी बना गयी थी। लेकिन वह रितु कौर और गार्गी की बातें सुन कर उदास हो गया था। वैसे उदासी

ने उसके दिमाग की स्थायी नागरिकता ले रखी थी। वह दूध पी कर सोना चाहता था। लेकिन उसे अब नींद से भी डर लगने लगा था। उसे नींद में भी मिल्की की तस्वीर दिखती थी। रात हो या दिन उसके चारों तरफ मिल्की की छाया साथ चलती थी। वह मिल्की के बिना अपनी कल्पना नहीं कर पाता था। वह मिल्की को बहुत प्यार करता था। मिल्की उसके रक्त में प्रवाहित थी। रक्त से उसे बाहर निकाल कर एक सामान्य जिन्दगी जीने की उसकी हर कोशिश बार-बार नाकाम हो जाती थी। मिल्की उसके जिन्दगी की ऐसी सच्चाई थी, जिससे वह भागकर साइबर वर्ल्ड में जाता था। लेकिन उस नकली दुनिया में भी मिल्की उसका पीछा नहीं छोड़ती थी। वह जिन अपनी महिला फेसबुकिया दोस्तों से बात करता था, या तो वह उन्हें मिल्की समझ कर बात करता था या फिर उनकी बातचीत में मिल्की का सन्दर्भ होता था।

सत्तरह

कैलेंडर में तारीखें और महीने बदल रहे थे। साल-दर-साल भी।

ताजी हवा बह रही थी। असम में देश के अन्य राज्यों की तरह की प्रगति देखी जा सकती थी। गुवाहाटी में बहुमंजिला इमारतें, माल्स और रेस्तराँ जगह-जगह उग आये थे। विकास के नाम पर गुवाहाटी के पहाड़ सिकुड़ रहे थे। जंगल कट रहे थे। रात का कर्फ्यू खत्म हुए लम्बा समय हो गया था। सुरक्षा बल बैरकों में जा चुके थे। रात्रि को हमेशा पसरा रहने वाला सन्नाटा कोलाहल में तब्दील हो गया था। लोग बेधड़क हो कर घूम-फिर रहे थे। और हाँ, जिन बांग्लादेशियों को खदेड़ने के लिए हजारों असमियों ने कुर्बानी दी थी। आन्दोलन किया था। उनकी संख्या राज्य में दोगुनी हो गयी थी।

उल्फा सिर्फ भारत सरकार के गृह मन्त्रालय के कागजों में दफन हो गया था। बीच-बीच में अपनी मौजूदगी को दर्ज करने के लिए वह गाहे-बगाहे छिटपुट वारदात कर देता था। उल्फा के सभी प्रमुख नेताओं अरविन्द राजखोवा, राजू बरुआ, अनूप चेतिया, शशिधर चौधरी, चित्रबान हजारिका बांग्लादेश से असम में ले आये गये थे। उल्फा का स्वयंभू कमांडर इन चीफ परेश बरुआ बांग्लादेश को छोड़कर चीन के किसी अनजान ठिकाने में चला गया था। गुवाहाटी जेल में बन्द उल्फा नेताओं को बातचीत के लिए रिहा कर दिया गया था। केन्द्र और उल्फा की केंन्द्रीय समिति के प्रमुख नेताओं की केन्द्र से बातचीत शुरू हो गयी थी। असम को आजाद करने का उल्फा का सपना बिखर गया था। असमिया लोगों के दिल से भी उसका प्रभाव खत्म हो चुका था। अकेले परेश बरुआ इस आजादी की लड़ाई को पाकिस्तानी खुफिया एजेन्सी आईएसआई के दबाव में लड़ रहा था। बातचीत में असम की सम्प्रभुता के

सवाल पर उल्फा के रिहा नेताओं में नरमी आयी थी।

उधर मिल्की के वियोग ने विनय को तोड़ कर रख दिया था। साइबर वर्ल्ड में भी वह अपनी सहेलियों से एबनॉर्मल बातचीत पर उतर आता था। चैट बाक्स में वह अब नाम नहीं पढ़ता था। हर चैट बाक्स में वह एक ही जवाब कई महीनों से लिख रहा था—'तुमने मिल्की को देखा है। वह बला की सुन्दर है। उसके प्रेम में एक खास तरह की तपिश है। उसके साथ प्रेमराग की जुगलबन्दी करने का आनन्द ही कुछ अलग है। निराला। कल्पनातीत। मेरी मिल्की को मुझे वापस दे दो।'

विनय पागल तो नहीं हुआ था, लेकिन उसकी हरकतें पागलों जैसी हो गयी थीं। इस दौरान उसने दाढ़ी भी बढ़ा ली थी। कई-कई दिन वह नहाता नहीं था। रात-रात जागता था। कई बार तो बिना सोये ही ऑफिस चला जाता था। उसे सबसे डर लगने लग गया था। हर शख़्स को वह सन्दिग्ध नजरों से देखता था। उसे हर आदमी ऐसा दिखता था, जैसे वह उसकी हत्या करने आ रहा हो। वह किसी को अपने नजदीक नहीं आने देता था। भय और आशंका के दुर्ग में वह ऐसे कैद हो गया था, जैसे किसी तिलस्मी कथा में राजकुमारी की जान किसी जादुई मैना में कैद हो गयी हो। वह कई बार साइकेट्रिक के पास भी जा चुका था। लेकिन उसके पास भी उसकी देश भीतर देश देखने की बीमारी का इलाज नहीं था। वह हर बार यही सलाह देता था कि अपने चित्त को शान्त रखिये। पुरानी यादों को अपने भीतर से निकाल फेंको। लेकिन पुरानी स्मृतियाँ उसके दिमाग की स्थायी नागरिक बन चुकी थीं।

दूसरी ओर गुवाहाटी में मिल्की का स्वास्थ्य भी दिन प्रतिदिन गिर रहा था। नींद की गोलियाँ उस पर प्रतिकूल असर डाल रही थीं। नींद की गोलियों की खुराक भी उसकी बढ़ गयी थी। उसने नौकरी भी छोड़ दी थी। उसने सिकुड़ रहे पुबसरणिया पहाड़ के अपने घर में कैद कर लिया था। इस बीच बुलबुल हजारिका की जमानत हो चुकी थी। वही उसका हालचाल कभी-कभी आ कर ले लेता था। एक बार फिर बुलबुल मिल्की और विनय के बीच संवाद सूत्र के रूप में जुड़ गया था। अन्तिम बार विनय को उसने फोन पर बताया था—'यदि तुम उसे नहीं ले गये तो वह मर जाएगी। वह तुम्हारे बिना अपने जीवन की कल्पना भी नहीं कर सकती है।'

थोड़े दिनों बाद...

बुलबुल के फोन के बाद विनय को भी लगने लगा था कि मिल्की उसके जीवन की संजीवनी शक्ति है। उसे लगता कि मिल्की उसके जीवन का हिस्सा नहीं, बल्कि

उसका जीवन है, जिसके बिना उसका जीवन अधूरा है। उसे तरक्की और मिल्की में एक को चुनना था। उसे लगा कि तरक्की से बड़ा प्रेम है। जीवन है। जान है तो जहान है। विनय ने फैसला कर लिया था कि वह ब्रह्मपुत्र सात बार पार करने के अन्धविश्वास के तहत अन्तिम सातवीं बार गुवाहाटी जाएगा। शायद ब्रह्मा के पुत्र इस बार उसकी मनोकामना पूरी कर दे। उसने इस बार सोचा था कि यदि मिल्की दिल्ली नहीं आती है तो वह वहीं रह जाएगा। उसी के पास। यही देश भीतर देश की बीमारी का सही इलाज उसे सूझा। शायद यही उसका इलाज भी था। इसीलिए उसने कम्पनी के एमडी से मुलाकात कर गुवाहाटी ऑफिस की मैनेजरी सँभालने का प्रस्ताव दिया था। जूनियर पोस्ट पर। इतने वर्षों बाद वह प्रेम की ताकत को पहचान पाया था। मिल्की का विश्वास जीत गया था...

कम्पनी के एमडी ने उसके प्रस्ताव को मान लिया था। अब पहली वाली बात विनय में नहीं थी। उसके शानदार प्रजेंटेशनों की वजह से कम्पनी को विदशों में कई बड़े ठेके मिले थे, इसलिए उसे उसकी तमाम ऊट-पटाँग हरकतों के बाद भी नहीं निकाला गया था। एमडी विनय को कम्पनी के लिए लकी मानता था। इसीलिए उसने उसे गुवाहाटी ऑफिस में नौकरी जारी रखने के लिए हाँ कर दी थी।

विनय पूरी तैयारी के साथ गुवाहाटी के लिए रवाना हो गया। उसने अपने आने की खबर बुलबुल को भी नहीं बताई, यह सोचकर कि अचानक पहुँच कर वह मिल्की को सरप्राइज देगा। कहेगा कि अब वह तुम्हारे देश में रहने आ गया है। अब वह उसको और उसके देश को नहीं छोड़ेगा।

विनय की रवानगी की शाम को मिल्की का मन बहुत बेचैन था। उसे लग रहा था कि वह जिन्दगी की लड़ाई में हार चुकी है। अब जिन्दगी में उसके कभी अँधेरा नहीं छँटेगा। रोशनी उससे रूठ गयी है।

नींद की गोलियाँ खाने के बाद भी देर रात तक उसे नींद नहीं आयी थी। रात को उसने नींद की गोलियाँ और खा लीं। रात खत्म होने का नाम नहीं ले रही थी। बाहर आसमान में चाँद अपने अँधेरे के बावजूद चमक रहा था। सूर्य के प्रकाश को उधार लेकर। मिल्की को रोशनी देने वाला उससे दूर चला गया था। कोई रोशनी उसे उधार देने के लिए भी नहीं था। ज्यादा गोलियों ने उसमें एक अजीब-सा नशा पैदा कर दिया था। उसके दाँत भिंच रहे थे। गला सूख रहा था। होठों की पपड़ियाँ काँटे की तरह खड़ी हो गयी थीं। वह आकाश में उड़ती महसूस कर रही थी। फिर आकाश गंगा में फँस गयी थी वह। उल्काओं और ग्रहों से वह टकरा रही थी। वह चूर-चूर हो रही थी। टुकड़े-टुकड़े हो कर वह पृथ्वी पर बिखर रही थी।

अठारह

विनय गुवाहाटी एयरपोर्ट से खुशी मन से पुबसरणिया पहाड़ में स्थित मिल्की के घर पर पहुँच चुका था। सूर्य अपनी धज के साथ आसमान में स्थापित हो चुका था। चारों तरफ प्रकाश ही प्रकाश फैला हुआ था। चिड़ियाँ चहचहा रही थीं। तोतों के झुंड पुबसरणिया पहाड़ से नीलांचल पर्वत के बीच छुपी-छुपउव्वल खेल रहे थे। ब्रह्मपुत्र उद्दंड हो कर अपने किनारों से टकरा रही थी। बया के घोंसले में चूँ-चूँ कर रहे नवजात बच्चों पर चील की नजर थी। चील ने उड़ान भरी थी बया के घोंसले की तरफ। अब उसकी चोंच में एक नवजात बच्चा था...

मिल्की के घर में सन्नाटा पसरा था। उसके घर के बाहर लोगों की भीड़ जमा थी। भीड़ देखकर विनय किसी अंदेशे से घबरा उठा। उसके पंख लगे पैर जमीन में धँसने लगे थे। उसकी आत्मा व्याकुल हो रही थी। उसे लग रहा था कि कुछ बहुत बुरा हुआ है। उसके आने की उम्मीद किसी को उस वक्त नहीं थी। बुलबुल जरूर उसके मोबाइल पर उससे सम्पर्क करने की कोशिश कर रहा था। लेकिन प्लेन में होने के कारण उसका फोन बार-बार आउट आफ रीच आ रहा था। विनय को देख कर बुलबुल उसके पास आया और उसके सीने से लग कर फूट पड़ा। विनय के कानों में सिर्फ इतना सुनाई पड़ा–'आपने देर कर दी विनय। वह हमेशा-हमेशा के लिए हमसे..' आगे की बात उसकी सिसकियों में अटक गयी थी...

असमिया दुल्हन की तरह सजी मिल्की की पार्थिव देह को विनय ने अपने हाथों से पंचतत्त्वों में विलीन कर दिया। शाम का सूरज ढल रहा था। आकाश कुछ-कुछ स्याह

हो रहा था। तोतों के झुंड अपने बसेरों की ओर लौट रहे थे। चील ने बया का नवजात शिशु चट कर लिया था। कोलाहल भरे शहर में विनय के कानों को कुछ सुनाई नहीं दे रहा था। न चिल्ल-न पों। न रोना-न धोना। उसके हाथ रीते थे। उसकी जेबें अन्तर्देशीय पत्रों से भरी थीं, जो बुलबुल उसे यह कह कर थमा गया था–'मिल्की ये सब आपके लिए रख गयी है। अक्सर कहती थी कि यदि मैं न रहूँ और विनय आएँ तो उन्हें दे देना। यह उनकी अमानत है।'

विनय ने देखा–ढेर सारे अन्तर्देशीय पत्र और उन सबके ऊपर वह असमिया प्रेम कविता, जो उसने मिल्की के लिए लिखी थी। विनय पत्रों को एक-एक कर खोलने लगा। सभी पत्र लिखे हुए नहीं थे। अधिकतर बिल्कुल खाली...जिन पर कागज फूला हुआ था...मानो लिखने की कोशिश में कुछ भी लिखने के बजाय आँसुओं ने इबारत लिख दी हो। कुछ ऐसे भी थे, जिनमें सिर्फ सम्बोधन थे...भाँति-भाँति के सम्बोधन...मेरे अपने...मेरे सखा...प्रिय...सिर्फ तुम्हारे लिए...न जाने कितनी तरह से प्रेम की गागर में रस भरने की कोशिश की गयी थी।

विनय उन्हें पढ़ रहा था एक-एक करके...

मेरे अपने विनय,

प्रेम की कैसी रीति निभाई तुमने। अपने दिल से मुझे अलग कर दिया। क्यों? जिसे तुम अपनी साँसों का हिस्सा मानते रहे...उसी से बेवफाई। तुम तो मेरे असमिया मीत थे। मेरे लिए असमिया गीत गाते। मेरी भाषा में मेरे से बतियाते। मेरे देश को अपना देश समझते। मेरे देश को अपना बताकर तुमने मुझसे छल किया। मैं तुम्हारे प्रेम की वह बाँसुरी हूँ, जिसे तुम मदमस्त बजाया करते। मेरी जिन्दगी में नूर बन कर आये और अँधेरे के पहाड़ पर अकेला छोड़ कर चले गये। तुम मुझसे अलग कहीं नहीं जा सकते। तुम आओगे। एक दिन। जरूर। तुम्हें आना होगा। बसना होगा। मेरे देश में। हमारा एक घर होगा। फिर से। पहाड़ों के साथ। जंगलों के बीच। हाँ, यही सपना तो देखा था तुमने...मैं देख रही हूँ तुम्हारी राह...

सिर्फ तुम्हारी...

एक खत और था विनय के हाथों में–थोड़ा लम्बा। लिखावट ऐसी, जैसे भावनाओं ने शब्दों की दौड़ लगा दी हो। विनय पढ़ रहा था...

आत्मीय मेरे,

आज तुम्हें खोजते हुए कामाख्या के जंगलों की तरफ गयी। तुम्हें याद है, तुमने पहली बार मुझे अपनी नजरों से वहीं छुआ था। प्रेम की कोमलता मैंने वहाँ महसूस की थी और वहीं मुझे लगा था कि मेरे देश में आकर बसने वाला ये मानुष मेरे लिए ही यहाँ आया है। उसके बाद देर-देर तक बातें करना। मिलना। हँसना। रूठना और मनाना सब कुछ मेरी दिनचर्या में शामिल हो गया था। सुबह का सूरज जब पहाड़ियों के बीच दस्तक देता तो मुझे लगता कि उस भोर की शीतल किरणों में तुम मुझे जगाने आये हो। जब अपने माथे पर बिंदिया लगाती तो उसकी लालिमा में मुझे तुम्हारा चेहरा नजर आता और मैं खुद से शर्मा जाती। जब तुमने अपनी बाँहों में भर कर प्रेम राग की जुगलबन्दी की थी, तो उस पल मुझे खुद के औरत होने का बड़ा मीठा-सा अहसास हुआ था...जब तुमने मुझे अपना जीवन साथी चुना, तो मुझे लगा कि सिर्फ तुम ही इस शब्द के काबिल हो...फिर तुमने असमिया वर बन कर मुझे अपने में समेट लिया था।

उस पहली रात हरसिंगार के कितने फूल झर-झराकर बरस उठे थे। हम एक हुए...रस से भरे। नित अठखेलियाँ करते। नूतन राग रचते। हमारे चारों तरफ था तो सिर्फ संगीत...प्रेम का संगीत...

आगे की लिखावट लड़खड़ा गयी थी। दो-चार शब्द और थे, जिसे विनय किसी तरह भी समझ नहीं पा रहा था। विनय ने एक खत और निकाला...वह उन्हें ऐसे पढ़ रहा था, जैसे रेगिस्तान में किसी प्यासे को पानी की धार दिखाई दे गयी हो...शुरुआत इस प्रकार थी...

मन के मीत मेरे,

हर बार की तरह तुम इस बार भी मेरे देश आये। परदेशी बनकर। मुझे लिवाने। मीठी-मीठी बातों से फुसलाने। अपने देश के सब्जबाग दिखाने। तुम्हारे लिए सब कुछ आसान है ना...हमेशा से मैंने वही किया जो तुमने कहा। वही माना, जो तुमने चाहा। तुमने मुझे नजरों से छुआ, मैंने मुस्कराकर स्वीकारा। तुमने मेरे भीतर राग बजाए और मैं बजती रही। जादूगर की उस लड़की की तरह जो उसे हर करतब में इस्तेमाल करता है। हाँ, जादूगर ही तो हो तुम। न जाने कौन-सा ऐसा जादू किया कि तुम्हारे जैसे परदेशी को अपने देश का मानुष मान बैठी। तुम्हारे सम्मोहन में खिंचती गयी। तुम्हारे प्रेम के मंच पर मैं तरह-तरह के करतब दिखाती और

हुलस-हुलस कर खुद ही खुश हो जाती। पर, जादू तो जादू होता है ना। सच्चाई से बिल्कुल परे। सिर्फ जादूगर का हुनर। इस हुनर के आखिरी शो में तुम चूक गये। तुम जानते हो ना, एक जादूगर का आखिरी शो। लड़की को किसी लकड़ी के बक्से में लिटाकर जादूगर उस पर तलवार चला देता है...लड़की के दो टुकड़े...सभी देखते रह जाते हैं दाँतों के नीचे अंगुलियाँ दबाये...अचानक जादूगर उस लड़की को अपने जादू से जोड़ देता है...हँसती-खिलखिलाती लड़की उस बक्से में से बाहर आ जाती है...जादूगर और वह लड़की झुक-झुक कर अभिवादन करते हैं...शो खत्म हो जाता है। मेरे जादूगर, पर तुम ऐसा नहीं कर पाये। तुमने विदेश जाने की बात कर मेरे दिल को चीर तो दिया, लेकिन उसे दोबारा जोड़कर हँसती-खिलखिलाती मिल्की को जिन्दा नहीं कर सके। मैं आज भी यहाँ दो टुकड़ों में बँटी अपने जादूगर के लौटने का इन्तजार कर रही हूँ। तुमने अपने जादू से मुझे ठग लिया और फिर लम्बे डग भरते यहाँ से निकल गये। मैं ठिठक कर वहीं की वहीं रह गयी। आओ अपनी मिल्की को फिर जिन्दा कर दो...

तुम्हारे इन्तजार में...

विनय की आँखों में मिल्की का पीला चेहरा, धँसी हुई आँखें और बहुत कुछ कौंध गया। खतों का पुलिन्दा उसके हाथों में था। खतों को पढ़ते हुए उसके आँसू आँखों में जम से गये थे। वे पिघल कर कभी भी गिरने को बेताब थे। वह इस हालत में एक-एक खत को बेसुध खोले जा रहा था। किसी पत्र में शुरू के दो पन्ने बिल्कुल खाली थे और आखिर में हाशिये पर लिखा हुआ था...

'एक औरत के लिए अपने से किसी फूल को जन्म देना सबसे बेहतरीन उपहार होता है। मैं तुम्हारे पराग से किसी ऐसे फूल को जन्म देना चाहती हूँ विनय। लौट आओ। तुम्हारे आने से फूलों की वादियाँ सुन्गध से भर जाएँगी और मैं इसका इन्तजार अन्तिम पल तक करूँगी। आमीन।'

खतों को पढ़ते हुए लग रहा था कि वह मिल्की को जिन्दा रहते नहीं समझ पाया। उसे इस बात का अफसोस भीतर से छलनी कर रहा था। किसी एक खत में लिखा था...

सगे मेरे,

रात के घटाटोप अँधेरे में तुम अक्सर आते हो मेरे पास। चुपचाप। दबे पाँव। छा जाते हो मुझ पर। मैं एक नदी में तब्दील हो जाती हूँ, जिसकी तरंगों को मैं खुद सँभाल नहीं पाती हूँ। तब मेरे भीतर के उफान को तुम थाम लेते हो। किसी बाँध की तरह। मैं बहना चाहती हूँ—शान्त और सन्तुलित बन कर। बिना किंनारों को तोड़े हुए। तभी देखती हूँ तेजी से आते हुए तूफान को। मुझे हर बार ऐसे मौकों पर वह बहा ले जाता है मुझसे कहीं दूर। मेरे भीतर बहने वाला जल वहाँ से निकल जाता है। आगे। बहुत आगे। मैं रेत में बदल जाती हूँ। सूखी रेत में। रेत के इस मैदान में, जहाँ ढेर सारे खून के निशान हैं। मुझे दिखने लगती हैं दरिन्दा शक्लें। नुकीले नाखून। और फिर एक नक्शा उभरता है तुम्हारे देश का। सच तो यही है ना।

मैं कैसे विश्वास करूँ कि मेरा-तुम्हारा देश एक है। यदि ऐसा होता तो तुम्हारे ही देश का वासी पंजाबी कमांडो बनकर मेरे घर के भीतर नहीं घुसता। तुमने मेरे भीतर अनगिनत राग बजाये, लेकिन उन मीठे अहसासों से कहीं ज्यादा मुझे वो पंजा याद आता है, जिसने मेरे वक्षों को बेरहमी से दबाया था। मुझे नहीं भूलता है कि मेरे लोगों को तुम्हारे लोगों ने चाय की पत्ती के बदले नमक दिया। एक मीटर कपड़े को चारों तरफ से नाप कर चार मीटर की कीमत वसूली। हमारे जल, जंगल, जमीन को लूटा। हमारे बेगुनाह लोगों को तुम्हारी फौज ने बेरहमी से शहर से लेकर जंगल तक मारा। लूट और लूट ही तुम्हारा सच है। यही नहीं मेरी बहन की लाश दिल्ली से यहाँ आयी थी। गुड़िया सी थी वह। भोली-भाली। उसे एक तुम्हारे यहाँ का लड़का दिल्ली ले गया था। ऊँचे-ऊँचे सपने दिखा कर। लेकिन उसने उसे दिल्ली में बेच दिया। मेरी बहन ने बहुत प्रतिरोध किया था। उसकी लाश में नाखूनों और हंटरों की चोटें उसके प्रतिरोध की कहानी बता रहे थे। उसने किसी भी कीमत पर अपना शरीर भेड़ियों को सौंपने से मना कर दिया था। प्रतिरोध के दौरान वह तुम्हारे दिल्ली के जीबी रोड के एक कोठे से कूद गयी थी। उसका शरीर क्षत-विक्षत था, जब उसकी लाश एक स्वयंसेवी संगठन के माध्यम से गुवाहाटी आयी थी। ऐसे देश में मैं भला क्यों रहने जाती। मेरे अन्दर तुम लोगों को लेकर एक गहरी अविश्वास की खाई है। बावजूद इसके मैंने तुम्हें प्यार किया। मुझे तुम औरों से अलग लगे। तुमने हमारी जीवन शैली को अपनाया। हमारी भाषा में हमसे बात की। तुमने मेरे लिए असमिया में कविताएँ लिखीं। लेकिन तुम भी यहाँ के न हो सके। औरत ही हमेशा आदमी की पिछलग्गू क्यों बने। औरत की इच्छा पर भी तो पुरुष फैसला ले सकता है। तुमसे यहाँ बसने के सिवा मैंने और कुछ भी नहीं माँगा था। तुम मेरी छोटी से इच्छा का सम्मान नहीं कर सके। तुम्हारे लिए हमेशा अपनी तरक्की की चाह सबसे बड़ी रही।

मैं कभी भी तुम्हारे देश नहीं जा सकती। जाऊँगी भी नहीं। वहाँ मेरी बहन के हत्यारे हैं। वहाँ के लोग मेरी भी इज्जत लूट सकते हैं। और मुझे यकीन है कि तुम भी उन्हें रोक नहीं पाओगे। मैं तुम्हें बहुत-बहुत प्यार करती हूँ। औरत जीवन में सिर्फ एक बार प्यार करती है, बाकी तो सब जीवन का गणित है। मैंने अपना सब कुछ तुम्हें सौंप दिया। मेरे भीतर का प्यार यदि तुम्हारा है, तो मेरे भीतर की नफरत भी तुम्हें कबूल करनी पड़ेगी। मुझे यकीन है कि मेरे प्यार की जीत होगी। तुम लौटोगे जरूर। मैं पल-पल तुम्हारे साथ जीती-मरती हूँ। मेरे भीतर की दुनिया तुम्हारी है।

सिर्फ तुम्हारी...

खत पढ़ने के बाद विनय की आँखों में जमे आँसू पिघल कर गालों तक ढुलक आये। उन्हें रोकने और पोंछने की उसने कोई उतावली नहीं दिखाई। सभी खतों के कागज पुराने पड़ रहे थे—कुछ बहुत ज्यादा कुछ थोड़ा कम। तारीख और साल किसी भी खत में नहीं थे। सिर्फ उन कागजों के पुरानेपन से अन्दाजा लगाया जा सकता था कि खतों का क्रम क्या होगा। किसके बाद कौन-सा लिखा गया होगा। पर, विनय के लिए यह सब जानना अर्थहीन था।

हर कागज में उसकी अपनी मिल्की के जज्बात भरे हुए थे। विनय को अब समझ आ रहा था कि प्रेम की असली परिभाषा क्या है। मिल्की ने अपने प्रेम में खुद की आहुति दे दी थी। 'देश भीतर देश' का अर्थ विनय को न तो अपनी फेसबुकिया दोस्तों से मिला था, न तो कभी दूसरों से चर्चा करते हुए वह इसका अर्थ खोज पाया था। उसका अर्थ वह मिल्की के पत्रों से जान सका, लेकिन तब तक बहुत देर हो चुकी थी।

पत्र अभी और थे। तमाम पुराने पत्रों में उसे एक नया पत्र दिखा। उसे देख कर उसे लगा कि यह हाल-फिलहाल लिखा गया होगा। विनय का सोचना सही था। उस पत्र में पिछले हफ्ते की तारीख थी। विनय ने अपनी डबडबायी आँखों से उन पंक्तियों को पढ़ना शुरू किया। गहरी स्याही से मिल्की ने आखिरी खत में सिर्फ इतना लिखा था...

पुबसरणिया पहाड़ की तरह
मैं भीतर-भीतर सिकुड़ रही हूँ
मेरे भीतर का दर्द दरकने लगा है...
मेरे अन्दर उन्मत्त बहने वाली

ब्रह्मपुत्र नदी
थमने को है...
मेरे अन्दर हरे रहने वाले
कामाख्या के जंगल
सूख रहे हैं...
सातवीं बार अब जब आओगे तुम
तुम्हें मिलेगा
हर ओर
शान्त-एकान्त...
पसरी हुई खामोशी
और इस सूखे में
मैं तुमसे सिर्फ इतना कहना चाहती हूँ आखिरी बार
मैंने तुमसे प्रेम किया है
खालिस प्रेम।

इन पंक्तियों को पढ़ने के बाद उसे अपनी तमाम प्रेम कविताएँ बेमानी लगने लगी थीं। उसकी आँखों के सामने सघन अँधेरा छा गया था। उसे न तो मिल्की का देश दिख रहा था और न ही अपना देश। वह आकाश गंगा में मिल्की की तरह उल्काओं से टकरा कर पृथ्वी पर बिखर जाना चाहता था। मिल्की में मिल जाना चाहता था। उसके चारों तरफ रास्ते तो थे, लेकिन उसे कोई रास्ता दिख नहीं रहा था। उसके बाद वह अपने देश में रहा या मिल्की के देश में, किसी को नहीं मालूम। वह रहा भी कि नहीं यह भी जानने की किसी ने कोशिश नहीं की।